农业科技创新机制研究

吕火明 李 晓 刘宗敏 杜兴端 刘 强 著

四川科学技术出版社
·成都·

图书在版编目(CIP)数据

农业科技创新机制研究/吕火明等著. ——成都:四川科学技术出版社,2015.12
ISBN 978 - 7 - 5364 - 8249 - 4

Ⅰ. ①农…　Ⅱ. ①吕…　Ⅲ. ①农业技术 - 技术创新机制 - 研究 - 中国
Ⅳ. ①F323.3

中国版本图书馆 CIP 数据核字(2015)第 306249 号

农业科技创新机制研究

出 品 人	钱丹凝
著　　者	吕火明　李　晓　刘宗敏　杜兴端　刘　强
责任编辑	张　蓉
责任出版	欧晓春
出版发行	四川科学技术出版社

　　　　　　成都市槐树街2号　邮政编码610031
　　　　　　官方微博:http://e.weibo.com/sckjcbs
　　　　　　官方微信公众号:sckjcbs
　　　　　　传真:028 - 87734039

成品尺寸	235mm × 170mm
	印张 14　字数 300 千
印　　刷	郫县犀浦印刷厂
版　　次	2015 年 12 月第一版
印　　次	2015 年 12 月第一次印刷
定　　价	53.00 元

ISBN 978 - 7 - 5364 - 8249 - 4

前　言

农业科技创新是实现传统农业向现代农业转变的必要前提。在经济发展新常态下,到 2020 年实现农村全面小康,尤其是在我国农业发展正面临农村空心化、务农老龄化、要素非农化、农民兼业化、农业副业化以及高成本、高风险和资源环境约束趋紧、青壮年劳动力紧缺的新形势下,必须要大力推进农业发展方式转变和结构调整,推动农业发展由数量增长为主真正转到数量、质量、效益并重上来。要实现这些,就必须依靠科技推动来实现。

长期以来,人们一般认为农业是科学技术"后进"领域,这一观点必须得到扭转,才有助于农业科技的原始创新,不仅仅是集成创新和跟踪创新。目前,我国已经建立了完备的农业科技创新体系,2013 年农业科技进步贡献率达到了 55.2%,农业科技成果转化率为 40% 左右,但相比发达国家 70% 以上的农业科技贡献率和农业科技成果的转化率,还有较大的差距。究其原因,是因为农业科技创新各要素的合力尚未充分发挥,需要进一步完善农业科技创新机制,形成各要素的最大合力。

农业科技创新机制是农业科技创新各要素在农业科技创新体系总体框架下,在创新目标和创新动力推动下,进行农业科技创新活动的机制。农业科技创新机制的构建,就是在既定的经济环境和评价标准下,设计出具体的机制、制度和规则,使农业科技创新主体的个体利益和农业科技创新的既定目标相一致。

本书对农业科技创新理论、机制设计理论的概念和内涵,以及发展历史及流派进行了较为系统的梳理,重点对我国农业科技创新机制理论研究和文献进行了分析和归纳,使农业科技创新机制的脉络更加清晰。

农业科技创新机制由政府调控、市场调控、激励要素和约束要素等四个方面构成,每一构成要素中又包含着其内部各构成主体的具体运作机制。基于此,本书构建了包括立项机制、协同机制、投入机制、激励机制、评价机制、产权机制六个方面组成的农业创新机制框架,并对这六种机制进行了详细的论述。

关于立项机制,要完善创新立项机制,竞争立项与委托立项相结合,建立需求导向的立项模式,加强农业科技立项查新,完善项目立项评估机制,从而确保立项的科学性,为农业科技创新打好立项基础。

关于协同机制,重点要加强农业科技协同创新的顶层设计,强化产学研协同创新、农业科技创新主体内部的协同创新、农业科技创新团队的建设、农业科技创新项目协同,以及农业科技协同创新文化的建设。

关于投入机制,要积极拓展农业科技投入渠道,在政府投入稳定增长的基础上,充分调动企业、金融部门和农户的积极性,不断扩大企业投入比重,建立多元投入、分工明确、结构优化和管理完善为特征的农业科技投入体系。

关于激励机制,要从外部激励和内部激励着手,重点建立完善市场激励机制、政府激励机制、科研单位内部激励机制、农业企业内部激励机制、农民合作组织激励机制。

关于评价机制,主要包括农业科技创新成果评价机制、农业科技创新机构评价机制以及农业科技创新人才评价机制,重点是构建多元化的覆盖宏观、中观及微观三个层次的农业科技评价体系,完善农业科技创新评价管理制度。

关于产权机制,核心内容是种业知识产权保护,必须全方位、多层次加强农业知识产权保护;挖掘种质资源,建立遗传资源的权属登记制度,提高原始创新水平;从源头抓起,依法查处违法侵权行为,全方位保护农业知识产权。

同时,本书还加强了实证分析应用,对不同农业科技创新机制的具体案例进行了详细研究,以期从具体操作层面得出有益的经验和建议,尽力做到理论和实践结合。

本书对农业科技创新机制进行了详细的论述,试图从全面的角度对农业科技创新机制进行归纳和构建。但由于水平有限,对农业科技创新机制的主要内容和具体机制中有针对性的对策建议还不够完善,恳请各位读者批评指正。

作者

2015 年 11 月

目　录

第一章 概 论

农业科技创新是传统农业向现代农业转变的必要前提,是提高土地生产率最终保障粮食安全的明智选择,是保障食品安全,构建和谐社会的重要基础,也是增加农民收入,促进农业更好更快发展的有效途径,农业科技创新的自然价值和社会价值都是巨大的。当前我国正处在全面建设小康社会的关键时期和深化改革开放、加快转变经济发展方式的攻坚时期,农业科技创新在经济社会发展中的作用日益凸显。要促进农业科技创新就必须完善其创新机制,使农业科技创新向着人们预期的方向发展和前进。因此在本章中我们将着力就农业科技创新机制的有关内涵、特征、主要内容和目标进行研究。

第一节 农业科技创新机制的内涵

一、机制的内涵

"机制"一词源于希腊文,原指机器的构造和动作原理。生物学和医学在研究一种生物的功能如光合作用或肌肉收缩时, 通过类比借用此词,常说分析它的机制,机制这个概念用以表示有机体内发生生理或病理变化时,各器官之间相互联系、作用和调节的方式。所以"机制"指的是有机体的构造、功能和相互关系,泛指一个工作系统的组织或部分之间相互作用的过程和方式,现已广泛应用于自然现象和社会现象,指其内部组织和运行变化的规律。对机制的本义可以从以下两方面来解读:一方面是机器由哪些部分组成和为什么由这些部分组成;另一方面是机器怎样工作和为什么要这样工作。把机制的含义应用到不同的领域,就产生了不同的机制内涵。如引申到生物领域,就产生了生物机制;引申到社会领域,就产生了市场机制、竞争机制、社会机制、用人机制等。

机制的种类很多,从机制运作的形式划分,一般有四种。

第一种是行政 - 计划式的运行机制,即以行政、计划的手段把各个部分统一起来。

第二种是市场 - 引导式的运行机制,即以市场为尺度,盯着市场看,围着市场

1

干,以市场需要来协调各部分之间的关系。

第三种是指导－服务式的运行机制,即以指导、服务的方式去协调不同部分之间的相互关系。

第四种是监督－服务式的运行机制,即以监督、检查的方式去协调各部分之间的关系。

从机制的功能来分,有激励机制、约束机制和保障机制。激励机制是调动活动主体积极性的一种机制。约束机制是保证活动有序化、规范化的一种机制。保障机制是为主体活动提供物质和精神条件的机制。

从创新的角度来讲,机制又可分为自主创新机制和非自主创新机制,在自主创新机制中又可分为原始创新机制、集成创新机制和引进吸收消化再创新机制。原始创新主要集中在农业基础研究和前沿技术领域,这是引领未来农业发展方向的创新;集成创新是适应农业多学科综合性特点,把单项技术优化组合的创新;引进吸收消化再创新是把引进的先进技术进行改造升级,为我所用。在非自主创新机制中又分为以我为主或以他为主的创新机制。

从创新活动的完整体系来讲还包括动力机制、运行机制、发展机制等。

以上几种类型的机制实际上是相互联系和相互渗透的,只是为了分析问题的方便才做了如上划分。我们可以用表 1－1 加以描述。

表 1－1　机制的分类

从类别区分的机制	从功能区分的机制	从体系区分的机制	从创新区分的机制
生物机制 社会机制 行业机制	激励机制 制约机制 保障机制	动力机制 运行机制 发展机制	自主创新机制 非自主创新机制

二、科技创新机制的内涵

科技创新机制是促进科技创新转化,更好地推动科技创新上水平上台阶,更好地促进科技成果转化,更好地发挥第一生产力作用所需要和要求的一种活动方式和模式。

科技创新机制一般包括健全的立项机制、完善的人才发展机制、增强自主创新能力的分配机制、良性科技创新投入机制、扩大科技开发的合作机制、有利于科技创新的保障机制等。由于科技创新的项目不同,种类不一,层次差别,因而对科技创新机制有不同的表述,选择的侧重点也不一样。

例如,黑龙江健全科技创新五大机制[①]。2014 年,黑龙江省科技系统围绕省委省政府"五大规划"和"十大重点产业"部署,落实创新驱动发展和科技强省战

---

① 彭溢、吕慧杰等.黑龙江健全科技创新五大机制[N],科技日报.2014.02.13

略,提出了健全技术创新市场导向、技术转移、产学研协同创新、科技创新创业激励、公开透明的科技项目和资源管理评价等五大机制,深入实施技术创新八大行动,全面深化科技体制改革,以市场为导向配置创新资源,支持企业技术创新、转化科技成果,为经济社会发展提供强大科技支撑。

他们在健全技术创新市场导向机制上,以抓产业带企业,推动企业成为技术创新主体,支撑产业转型升级。深入实施产业技术创新行动。积极争取国家科技计划项目支持,以市场为导向征集企业技术需求,加强重大科技项目顶层设计,组织实施50个省级重大科技项目。深入实施创新型企业培育行动。激发非公有制企业创新创业活力。新孵化和引进科技型中小企业500家以上,培育50家高新技术企业成长为科技"小巨人"企业。

他们在健全技术转移机制上,发挥政府搭台、大学和院所创新、企业转化的"三位一体"螺旋架构的作用,推动科技成果省内落地转化与产业化。深入实施科技成果转化行动,大力开展科技成果招商和转化对接活动,全年实现省内落地成果500项,技术合同成交金额达到115亿元。加快科技和金融结合,专利权质押贷款新增支持2亿元。深入实施科技园区建设行动,支持哈尔滨科技创新城建设;把建三江、哈尔滨等4个国家级和33个省级农业科技园区,建成"两大平原"现代农业综合配套改革试验的先导区。

他们在健全产学研协同创新机制上,以市场为导向配置创新资源,强化科技创新体系建设,推动经济提质增效升级。深入实施产业技术创新战略联盟建设行动,打造绿色食品、新材料、机器人、卫星应用等优势产业创新链。深入实施科技创新服务平台建设行动,支持十大行业技术研究院建设。支持国际科技合作基地建设,使我省以对俄科技合作中心为主体的各类型国际科技合作基地系列化和网络化。

他们在健全科技创新创业激励机制上,深入实施科技创新创业人才推进计划,加强优秀科技人才的培养和引进。深入实施科技创新创业人才队伍建设行动。深入实施科技惠民行动,支持医药、环保等民生领域开展重大技术攻关。

他们在健全公开透明的科技项目和资源管理评价机制上,优化科技项目审批与管理流程。

三、农业科技创新机制的内涵

农业科技创新机制是科技创新机制在农业领域的具体化。它是促进农业现代化的重要组成部分,是推进农业现代化的根本动力,是加强农业科技创新的根本保障。农业科技创新机制从目前来讲还没有统一的表述。

我们认为农业科技创新机制是指由农业科技创新机构组成的在一定创新动力推动下进行农业科技创新研究和成果推广的机制。农业科技创新机制包括知识创新、技术创新和现代科技引领的管理和制度创新三个组成部分。知识创新是指原始性的科学研究,即提出新观点或开辟新的领域,属发明创造,是科技行为。技术创新是指企业家以盈利为目标重组生产要素或建立效率更高的生产经营系统,从而推出新产品新工艺、开辟新市场、获得新材料和建立新组织的一系列活动的过程。技术创新是经济行为,始于知识创新终于市场实现,是科技成果转化为现实生产力的过程。它是指在农业科技体系的框架下,通过分工合作、角色定位、优化组合、激励政策、法律法规等方式,引导农业创新系各组成要素即企业、科研机构、政府、农户等进行科技创新的各种微观制度综合。

第二节　农业科技创新机制的特征

为了认识农业科技创新机制的特征,我们认为必须首先要认识农业科技创新的特征。

一、农业科技创新的特征

农业科技创新的特征很大程度上体现在它的研究对象和建设的过程上。与其他产业相比,农业领域的科技创新具有一定的特殊性。不同于第二、第三产业,农业是自然再生产和经济再生产相统一的产业,劳动对象是有生命的动植物,具有一些独特属性,因此,作为产业发展的重要驱动力量,农业科技创新也具有一定的特殊性,主要表现在以下几方面。

一是生物性。农业科技的研究对象是有生命的动植物。对自然环境和气候条件的依赖性较强,且不同动植物适宜的环境和条件存在较大差异。通常情况下,自然环境和气候条件随着地域的变化而变化,从而造成农业生产的对象、物质手段、操作程序等在不同区域之间存在较明显的差异性。因此,人们必须遵从自然界法则,在顺应动植物生长发育规律的基础上,改进生物生产性能,改善农产品品质,提高对生物资源的利用和转化效率,实现农业生产的预期目标。

二是准公共产品特性。农业是国民经济的基础和社会稳定的基石,除了生产经营外,还承担着重要的社会职能和生态职能,而农业科技创新则是支撑这些职能发挥的重要力量。受农业生产和技术特殊性的影响,大部分农业科技创新成果具有非竞争性和非排他性,具有明显的准公共产品特征。农业科技成果除了部分农药、农机和某些作物的种子及生物技术、农产品加工技术可以形成专利成果之外,其他农业科技多属于"公共产品",很容易被无偿采用或模仿,具有较强的外溢性,容易出现"免费搭车"问题。因此,农业科技创新不可能完全市场化,必须依靠政府扶持,才能达到农业科技创新的最佳效果。

三是系统性强。农业科技创新是一个完整的系统体系,农业科技创新受农业生产诸要素的相互作用和影响,既要涵盖农业产前、产中及产后各个领域,又要结合生物学、工程学、化学、资源环境学、信息科学和经济管理科学等方面的知识,还要实现政府部门、科研机构、高校、中介机构、合作组织、企业、农户之间的协调合作,各个环节、要素相互依赖,缺一不可。因而农业科技创新也不是单一行为,要有系统的观点,不能单打一。

四是长期性。农业科技创新既受经济规律支配,也受生物规律支配。由于动植物有机体都有其特定的生命周期,并且这个周期的时间较长,一般以季节或年为一个生命周期。特别是对植物育种、动物繁育新品种的研究,既受动植物自身生命周期和自然环境的影响,又受农业生产诸要素相互作用的影响,通常要经过多代的遗传、筛选、培育才能育出新品种。因此,从最初的技术研制过程到最终作为实用化商品进入市场并为农业生产者所接受,是一个长期的过程,在时序上相对落后于其他产业。据中国农科院统计,获农业技术改进一等奖的技术项目的研究时间,平均要花费13年,二等奖和三等奖的农业技术项目的研究周期,分别为9.5年和6年,详见表1-2。

表1-2　农业与工业科研项目研究周期比较①

研究周期	1年以下(%)	1-3年(%)	3-5年(%)	5年以上(%)	项目平均周期(年)
农业	14.2	35.5	29.7	20.6	3.1
工业	19.6	54	22	4.4	2.3

五是不确定性。科技创新是一种探索性、创造性的科技经济活动,整个过程中存在大量的不确定的因素,即风险性。农业同时面临着来自于自然和社会的双重风险,这决定了农业科技创新也具有相对更高的风险性。农业科技创新除受市场因素影响外,自然因素的影响更是难以抗拒的,自然条件变化程度和动植物生命体自身生物规律不确定性对其影响较大。同时农业科技创新能力建设还受外部环境(政府和公众的不确定性)的影响,使产出存在了不确定性,增加了农业科技投资和创新的风险性。因此,农业科学研究必须按部就班,研究过程难度较大,充满不确定性。

二、农业科技创新机制的特征

农业科技创新机制是依据农业科技创新的规律性来确定的,因而它具有以下特征。

一是主动性特征。农业科技创新的本质与规律隐藏于现象之中,人们只有充分发挥主观能动性,运用抽象思维能力,才能透过事物的现象揭示事物的本质与

---

①　欧晓明等.对农业技术商品定价问题的探讨[J].价格理论与实践,1993,(7):22-25

规律,从而正确地指导人们的行动。显然农业科技创新机制也要靠人去构建,去完善,去贯彻,去落实,做得好与否,是否到位,是否能符合农业科技创新规律要求,必须靠人去把握,要充分发挥人的主观能动性。

二是综合性特征。农业科技创新是一个综合性的过程,农业科技创新机制也必然是一个综合性的事情,单独的科研人员,单独的资金,是无法产生出农业科技成果的,创新要素必须要齐备,缺少相应的环节不行。只有保证农业科技创新机制是一个完整的有机系统,才能保证其功能实现和作用发挥。农业科技创新机制综合性的特点就在于农业科技创新探求研究对象的各个部分、方面、因素和层次之间相互联系的方式,即结构的机理与功能,由此而形成一种新的整体性的认识。它不是关于对象各个构成要素的认识的简单相加,综合后的整体性认识具有新的关于对象的机理和功能。

三是联动性特征。它是指构成农业科技创新机制的各个机制要发挥作用就必须要求机制与机制之间相互耦合联动,单一的机制无法促进农业科技创新活动的完成,达不到预期的效果。联动性特征对农业科技创新尤为重要,农业科技创新活动一经立项上马,相应的其他机制就要配合跟上,否则就会成为半拉子工程。农业科技创新机制耦合得好,就会正向联动,出现正作用,耦合得不好就会反向联动,出现负作用。

四是客观性特征。农业科技创新机制是客观存在的,无论你是否承认它,我们要做的就是承认这种客观性,并根据农业科技创新的规律,去寻找和构建这种机制,以便更好地促进农业科技创新。农业科技创新机制往往不像自然科学那样直观,容易运用定量分析处理,但不能否认它的客观性。当然,这种客观性,并不是完全显性的,需要我们去挖掘。

第三节　农业科技创新机制的主要内容

一、立项机制

创新立项机制是提高资源配置效率的基础,科学研究在立项之初就奠定了转化的基础,在科技资源的配置过程中,兼顾各利益主体角色定位,创新科技立项方式以实现利益最大化为目的,是创新立项管理机制的重要命题。要依靠专家、发扬民主、公平竞争、择优支持项目。要从项目的必要性、科学性、可行性、合理性、预期效益等环节把关,促使创新项目脱颖而出,促使与实际需要密切相关的科研项目不断涌现。

二、协同机制

引导企业与科研院所联合,形成技术创新战略联盟,承担科技项目,开展集成创新。要加强科研院所内部的人才流动与学术交流,还要促进不同学科、不同领域之间的学术变流与互动,形成"开放、竞争、流动、协作"的运行机制,使科研人员在交流中碰撞出思想火花,在合作中产生出更多的创新性成果,以增强整体创新实力。

三、投入机制

农业的科技投入是科技创新活动的物质基础,是解决我国目前农业科技创新动力不足的最直接的手段,要进一步加大农业科技创新的财政投入,要继续贯彻自主创新行动,通过项目方式加大对农业科技创新的投入,要使农业科技与金融业紧密结合起来,多渠道筹集资金,不断增加科教兴农的投入。要建立相关的农业科技企业风险投资担保机制,分担企业科技创新的风险。

四、激励机制

从人员管理、分配制度和奖励制度入手,通过择优聘任的岗位职称管理、岗位目标管理、工资结构管理,鼓励农业科技人员不断创新出成果;对在创新过程中做出突出贡献的科研人员和重大项目给予重奖,提高农业技术研究人员和推广人员的现实回报率,保障科研创新人员的合法权益,保护其创新积极性;同时要深化农业科研院所改革,健全现代院所制度,扩大院所自主权,努力营造科研人员潜心研究的政策环境。

五、评价机制

科技成果评价是科技管理的重要内容,是推动科技创新的重要手段。科技成果评价机制是科技成果评价的核心内容,是决定评价效果的关键。科技成果评价应遵循公正性、可信性、实用性、透明性和反馈性原则。要坚持分类评价,注重解决实际问题,改变重论文轻发明、重数量轻质量、重成果轻应用的状况。在有些领域应当逐步乃至最终用"知识产权"制度取代"科技成果鉴定"制度。

六、产权机制

产权制度是界定人们受益、受损以及补偿的规则,也是科技创新的最持久、最有效的动力。由于大部分农业科技成果具有公共产品的属性,保护的不完全性导致创新收益的非独占性,所以要对农业科技产权加以保护,使之产权化,保护农业科技人员创新的积极性。

第四节　农业科技创新机制的目标

一、促进农业科技水平上台阶

农业科技创新是农业持续发展的不竭动力。无数的事实和实践证明,离开农业科技创新,农业的发展将举步维艰。新中国成立不久,我们提出"上纲要、过黄河、跨长江"。1957 年《全国农业发展纲要》规定,到 1967 年,粮食亩产量在黄河、秦岭、白龙江、黄河(青海境内)以北地区,由 1955 年的 75kg 多增加到 200kg;黄河以南、淮河以北地区,由 1955 年的 104kg 增加到 250kg;淮河、秦岭、白龙江以南地区,由 1955 年的 200kg 增加到 400kg。和当今相比,那时的农业生产水平相当低。虽然目前农业科技水平也还不算太高,展望未来,科技必将成为提升农业竞争力的主要手段,科技的创新和应用,将促进农业产业结构优化升级,提高农业和农村经济增长的速度、质量和效益,实现增长方式由粗放向集约的转变;将提高资源利用效率,实现从资源消耗型向资源节约型的转变;将保护生态环境,减少和治理环境污染,实现农业的可持续发展。可以肯定,在农业科技创新机制的促进下,未来农业科技创新必将会跃上一个更新的台阶。

二、促进农业科技成果转化

农业科技成果转化必须是农业科技创新机制的目标,这是因为农业科技成果不转化就只能是"样品、展品和礼品",最多只能算是潜在生产力而不是现实生产力;另一方面,农业科技成果能否转化是衡量农业科技成果是否接地气的标准,若无法转化,说明我们的前期工作方向是错误的,方向错误,停下也是进步。据不完全统计,四川省目前的农业科技成果转化率只有 50% 左右,尚有 50% 的农业科研成果未能进入生产领域,处于闲置状态,应大力加快农业科研成果转化的步伐。下一步在科技成果转化中要重点抓好四大类成果的转化推广:一是超高产杂交稻新组合、优质高产小麦等突破性新品种;二是水稻强化栽培、川产道地中药材规范化种植、柑橘高品质化生产、稻田保护性耕作、农业生态保护等技术;三是生猪规模化养殖、牛羊胚胎移植等畜禽养殖、繁育新技术;四是 S－诱抗素、果蔬气调贮藏保鲜和秸秆集中供气装置等农产品保鲜贮藏、副产物综合利用新技术。通过转化推广,进一步促进四川省农产品质量上档次、农业生产上水平。

三、促进现代农业发展

现代农业是对传统农业的扬弃,它离不开农业科技进步,离不开农业科技创新,现代农业是植根于农业科技创新的产物。发展现代农业是解决好"三农"问题的必然要求。发展现代农业是保障工业化和城镇化持续发展的重要条件。在现阶段,发展现代农业,就是要努力实现粮食增产、农业增效、农民增收和农业多功能发展的目标。这是实现生活宽裕的重要途径,是实现乡风文明、村容整洁、管理民主的重要基础,因此,发展现代农业也是新农村建设的首要任务。以四川来说,发展现代农业,推进传统农业向现代农业跨越,这是突破传统农业发展方式的根本出路。历经数千年的传承发展,四川人民培育了悠久灿烂的巴蜀农耕文明,也把传统农业的生产潜力发挥到了极致。但与高度发达的现代产业经济相比,传统农业经营规模小、劳动效率低、产业链条短、比较效益差,它的自然性、分割性不能适应社会化大生产的要求,它的自给性、封闭性也无法应对市场化大流通的冲击,已经成为典型的"弱质产业"。更为重要的是,四川省农业还面临着严重的资源瓶颈和突出的环境约束,人均耕地不到全国的一半,全国是人均耕地 1.4 亩,四川是 0.67 亩,水土流失区域占到全省幅员的 1/3。脆弱的资源环境条件,已无法承载资源依赖型、外延扩张型的传统农业增长模式。近年来,四川省粮食生产徘徊不前,农民人均纯收入低于全国平均水平,一个重要的症结就在于农业转型滞后。因而,要实现农业又好又快发展,就必须转入依靠科技进步、提高农民素质和管理创新的科学发展轨道,走科技驱动型、内涵提升型的现代农业道路。

四、促进农民增收

农民增收是所有"三农"工作都必须要考虑的目标,农业科技创新机制也必须盯着农民增收来构建和完善。例如要通过农业科技创新机制的构建和完善,促进农业科技进步,降低农业生产经营成本来增加农民收入;通过提高农业劳动生产率,腾出农民从事农外产业的时间来增加农民收入;通过调整农业结构和提高农产品品质,使农产品品质提升来增加农民收入;通过农产品的加工转化增值来增加农民收入等。

第二章 农业科技创新机制的理论基础

第一节 创新理论

一、创新的概念

关于创新,目前国际上没有统一的概念。我国《新华字典》①将"创新"注解为"创造新的,革新;在艺术上不断创新"。不同的学科有不同的理解,从哲学上讲,创新是对于发现的再创造,是对于物质世界的矛盾再创造,从辩证法的角度看,它包括肯定和否定两个方面;从社会学上讲,创新是人们运用已有信息,突破常规,产生某种新颖、独特的有社会价值或个人价值的新事物、新思想的活动,本质突破旧的思维定式,旧的常规戒律,核心是新的产品的结构、性能和外部特征的变革;从经济学上讲,创新起源为美籍经济学家熊彼特在1912年出版的《经济发展概论》,是指以现有的知识和物质为基础,在特定的环境中,改进或创造新的事物,并能获得一定有益效果的行为。

二、早期的创新思想

西方关于创新的研究可以追溯到18世纪英国经济学家亚当·斯密,其在1776年所著《国民财富的性质和原因的研究》②一书中论述了劳动分工可以增加实际产出,使人们更容易交换。事实上这种分工可以看成是技术上和方法上的改进与创新,它推动了社会经济的发展。其所著的《国富论》③中提到:适当机器的利用,可以大大地便利和节省劳动,使一个人能够成就许多人的作业。其适当机械的发明和使用论断已具有技术创新有利于提高劳动生产率的含义。

---

① 中国社会科学院语言研究所词典编辑室. 新华字典. 商务印书馆[M],2004
② 亚当·斯密. 国民财富的性质和原因的研究[M]. 郭大力,王亚南,译. 北京:商务印书馆,2004,5 – 16
③ 亚当·斯密. 国富论[M]. 郭大力,王亚南,译. 北京:上海三联书店,2011,5 – 6

19 世纪初期,马克思在其著作《机器、自然力和科学的应用》和《资本论》中都有许多关于技术创新的经典论断。他以新机器的使用为例,深入分析了技术创新的社会过程。其在《机器、自然力和科学的应用》书中指出:创新是有利于整个资本主义生产的。但是,这是一个极为复杂的社会过程。采用新机器的资本家能比其他资本家占有更多的剩余劳动,从而获得更多的利润。他在《资本论》中指出,"大工业必须掌握着他的最特别的生产手段,即机械"。他在《共产党宣言》中指出,"资产阶级之所以能生存下去,就是源于他们对生产工具以及生产关系的不断改革"。

恩格斯在其著作中也论述了许多关于科技创新的思想。恩格斯认为,"中世纪在经历了一段黑夜之后,由于社会大生产的出现,使得科学技术以最大的力量重新受到人们重视,而且以十分迅速的速度发展起来①"。同时,他说:"由于运用机器,英国一切被压迫阶级已经汇合成为一个具有共同利益的庞大阶级,即无产阶级;由于这种原因,对立方面的一切压迫阶级也联结成为一个阶级,即资产阶级。"②他从生产关系的角度论述了科学技术革命对生产关系的深刻影响。

此外,美国学者萨斯坦·维布伦在其著作《商业企业理论》和《工程和价格系统》中论述了技术和经济的关系,他认为技术不是一个外部力量,而是经济发展中的一个组成部分。美国经济学家马歇尔在其著作《经济学原理》③中认为:知识或科学技术是经济发展的动力。

三、熊彼特创新理论

国际上对创新理论的系统研究始于美籍奥地利经济学家熊彼特（ J. A. Schumpeter）提出的创新理论,其主要理论体现在《经济发展理论》《经济周期》《资本主义、社会主义和民主》等著作中。1912 年出版的《经济发展理论》一书中第一次正式提出创新概念和创新理论④,其认为创新就是创立一种新的生产函数,将生产要素与生产条件进行重新组合,实现经济新的发展的过程。这种新的组合包括 5 种类型:一是创造一种新产品或提供一种产品的新质量;二是采用一种新的生产方式;三是开辟一个新的市场;四是获得一种原料或半成品的新的供给来源;五是实行一种新的企业组织形式等。熊彼得创新理论所界定的"创新"特征包括:一是创新的领域不受限制,也不一定要与技术直接相关,组织创新、市场创新等等都包括在内;二是创新是推动经济发展和增长的动力和源泉,对于资本主义的发展具有巨大的推动作用;三是创新时间和效果的差异导致了经济周期

---

①　中共中央编译局.马克思恩格斯选集(第 4 卷)［M］.2011,280

②　中共中央编译局.马克思恩格斯选集(第 1 卷)［M］.2011,300

③　马歇尔.经济学原理[M].北京:商务印书馆,1990

④　约·熊彼得.经济发展理论[M].北京:商务印书馆,2000,73 - 74

的不稳定性,产生了经济的周期性变化。

尽管熊彼得的创新理论在当时传统经济学研究中很少涉及,没有引起学术界的广泛重视,但为技术创新理论研究奠定了至关重要的一块基石。20 世纪 50 年代后,国际许多学者开始认识和研究熊彼得的创新理论,在经济创新分析模型研究上成绩突出。美国经济学家罗森堡提出了技术创新链环回路模型,施莫克乐提出了技术创新需求引导模型。1957 年,英国经济学家索洛在《技术进步与总生产函数》论文中提出了在经济增长中技术进步的贡献率的测定方法。随后,熊彼得创新理论成为经济学的主流。

四、创新理论的发展

随着创新理论的不断发展,创新理论的研究方向不断分化,出现了许多创新理论学派,目前大体可将创新理论的研究分成技术创新学派、制度创新学派和国家创新系统学派等三个学派。

(一)技术创新学派

技术创新学派以索洛(R. Solow)、弗里曼、曼斯菲尔德、斯通曼等人为代表。1957 年,索洛在《技术进步与总生产函数》一文中,利用其自己建立的技术进步索洛模型推算出 1909 - 1949 年间美国制造业总产出中约有 88% 应归功于技术进步。《在资本化过程中的创新:对熊彼特理论的评论》中,索洛提出实现技术创新的"两步论",即新思想的来源和随后阶段的实现发展是实现技术创新的两个条件。美国经济学家迈尔斯和马奎斯作为美国国家科学基金会的成员,开始倡导组织对技术的变革和技术创新的研究,1969 年,在其研究报告《成功的工业创新》中将创新定义为技术变革的集合,他认为技术创新过程极其复杂,可以通过利用新思想、新概念不断解决各种问题。

随着技术进步在经济增长中的贡献日益突出,各国经济学家加大了对技术创新的规律和影响的研究。英国经济学家爱德温·曼斯菲尔德对新技术的推广问题进行了深入的研究,他通过分析新技术在同一行业扩散的各项因素以及其对扩散速度的作用,构建了新技术的推广模式。在研究中他确定了四个假设:一是假设技术不设专利权,对技术效仿者没有太大的影响,所有企业都能模仿该项新技术;二是假设市场是完全竞争的市场,不存在任何技术垄断现象,效仿者可以随时使用该技术;三是假设新技术在一定时期自身固定不变;四是假设企业采用该项新技术不存在企业类型、规模、产值大小的区别。在四个假设基础上,曼斯菲尔德分析出相仿比例、模仿相对盈利、投资额等三个主要因素对新技术扩散速度有重要影响,其中相仿比例、模仿相对盈利与新技术扩散速度成正比,而投资额与扩散速度成反比。同时,他还得出设备使用年限、销量增长速度、新技术首次采取时间间隔、经济周期阶段等四个因素为补充因素,其中设备使用年限、技术首次采取时间间隔与技术扩散速度成反比,而销量增长速度与技术扩散速度成正比,而新技术初次被采用的时间在经济周期中所处的阶段不同,推广速度也不同。

斯通曼主要是从技术扩展和技术变迁的角度进行研究的。其在《技术扩散和计算机革命》与《技术变迁的经济分析》中论述了技术创新扩展的路径依赖,他认为即使在同一国家、同一地区、同一产业中,不同的企业采用新技术的速度也有所不同,同样的成果在不同的国家、不同的地区扩展的速度也有快有慢①。

通过垄断角度研究技术创新的典型代表是卡曼、施瓦茨等人。他们认为:垄断对于创新的作用是两方面的,一方面创新的动力来源于竞争,竞争越大,动力越强,但是在充分竞争的市场条件情况下,企业规模小,一般缺乏能力和资金进行创新活动;另一方面如果垄断程度越高,企业市场份额越大,控制市场的能力越强,技术创新可持续越久,但在寡头垄断的情况下,尽管企业有能力和资金进行技术创新,但企业创新动力严重不足,也不利于技术创新。针对两方面的矛盾,卡曼、施瓦茨等学者将市场竞争程度、企业规模大小、垄断强度三个因素进行综合思考和分析,提出了利于创新的最优化市场结构模型。因此,最有利于创新的市场结构是介于垄断和完全竞争之间的所谓“中等程度竞争的市场结构”②。

(二)制度创新学派

制度创新学派以道格拉斯·诺斯、拉坦等人为代表。诺斯在1971年出版的《制度变革与美国经济增长》③一书中提出了制度创新理论。其主要理论观点认为:设定一种有效的制度是经济增长的关键,该制度的有效性主要表现为建立一个系统的产权制度,确定所有权,合理支配一定的资源,使得社会收益率和个人收益率相当。而新技术的发展,必须以提高个人收益率为目的,并使得个人收益率相当于社会收益率。

诺斯等人认为制度变迁主要由两大行动集团共同作用而成,起主要作用的集团即“第一行动集团”,主要作用是提方案,即提出制度变迁的主要方案和行动指南;起次要作用的集团即“第二行动集团”主要作用是根据制度变迁理论和原理对制度变迁方案进行评估和选择。在运行过程中,两大集团互相作用,相辅相成,共同实现制度的变迁。

拉坦的主要贡献是诱导性制度变迁理论模型的丰富和完善。其在舒尔茨和诺斯等人研究的基础上,提出了制度变迁的诱导性创新模型,把技术创新和制度创新整合到一个逻辑框架中。他认为,当商业、计划、法律和社会服务等知识进步时,制度变迁的供给曲线向右移动,社会科学和专业知识的进步,降低了制度供给的成本。

---

① Stoneman P. Technological diffusion and the computer revolution [M] Cambridge:Cambridge University Press,1976

② 叶明.技术创新理论的由来与发展[J].软科学,1990,(3):7-10

③ 诺斯.制度变迁与美国经济增长[M].林毅夫,译.剑桥:剑桥大学出版社,1971

（三）国家创新系统学派

国家创新系统学派的典型代表是克里斯托夫·弗里曼、理查德·纳尔逊等。其理论观点认为：技术创新是一个系统工程，不是企业的单独行为，也不是企业家个人的功能，而是由一个国家创新系统推动的。国家创新系统是参与和影响创新资源的配置及其利用效率的行为主体、关系网络和运行机制的综合体系，在这个系统中，企业和其他组织等创新主体通过国家制度的安排及其相互作用，推动知识的创新、引进、扩散和应用，使整个国家的技术创新取得更好的绩效。

弗里曼在《技术和经济运行：来自日本的经验》一书中正式提出国家创新系统理论。该书将国家创新系统分为两类，一类是广义国家创新系统，主要包括一个国家国民经济中涉及的引入新技术和扩散新技术的新产品、新国展以及新系统的全部机构；一类是狭义的国家创新系统，主要内容仅包括与技术创新直接有关的单位和机构。

1993 年，纳尔逊在《国家创新系统》一书中指出，随着社会经济的不断发展，国家创新系统在制度上也日益复杂，涉及的因素和机构也越来越多。不仅包括各种制度、政策、技术等因素，还包括大学、科研机构等从事于基础技术研究的科研单位，同时各级政府中负责投资和规划的机构也是重要组成部分。

五、中国创新理论发展

（一）创新理论发展进展

早在 20 世纪 70 年代，我国就有部分学者在出版物和公开学术演讲上介绍西方创新理论。在北京大学经济学系的内部刊物《国外经济学动态》上，有专文介绍熊彼特创新理论，是国内对熊彼特创新理论的最早介绍。

20 世纪 80 年代后期，我国学者开始对创新理论进行系统研究，其代表人物主要有傅家骥、柳御林、曾国屏等人。其在西方创新理论的基础上，结合国内大中型企业的具体实践，较系统的研究了技术创新的内涵、机制、管理及在政策，清华大学傅家骥教授自 1989 年起陆续承担了有关技术创新研究的国家自然科学基金项目，其中他主持的国家自然科学基金"八五"重点项目"中国技术创新研究"课题研究了技术创新机制、技术创新与高质量经济增长等问题。

20 世纪 80 年代以来，国内学者开始对企业技术创新与制度创新的互动关系、企业创新能力进行了研究。其中，何丰主编的《制度变迁中的企业创新研究》对技术创新和制度创新关系进行了系统研究。傅家骥等主编的《技术创新》（企业管理出版社，1992），将技术创新定义为：是企业家抓住市场的潜在盈利机会，以获得商业利益为目标，重新组织生产条件和要素，建立起效能更强、效率更高和费用更低的生产经营系统，从而推出新产品、新的生产工艺（方法），开辟新的市场，获得新的原材料或半成品供给来源或建立企业的新的组织，它是包括科技、组织、商业和金融等一系列活动的综合过程。

20 世纪 90 年代末以及进入新世纪以来,国内学者主要研究方向为以下几个方面。

一是关注国内技术创新的国际比较和社会层面研究。主要代表著作有《世界各国创新系统》《科教兴国译丛》《技术与国家利益》等,主要探讨了技术创新的内外因素。

二是关注技术创新的国家战略研究。主要代表著作有《国家创新体系的理论和实践》(冯之浚,1999)和《中国创新系统研究》(李正风,1999)。

三是从哲学的视角研究技术和社会发展的关系。主要代表著作有《科技哲学的最新走向——社会建构主义》《技术创新的社会建构》(安维复,2003)、《人文主义视野中的技术》(高亮华,1998)、《追问技术悲观主义》(赵建军,2001)。

四是对科技创新能力的研究。王章豹、徐枞巍(2005)和李宗璋、林学军(2002)就科技创新能力综合评价方法进行了探讨,提出了科技创新指标体系的设置构架,并应用国内二十多个省、市科技创新实际指标数据,运用因子分析等计量分析方法做了详细分析,并构建了一整套科技创新能力评估的指标体系和方法。李宗璋等(2002)、吴显英(2003)在论文中也通过类似的方法对我国区域技术创新能力进行了定量评价与分析。

(二)"科学技术是第一生产力"的提出

1988 年 9 月,邓小平同志提出了"科学技术是第一生产力"的科学论断,体现了马克思主义的生产力理论和科学观。"科学技术是第一生产力",既是现代科学技术发展的重要特点,也是科学技术发展必然结果。其主要理论观点认为:科学技术一旦渗透和作用于生产过程中,便成为现实的、直接的生产力。相关专家根据这一论断认为:根据科学技术与生产力之间的作用机制,可以将科学技术与生产力各要素的关系,用"生产力 = 科学技术 ×(劳动力 + 劳动工具 + 劳动对象 + 生产管理)"这一公式表示[①]。

第二节　农业科技创新理论

一、科技创新的内涵

目前,关于"科技创新"的概念,国内还没有一个统一的定义,而且科技创新与技术创新、自主创新、制度创新等概念容易混淆。"科技"是科学技术的简称,科技创新顾名思义就是创立和创造新的科学技术。我国国务院颁布的《关于加强

---

① 马志清. 浅析如何发展技术文化,培养职工高尚技术情操[J]. 管理观察,2009,(10):84 - 85

技术创新、发展高科技,实现产业化的决定》中将科技创新定义为"以市场为导向,将科技潜力转化为技术优势的创新活动,包括从新思想的产生到技术开发、产品研制、生产经营管理、市场营销和服务的全过程"。周寄中(2006)[①]认为科技创新包括科学创新和技术创新两个方面,科学创新是通过科学研究获得新的基础科学和技术知识的过程,是在认识事物本质的基础上创造新知识的行为,属于科学研究范畴;而技术创新是通过学习、模仿而改造、创造新技术、新商品的过程,是创造新技术的行为,属于技术经济活动范畴。

在知识社会环境中,一般认为科技创新包括知识创新、技术创新和管理创新三个方面。知识创新的核心内容是创造新的思想和理论体系,其成果是新概念、新理论、新学说的产生,为人们认识世界和改造世界提供新的世界观和方法论;技术创新的核心内容是创造新的科学技术以及科学技术价值的实现,其成果是科技进步,成果转化以及良性互动,提高社会生产力水平,促进经济的增长;管理创新的核心内容是管理变革,既包括社会政治制度、经济制度以及管理制度等的创新,也包括企业、团体等微观主体的创新,其成果是激励机制的实现,激发创造性和积极性,合理配置社会资源,推动社会的进步[②]。

二、农业科技的概念

《中华人民共和国农业技术推广法》将"农业技术"定义为:应用于种植业、林业、畜牧业、渔业的科研成果和实用技术,具体内容主要包括8个方面,详见表2 - 1。

表2 - 1　农业技术的主要类型一览表

序号	主要内容	备注
1	良种繁育、栽培、肥料施用和养殖技术	
2	植物病虫害、动物疫病和其他有害生物防治技术	
3	农产品收获、加工、包装、贮藏、运输技术	
4	农业投入品安全使用、农产品质量安全技术	
5	农田水利、农村供排水、土壤改良与水土保持技术	
6	农业机械化、农用航空、农业气象和农业信息技术	
7	农业防灾减灾、农业资源与农业生态安全和农村能源开发利用技术	
8	其他农业技术	

①　周寄中. 技术标准、技术联盟和创新体系的关联分析[J]. 管理评论,2006,(03):30 - 34
②　高献江. 河北省高校科技创新能力评价研究[D]. 石家庄:河北师范大学,2012

农业科技是指农业科研人员和生产者通过考察、分析、试验、研究以及实践等活动取得的作用于农业生产、经营管理活动以及科研活动的手段、工艺以及方法体系[1]。不仅包括农业技术,还包括技术方法、技术知识、技术手段、农业经营管理方法等非物化技术。

三、农业科技创新内涵

(一)定义

基于科技创新的一般概念,本书将农业科技创新定义为:为了满足现代农业需求,农业科研单位将资金、人工等转化为新知识以及新技术的过程,包括农业技术创新和科学创新两个方面,囊括了现代农业科技成果的研究、发明、创造以及农业科技成果的转化、推广、应用在内的全过程。

(二)农业科技创新的特点

农业科技创新对象的复杂性。农业科技创新的对象主要是有生命的动植物,而不同的作物所需的生态环境不同,要求在创新过程中要充分考虑适应性的问题,为农业技术创新增加了难度。比如,一个水稻品种的推广总是在一定的生态区域范围内,如果要扩大其推广范围,提高其生态适宜能力,十分困难。尽管,随着生物技术的不断提高,可以改变作物的部分生物性特征,以培养出适应性更强的新品种,但是并不能违反自然规律任意而为,只能在特定的条件下做一些尝试。

农业科技创新周期较长。由于农业科技创新研究对象都有其特定的生命周期,其生长规律不易改变。因此农业科技创新不仅需要工业技术创新的构思、设计、实验以及生产等工程,而且还要受自然条件和动植物生长规模的制约,使得农业科技创新周期较长。据中国农业部相关统计,获得科技进步奖的成果研究时间一般为 6–13 年。另据统计,一个粮食作物品种的研发到审定一般需要 5–8 年,而果树等经济作物品种研究周期一般在 10 年以上,有些甚至达几十年。

农业科技创新风险较大。除了和其他行业创新一样承担着一般风险以外,农业科技创新由于农业自身特点,其时滞风险、技术风险、自然风险等还较为突出。一方面,由于农业科技创新周期较长,创新过程中很难把握市场竞争对手情况,面临一个创新成果刚刚面市就可能被替代的风险;另一方面,农业科技的创新不仅要理论、方法正确,而且还要考虑地域、自然环境、技术使用者素质等多种因素,导致成功率低于其他领域。据统计,美国高技术企业的成功率也仅有 15%–20%,我国由于整个农业的产业链条不完善,其成功率更为低下。此外,由于农业受自然灾害影响极大,造成农业科技创新成果的预期收益不确定性较大。

农业科技创新成果的准公共品特性。农业是国民经济的基础,决定了农业科

---

① 张宝文.我国农业科技创新能力与效率研究[D].杨凌:西北农林科技大学,2011

技创新成果的公共品特性。同时,农业科技创新成果的公共品特性还体现在农业技术的外部效益较大,一个农业科技成果的推广应用,其社会效益往往大于经济效益。这些特性造成创新者创新动能不足,势必需要公共机构承担创新责任。

四、国外农业科技创新理论

农业科技创新研究是在科技创新理论和研究成果的基础上发展起来的。西方对农业科技创新进行系统研究始于 20 世纪 60 年代,典型代表是美国经济学家西奥多·W·舒尔茨,其在《改造传统农业》一书中认为引进现代农业新的生产要素是改造传统农业的关键,通过引进现代生产要素可以降低农业成本和销售价格,促进经济增长。同时,他特别指出,技术是促进经济增长的关键因素,新技术实质上也是一种新的生产要素,而且是重要的新的生产要素。关于如何引进现代生产要素来改变传统农业,舒尔茨重点探讨了三个方面的问题:1. 建立适当的引入制度,舒尔茨认为,"制度上的相应的改变是经济现代化的必要条件之一",制度是"包括各种不同的活动、结构以及具体活动的规章制度"。在相关制度构建中,他认为应该运用市场经济理念,通过农业产品以及相关生产要素价格变化等经济手段来刺激现代农业生产,而不是一味地建立大农场,要建立适宜市场经济变化的家庭农场来改造现有的传统农业。2. 从供给和需求角度进行分析,为新生产要素创造条件。舒尔茨认为,生产要素的供给者是关键,为了推广新的生产要素,政府除了要研究出适合本地各项条件的新生产要素外,还要通过农业技术推广站等相关机构把它推广、扩散出去;同时,他认为农民的需求意愿同等重要,要推广新的生产要素,必须要让农民明白他们使用这些新的生产要素是真正有利可图的,在经济上是行得通的。3. 要重视人力资本的作用。舒尔茨认为,人力资本是重要的生产要素之一,他认为要引进新的生产要素,必须包括引进具有现代农业知识,能运用和掌握新的生产要素的人。

20 世纪 70 年代,速水佑次郎(Yujiro Hayami)和费农·拉坦(V. W. Ruttan)提出农业发展的诱致技术变迁理论。他们认为,农业诱致技术变迁理论的主要观点是一个国家农业生产受到多种制约,特别是受到资源环境条件的制约,但是可以通过农业技术的不断进步来突破资源环境的制约。农业诱致技术变迁理论刚提出,就立即被学界以及著名经济学家认可,并得到了广泛的应用。生产要素价格变化对生产产生诱导,而生产诱导导致农业技术的产生。一般说来,生产要素价格变动会诱导出不同的生产技术,通过产生新的技术来节约资源稀缺而价格高的生产要素,减少由于资源稀缺给农业生产发展带来的制约。另一方面,由于劳动力的缺乏或者劳动价格昂贵的情况,会诱导以节约劳动力为主的机械技术的进步,土地价格高昂则会诱导出以节约土地为主要目的的生物化学技术进步①。速水佑次郎(Yujiro Hayami)和费农·拉坦(V. W. Ruttan)在研究中以美国和日本农业发展历史过程为例作比较分析,论证了美国和日本农业技术道路的选择符合要素诱导机制原理,使诱导性技术创新理论得到了实证的检验。

此外,随着农业科技创新理论研究的深入,各国学者又从农业技术扩散、农业技术推广、农业科研、农业技术选择和利用等方面进行了研究,并提出相关理论和见解。Rogers(1957)、Cochrand(1958)提出"Technological Tread mill"(即"技术踏车理论");Kislev and Shchori – Bachrach(1973)提出了新技术扩散周期理论;Neils Rloing 系统地研究了农业推广学;克鲁蒂拉(Krntille,1968)、佩奇(Page,1971)研究了农业清洁生产技术、生态农业技术、环境友善技术、绿色技术等与环境保护有关的技术创新和技术。

五、国内农业科技创新理论及研究综述

国内关于农业科技创新的研究开始于 20 世纪 80 年代。关于农业科学技术和农业发展的关系,邓小平同志曾经作过精辟的论述,他指出:农业的发展一要靠政策,二要靠科学。科学技术的发展和作用是无穷无尽的,没有现代科学技术,就不可能建设现代农业;农业现代化不单单是机械化,还包括应用和发展科学技术等②。邓小平同志依靠农业科学技术发展农业的这一理论观点为我国农业科技创新指明了方向。

国内学者关于农业科技创新的研究,主要集中在以下几个方面。

(一)关于中国农业科技体制改革的研究

彭宇文等(2008)认为,作为农业经济和农业科技十分发达的国家,美国的农业科技体制有许多值得借鉴的地方。本文在比较中美两国农业科技体制的基础上,分析了我国农业科技体制中存在的问题,并提出了改革和完善我国农业科技体制的对策建议。凌志云、张惠杰、李福荣等在研究中指出,因受计划经济模式影响,我国农业科研单位许多科研成果与生产实际严重脱节,大多科研成果无法在生产中转化与应用,究其原因主要包括研究课题分散、应用研究与实践脱离、激励机制不健全等。

(二)关于农业科技进步贡献率的研究

主要代表人物是中国农科院朱希刚研究员,他提出了农业科技进步贡献率的测算方法,即农业科技进步率 = 农业总产值增长率 − 因新增投入量产生的总产值增长率,农业科技进步贡献率 = 农业科技进步率/农业总产值增长率。并利用其

① 吴敬学.技术进步与农业科学经济增长[M].北京:中国农业科学技术出版社,2007
② 邓小平.邓小平文选[M].北京:人民出版社,1993

测算方法,测算了我国"一五"到"九五"期间的农业科技进步贡献率①。此测算方法为科学测算农业技术进步在农业发展的贡献率提供了理论依据,其方法一直沿用至今。

(三)关于农业技术推广模式的研究

关于我国农业技术推广模式的研究很多。大多数专家学者认为,改革开放后,我国农业技术推广工作取得了可喜的成绩,但是由于农业技术推广的复杂性和综合性,以及我国农业技术推广经费不足、技术需求与供给脱节、推广体系不完善、推广队伍弱等原因,导致我国农业技术推广存在很多问题,从而影响了农业技术创新的进程。其中黄季焜等(2000)提出,中国应建立新的农业技术推广体系,包括新的农业技术推广组织体系和新的推广运行机制,使之有利于中国农业技术创新②。

(四)关于农业科技投资模式的研究

主要研究内容包括中国农业投资体制与模式比较分析、农业投资主体研究、农业投资效益研究、农业投资风险研究等方面。其中,黄季焜、胡瑞法等(2000)通过研究指出,中国政府对农业科研的投资强度呈下降趋势。

(五)农业科技创新体系有关理论研究

农业科技创新体系建设,是国家创新体系建设的重要组成部分。20世纪90年代后期,随着西方国家创新体系的理论传入我国,国内学者开始研究农业科技创新体系。其中2004年以前,国内学者对农业科技创新体系的研究主要为理论研究,研究内容包括农业科技创新体系的背景、必要性、基本原则、指导思想、基本内容等。例如,戴小枫(2000)认为,应从国家农业科技创新整体目标需求、市场经济规律以及农业科技特点出发,确定和调整我国农业科技发展的目标、重点以及方向。同时,他认为我国农业科技创新的主要任务应该是深化农业科技体制改革,建立与社会主义市场经济相适应的农业科技体制和运行机制,创造良好的外部环境,建立强有力的保障支持体系。随后,戴小枫(2005)又提出应建立以国家农业科技创新中心、地方区域农业科技创新分中心、国家农业综合试验站为主的三级创新体系,同时建议构建符合社会主义市场经济规律的新型农业科研体系。

2004年至今,国内学者对农业科技创新体系的研究更加系统深入,对影响我国农业科技创新的因素进行了深入分析,并在理论和实践上对构建我国农业科技创新体系进行了探索。例如:奉公(2005)指出:在国家农业科技创新体系中,中央层级之下的体系的构建方案有多种可能的选择;对于跨省区域性农业科技创新中心的建设来说,应该考虑多样性;根据绩效考核,跨省区域性农业科技创新中心还可以具有变异性。张浩(2005)认为,技术创新的动力主要分为内在动力

---

① 朱希刚.我国农业科技进步贡献率测定方法[M].北京:中国农业出版社,1997
② 黄季焜等.农业科技投资体制和模式:现状和国际比较[J].管理世界,2000,(03):170-179

和外在动力两类,一般情况下,技术创新的发生是内在动力和外在动力二者共同作用、共同促进的结果。对于一个具体的部门而言,其缺乏创新的内在动力,主要的表现为内部主动创新精神弱,创新手段也较为贫乏,因此,要提高部门内部创新动力,必须通过机构创新、基地创新、机制创新、资源和环境创新等诸多方面的创新,构建农业科技创新的激励机制,建立一支富于创新精神的农业科技队伍,使之更好地为"三农"担负起科技支撑的责任。

(六)农业科技创新动力有关研究

关于农业科技创新的动力研究比较多,取得了大量研究成果。一般认为农业科技创新的动力包括政府主导、市场需求以及二者联合推动三种基本形式。王培志(1994)提出在农业科技创新中,制度的作用越来越大,应重视制度建设对新品种、新方法等技术创新的作用。裘孟荣(1996)指出宏观主体以及企业、农民等微观主体的实际需求是农业科技创新的主要诱导力量。黄其振(1999)指出农业科研机构创新动力不足是我国农业科技创新动力较为低下的一个重要原因,需要改革农业科研机构内部运行机制和外部发展环境。齐晓辉(2012)指出龙头企业、农户的市场需求、技术进步的推动、各级政府的推动是我国农业科技创新的动力。刘冬梅(2012)提出要高度重视各级政府、农业大学、农业科研院所以及农业产业化龙头企业在农业科技创新系统中的作用,要尽可能发挥其作用,构建多主体协同对推进机制。李梅兰(2013)提出要将金融作为农业科技创新的动力之一。

第三节　机制设计理论

一、机制设计理论的起源

机制设计理论的思想渊源可以追溯到20世纪30－40年代关于社会主义的哈耶克－米塞斯与兰格－勒纳之间的著名论战。20世纪60－70年代,赫维茨、罗杰·迈尔森、埃里克·马斯金等人创立了机制设计理论。其中,赫维茨教授被誉为"机制设计理论之父"。1960年,他在《资源配置中的最优化与信息效率》一文中开始系统研究机制设计理论;之后,他在《无须需求连续性的显示性偏好》《信息分散的系统》等一列著作和论文中,进一步完善了机制设计的思想和理论基础;1973年,赫维茨在《美国经济评论》杂志上发表的论文《资源分配的机制设计理论》确定了机制设计理论的基本框架。

二、机制设计理论的内容

机制设计理论是指为了使经济活动参与者的个人利益和设计者制定的目标和利益一致,在自由选择、自愿交换、信息不完全等分散化决策条件下,围绕一个既定的经济和社会目标,设计出一个经济机制来实现上述目标的理论。从研究路径和方法来看,机制设计理论是把社会目标作为已知的因素,去探索实现社会目标的经济机制;而传统经济学是把市场机制作为已知因素,去研究该市场机制条件下的资源配置情况。即通过设计博弈的具体形式,在满足参与者各自条件约束的情况下,使参与者在自利行为下选择的策略的相互作用能够让配置结果与预期目标相一致①。

机制设计理论主要包括两个方面的内容,即信息效率问题和激励相容问题。

(一)信息效率问题

所谓"信息效率(Informational efficiency)"主要是研究机制运行信息成本的问题,研究实现既定的社会经济目标需要多少信息量和信息成本最低的问题。它要求在机制设计中,为实现同一社会目标,需要尽量少的消费者、生产者以及其他经济活动参与者的信息以及尽量少的成本。任何一个经济机制的设计和执行都需要信息传递,而信息传递是需要花费成本的,因此对于制度设计者来说,自然是信息空间的维数越小越好。

在现实市场中,信息是分散的,具有不完全特征,无论是生产者还是消费者都各自拥有自己的私人信息。在市场竞争机制条件下,生产或者消费的决策是因为与供需信息的交换传递得出的。机制设计理论认为实践中可以从一个经济机制信息空间维数的大小来评价机制的好坏。从这个角度出发,机制设计过程就是针对想要实现的既定社会目标,寻求既能实现此目标,又要信息成本尽可能小的设计过程。比如设定资源的帕累托最优配置为社会目标时,竞争的市场机制就保证了此目标的达成。然而,竞争的市场机制是否是经济信息效率最高的呢? 在给定的新古典经济环境下,是否存在其他的分散决策机制能够利用更少的信息成本来实现资源最优配置呢? 赫维茨研究成果(20 世纪 70 年代)证明,在纯交换的新古典经济环境中,竞争的市场机制用最少的信息达到了有效的配置。在放松对新古典经济环境的假设之后,机制设计理论还对商品不可分、偏好或生产可能性等并不满足新古典经济环境条件下能够导致最优资源配置的分散决策的经济机制进行了探讨。赫维茨证明了这种机制是存在的,但却是以非常高的信息成本为代价的。

(二)激励相容问题

激励相容(Incentive compatibility)是赫维茨于 1972 年提出的一个核心概念,其定义为:假定机制设计者有一个经济目标,称为社会目标,这个目标可以是资源的帕累托最优配置、在某种意义下的资源公平配置、个人理性配置、某个经济部门或企业所追求的目标或在其他准则下的配置等,机制设计的任务就是要设置某套

---

① 李延. 中国民航空中交通管理问题研究[D]. 北京:首都经济贸易大学,2003

机制或是规则,在使得每个人追求个人的利益的同时,设计者设定的社会目标也能得到实现。在社会经济活动中,通常机制设计者的目标和机制参与者的利益之间不会完全一致,要达到机制设计者的某种目标,就必须对活动参与者给予激励,机制参与者只有能获得大于其付出代价的利益时,才会遵循该机制的约束和要求,把事情做好,否则,他们就会选择不遵循该机制的约束,或者不把事情做好。因此,建立合理有效的激励机制,对于机制设计者的目标实现,有重要意义。针对激励相容的问题,经济学家也发展了一个基本的理论模型来研究激励机制的设计制定。经济机制理论的模型由四部分组成:①经济环境;②自利行为描述;③想要得到的社会目标;④配置机制(包括信息空间和配置规则)。

三、机制设计理论的发展和应用研究

(一)机制设计理论的发展

马斯金和迈尔森对赫维茨的理论基础和框架进行了完善和发展,其主要的研究成果包括"显示原理"和"执行理论"。显示原理是指任何一种资源配置的规则,如果能够被某个机制所达到,那也一定存在一个直接机制可以实现这一资源配置的规则,并且在这一直接机制中,每个理性参与人都会真实报告自己的信息。这里所谓的"直接",是指参与人向外界发送的信息就是其自身的类型。显示原理由迈尔森归纳出完整的一般形式,其重要性在于,它通过给出一般性机制与报告真实信息的直接机制的等价性,使人们可将注意力集中于报告真实信息的直接机制上面,进而缩小了人们的选择范围,使得很多问题可以用数理方法处理。而当人们只需要考虑寻找最优的直接机制时,激励相容约束与理性参与约束就成为了机制设计理论模型中最重要的约束条件。

执行理论是机制设计理论中另外一项研究成果,它能解决显示原理所不能解决的一个很重要的问题。一个机制可能包括很多不同的内部均衡,如何使得所有这些均衡达到最佳状态在执行原理出现前困扰了很多人。马斯金发现的执行原理很好地解决了该问题。他证明了在马斯金单调性、非一票否决的条件都满足的条件下,在至少有三个决策人时,纳什均衡中的执行是可以实现的。在此之后,其他学者研究并得出了在一定的条件下,可以设计出某种机制,使所有的纳什均衡都可以实现帕累托最优。

(二)机制设计理论的应用

机制设计理论尽管产生发展时间较短,但已广泛地应用于多种经济社会活动中。从应用实践来看,大到宏观经济政策、制度的制定,小到企业的组织管理问题都可应用机制设计理论进行解释。近年来,机制设计理论被广泛运用于社会选择理论、拍卖理论、货币政策以及其他方面，对其他理论和实践起到很大的促进作用[①]。目前，中国还处在社会主义发展的初级阶段，很多深层次的问题仍然得不到解决。同时，我国正处于经济和社会的转型期，垄断行业、国有企业、金融以及农村经济等改革需求十分迫切。机制设计理论的发展和完善，对政府制定有效的改革措施，平衡各方利益、促进改革协调发展，实现全局利益和局部利益，有重要意义。

第四节　国内农业科技创新机制研究文献综述

为了更好地说明农业科技创新机制的理论基础，我们特对国内农业科技创新机制的研究做一综述，以期对农业科技创新机制的理论基础有更深入的认识。

一、关于农业科技创新管理机制的研究

刘梅等（2003）[②]指出，农业科技创新是我国农业发展的根本出路，提出改革现行农业科研管理体制，构建新型的农业高技术研发机制大力发展农业高新技术产业，建立灵活、高效的技术推广扩散机制构建完备的技术创新保障支撑体系。李院力（2004）[③]提出，不合理的制度或体制安排是农业科技创新供给的刚性障碍，科技创新运行机制不畅是农业科技创新的环境障碍，并提出建构市场诱致型的创新管理机制、建构主体多元的创新投资机制、建构合理调节的创新产权机制等措施。钱萱（2002）[④]提出，改革农业科技体制、健全农业技术产业化经营新体系是建立有效的农业技术创新机制的有效途径。王征国（2007）[⑤]针对河北省农业科技创新存在的主要问题，通过对技术政策、科技管理和资源配置制约因素的分析，提出贯彻一个方略、拉长二个链条、发展三色科技产业带、组织四大科技行动、实现五个替代的农业科技创新管理机制，构建起具有河北特色的农村科技创新体系。魏秀芬等（2012）[⑥]从科技创新机制、示范带动机制、运作经营机制等方面，深入分析了天津现代农业科技创新基地的支撑机制建设情况。吴昌华

① 张岚. 机制设计理论下的农村金融政策博弈研究[D]. 北京：对外经济贸易大学，2009
② 刘梅，鲁德银，易法海. 对我国农业科技创新机制的探讨[J]. 科技进步与对策. 2003，（07）：47－49
③ 李院力. 关于建构我国农业科技创新机制的思考[J]. 农业科技管理，2004，（05）：24－25
④ 钱萱. 农业技术创新机制初探[J]. 黔西南民族师范高等专科学校学报，2002，（03）：42－44
⑤ 王征国. 河北省农业科技创新机制的理论探讨[J]. 河北农业大学学报（农林教育版），2007，（03）：78－81
⑥ 魏秀芬，郑世艳，邸娜. 天津现代农业科技创新基地绩效潜力的支撑机制分析[J]. 天津农业科学，2012，（03）：87－89

(2011)①以江西省农业科学院为例,提出从建立农业科研院所现代科技创新生命机制和创新管理机制两个方面构建农业科研院所创新机制。其中科技创新生命机制包括产权管理、目标管理、投入管理、产出管理和开放合作等;创新管理机制包括学科管理、项目管理、平台管理、人才管理以及团队管理机制。

二、关于农业科技创新动力机制的研究

邱昌颖(2005)②以福建省为例,研究了农业科技成果转化的问题,并构建了福建省农业科技创新动力机制模型。张淑辉③(2014)以山西省为样本,对农业科技创新动力机制进行了深入研究,提出了从农业科技研发机制、农业科研投入机制、市场机制、政府支持和引导、创新风险保障机制等方面构建农业科技创新动力机制的建议。徐建华(2014)④认为山东作为农业大省,应从优化农业技环境、加大农业科技创新投入、打造高素质农业科技队伍以及加大引进消化吸收国外先进农业技术的力度等方面出发,构建山东农业科技创新动力机制。谢爱良(2011)⑤指出,农业科技创新广泛应用于农业产业集群,并以山东省苍山县蔬菜产业科技创新集群为例,提出农业科技创新集聚的动力机制主要包括资源禀赋的诱导、市场需求的拉动、国家农业经济政策、农业规划的驱动等等。赵小鸽(2011)⑥运用技术创新理论和动力机制理论,对农业技术创新动力机制的构成要素和供求特点进行了详细分析,指出四川省农业技术创新动力不足的原因包括科研成果质量不高、农业科技投入不足、农业投资结构不合理、农业科技人员素质较低、农业经营风险大、农业经营比较利益低等,并从建立和完善多元化投入体系、加强农业基础建设的投入力度、优化科技人才激励机制、培育创新人才队伍等方面提出相应建议。

三、关于农业科技创新投入机制的研究

柏振忠⑦(2009)指出农业的根本出路在于农业科技创新,目前,我国农业科技创新能力较弱,其关键原因在于我国农业科技创新的投入机制不健全,并提出

---

① 吴昌华,孙火喜,陈萍,,张春. 现代农业科研院所"五位一体"科技管理制度的探讨[J].农业科技管理,2011,(03):20-23

② 邱昌颖. 福建省农业技术创新动力机制研究[D].福建:福建农林大学,2005

③ 张淑辉. 山西省农业科技创新的动力机制研究[D].北京:北京林业大学,2014

④ 徐建华. 山东省推进农业科技创新的动力机制问题研究[J].山东农业工程学院学报,2014,(05):10-12

⑤ 谢爱良.农业科技创新集群形成动力机制—以山东省苍山县蔬菜产业为例[J].湖北农业科学,2011,50,(15):3214-3217

⑥ 赵小鸽. 四川省农业技术创新动力机制研究[D].四川:四川农业大学,2011

⑦ 柏振忠.农业科技创新的投入机制与金融支持问题研究[J].科技与经济.2009,(06):37-40

加快农业科技创新的投入机制创新的若干意见。李放等(2002)[①]指出,农业科技创新的外部性、公共产品等特性决定了政府是农业科技创新的主要投资者,并提出了加大农业科研经费投入,建立合理的资金分配结构,支持农村教育和农业技术推广,灵活运用财政政策手段激励农业科技创新等建议。徐磊(2005)[②]运用公共选择理论等新制度经济学的分析手段,研究了农业科技创新资金投入的决定机制和投资主体的投资行为的决定机制,得出了我国农业科技创新投入不足,长期将影响农业科技创新成果的质量等结论,并提出了观念创新、制度创新、体制创新等优化我国农业科技创新资金投入的政策设计。刘旭等人(2007)[③]从我国农业科技投入入手,首先剖析了体制建设和体制运行方面存在的问题,接着分析了在当前体制下我国农业科技投入机制方面存在的问题,最后提出加大投入、确定农业科技的公益性地位,建立合理的农业科研投入结构,搞好农业科研的大攻关、大协作等建议。

四、关于农业科技创新激励评价机制的研究

匡跃辉(2001)[④]指出,农业科技创新是典型的公共产品,农业科技创新激励机制应包括市场激励机制、产权激励机制、政府激励机制、龙头企业的科技创新激励机制、人才激励机制、分类发展激励机制、功能耦合激励机制等方面。陈秀芝等(2009)[⑤]指出激励不足严重制约着农业技术创新的供给,现有激励机制存在的产权激励、市场激励和政府激励等机制的不健全,针对现有问题提出了完善产权激励机制、健全市场激励机制、政府激励合理化等建议。刘莉(2008)[⑥]指出,科学设计农业科技激励机制对保障农业科技实现跨越式发展具有现实意义,并从激励机制的机理出发,提出农业科技激励机制的四大要素,分别为激励主体、激励客体、激励目标和激励内容。石淑萍等(2010)[⑦]指出,提高科研人员积极性是农业科研单位急需解决的问题,并以辽宁省蚕业科学研究所为例,提出加大物质奖励力度,加强精神激励措施,重视科研人员的继续教育和职业发展并合理规划等激励措

---

① 李放,朱薇薇,徐洪林. 农业科技创新与财政投入机制[J]. 南京经济学院学报.2002,(06):19 – 21
② 徐磊.中国农业科技创新资金投入问题和对策研究[D].扬州:扬州大学,2005
③ 刘旭,王秀东.完善投入体制和机制推进农业科技自主创新能力建设[J].农业经济问题.2007,(03):24 – 30
④ 匡跃辉.建立健全农业科技创新激励机制.科技与管理[J],2001,(03):48 – 53
⑤ 陈秀芝,许秀梅.论我国农业技术创新激励机制存在的问题及对策[J].陕西农业科学,2009,(06):149 – 151
⑥ 刘莉.农业科技激励机制构成要素分析[J].中国科技奖励,2008,(09):10 – 12
⑦ 石淑萍,滕雪莹,赵娜,张俊红. 农业科研单位科研激励机制探索——辽宁省蚕业科学研究所科研奖励措施剖析[J].农业科技管理,2010,(08):59 – 61

施。陈啸云(2005)①依托激励理论,结合农业科研单位实际,研究了信仰激励、目标激励、环境激励、情感激励与制度激励、竞争激励和分配激励等机制。

边全乐②(2002)指出当前农业科技评价存在缺乏过程性评价和整体性评价、第三方评价制度亟待建立、定位不够明确、评价能力有待提高、评价指标体系存在误区等问题,并提出落实科技评价相关规定、建立健全农业科技评价管理制度和操作规范、建立健全农业科技评价支持系统、培育农业科技评价人力资源、强对符合农业科研现状的评价指标体系和方法的研究等建议。林明辉(2012)③指出,现行科研绩效评价存在缺乏正确的科研管理理念、绩效考核针对性不强、科研考核日标设定不合理、科研制度不健全、激励手段单一等问题,提出了构建科研绩效客观指标和主管指标构成的指标体系。其中,科研绩效客观指标包括承担项目、发表论文、科技著作、获奖成果、知识产权、学术报告、培养人才、支撑工作等;主观指标包括学科建设科研平台管理、科研条件建设、实验室管理、团队建设等。石学彬等人(2012)④研究了国家、省、部和社会力量设立农业科技奖励的情况及特点,指出了我国农业科技奖励制度存在政府干预、评审制度不合理、缺乏监督惩罚机制等问题,并针对问题提出了培育独立评审机构、完善评审专家选拔机制、转移奖励重点、严惩学术腐败等完善农业科技奖励制度的建议。

五、综述结论

从公开发表的出版物和文献看,关于农业科技创新机制的研究较多,主要包括农业科技创新管理机制、农业科技投资机制、农业科技创新动力机制以及农业科技人才培养机制等方面的研究。农业科技创新机制的理论基础重点是在创新理论和机制设计理论方面,同时我们还看出,现有研究大多针对创新机制的某一方面或者几方面进行研究,对农业科技创新机制整体、系统的研究较少,且缺乏实证研究。

① 陈啸云. 农业科研单位激励机制探析[J].. 云南科技管理,2005,(04):31-33
② 边全乐. 农业科技评价及其问题与建议[J]. 中国农学通报,2009,25,(11):277-283
③ 林明辉,桑朝炯. 农业科研院所合理科研绩效评价体系的初步构建[J],2012,(31):213-215
④ 石学彬,鲁韦韦,赵 珩,刘凤权. 我国农业科技奖励制度的现状与建议[J]. 农业科技管理,2012,(02):22-24

第三章　农业科技创新机制的框架设计

　　农业科技创新机制设计是通过角色定位、分工合作、优化组合、制度设计、激励政策、法律法规等方式,引导农业创新的各组成要素即科研机构及高校、企业、政府、农户等农业经营主体进行科技创新,以促进农业科技资源高效配置和综合集成、加快农业科技成果向现实生产力转化、激发各类农业创新主体的活力,实现农业科技创新能力和水平的不断提高。

第一节　农业科技创新机制的要素识别

一、农业科技创新流程

　　农业科技创新是一个复杂的过程,包括促进农业科技新思想的产生,把农业科技研究、开发的物化技术运用和扩散到生产并产生效益等一系列的活动。农业科技创新包括农业科技需求拉动、科技研究水平的提高、科技转化推广的扩大、生产应用和产生效益的增强以及保障和支撑几个组成部分。农业科技创新流程可以简化为图 3-1。

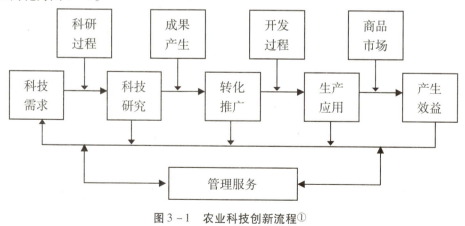

图 3-1　农业科技创新流程①

　　①　吕火明,李晓等.农业科技创新能力建设研究[M].北京:中国农业出版社,2011.12:4

农业科技创新是一个从产生新品种、新技术的设想到市场应用的完整过程,它包括新思想的产生、研究、开发、商业化生产到应用这样一系列活动,是技术进步与应用创新共同作用催生的产物。农业科技创新包括技术开发和技术应用这两个主要环节。从农业科技创新的过程中,不同环节有着不同的主体,起着不同的作用。在农业科技创新的流程中,不同的主体具有不同的角色和不同的功能,其行为也呈现个性化的特征。同时,农业科技创新的机制设计,就是要充分利用研究不同主体的行为特点,为激发不同农业科技创新主体的主观能动性,实现农业科技创新过程不同主体之间合力最大,实现农业科技创新能力和水平的提高。

二、农业科技创新主体识别

农业科技创新的主体是指在农业科技创新能力过程中具有比较完备的组织形式,具有进行科研、开发、获取、传播和应用农业科技成果的能力和条件,能够促进科技转化为现实生产力的各类组织或实体,主要有农业科研机构、高校、农业企业、各类农业经营主体以及政府管理部门等。

表 3 - 1　农业科技创新体系的主体结构及职能定位

名　称	主要构成	主要职能
知识创新系统	科研机构、高校、企业	知识的生产、传播和转移
技术创新系统	企业、科研机构、高校、	知识传播、人才培养
知识传播系统	高校、	知识传播、人才培养
知识应用系统	企业、各类农业经营主体	知识、技术的实际应用和管理

《国家中长期科学和技术发展规划纲要(2006 - 2020 年)》中指出:国家科技创新体系是以政府为主导、充分发挥市场配置资源的基础性作用、各类科技创新主体紧密联系和有效互动的社会系统。国家科技创新体系可分为知识创新系统、技术创新系统、知识传播系统和知识应用系统①。农业科技创新体系作为国家创新体系的一个行业分支,其构成要素与国家科技创新体系一致。其中,知识创新是技术创新的基础和源泉,技术创新是企业发展的根本,知识传播系统培养和输送高素质人才,知识应用促使科学知识和技术知识转变为现实生产力。农业科技创新的四个子系统各有重点,相互交叉,相互支持,是一个开放的有机整体。农业科技创新体系的参与主体包括政府部门、科研机构、高校、农业企业、中介机构、农户等农业经营主体,每种主体的职能定位也各有侧重。根据国家科技创新体系的主体结构和功能定位,企业应该是农业技术创新系统的主体。但是由于我国农业

---

① 对农业科技创新体系参与主体职能定位的几点思考,http://www.agri.ac.cn/news/nykjck/2013522/n539881377.html

企业发展较慢,技术创新能力不强,科研机构、高校依然在农业知识创新中发挥重要作用。

(一)科研机构与高校

农业科技生产过程具有前沿性、高风险性,需要巨大的资金投入和专业的人力投入。因此,从事基础研究、前沿技术研究和社会公益研究的科研机构以及科技人才培训的高校,是我国农业科技创新的重要力量,在我国农业科技创新中发挥重要作用。从农业科研单位看,经过多年的结构调整和人才分流等改革,我国已经形成了一批精干的科研机构,今后的发展方向是提高创新能力为目标,以健全机制为重点,进一步深化管理体制改革,加快建设"职责明确、评价科学、开放有序、管理规范"的现代科研院所制度。大学是我国培养高层次创新人才的重要基地,是我国农业基础研究和农业高技术领域原始创新的主力军之一,今后高校的发展方向是建立具有中国特色的现代大学制度,加强在基础研究、前沿技术研究、社会公益研究等领域的原始创新,加大为国家、区域和行业发展服务的力度。

(二)农业企业

《国家中长期科学和技术发展规划纲要(2006－2020年)》中提出,要深化科技体制改革与国家创新体系建设,支持鼓励企业成为技术创新主体。由于我国农业企业发展较慢,总体实力不强,企业尚未真正成为技术创新的主体,自主创新能力不强。但是伴随着农业科技体制改革的进行和现代农业的快速推进,我国企业开展农业科技创新经历了从无到有,到向占据主体地位的逐步演变。在现代农业阶段,企业与非政府组织加入农业科技创新体系的特征明显,农业企业科技创新的能力总体呈现出逐渐加强的趋势。从发达国家企业开展农业科技创新的经验看,在创新主体方面,美国、法国、英国和德国等国家企业的科技创新投入都占很大比例,企业始终居于创新主体的地位。因此,要发挥经济、科技政策的导向作用,通过财税、金融等政策,引导企业增加研究开发投入,使企业成为研究开发投入的主体。

(三)农民等农业经营主体

传统观念认为,作为生产者的农民以及农民合作社等新型农业经营主体在很大程度上成为单纯的、技术成果的接受者,但实际并非如此。农民是农业生产和消费的主体,而且是创新网络的终端部分。广大农民虽然不可能是科技的主要创新者,但作为农产品的生产者,其行为与市场需求直接相联,农民可以通过自身的行为对农业技术成果进行选择,从而使自己成为技术成果向市场转化的关键环节。按照新古典学派对创新的理论,创新是生产要素的重新组织和结合,只能通过市场转化才能实现。作为农业技术大范围应用的主体,广大农民是农业科学技术能否变为现实生产力的重要一环。因此,农民等农业经营主体,在更大程度上也是农业新技术的主动创造者。

（四）政府

政府在农业科技创新中作为管理者，也是农业科技创新主体的重要构成之一。政府管理是依据农业科技创新活动自身发展规律和特点，运用科学管理理论和方法，对农业科技创新过程中的诸多环节进行科学的规划、组织、领导和控制，以求在时间和经济上最合理、最有效地达到农业科技发展目标的过程。政府管理是否合理，关系到农业科技创新各项政策能否得到正确贯彻，科研机构和队伍的潜力能否充分发挥，农业科技创新的目标和规划能否顺利实现。如何管理调控农业科技资源、更好地发挥政府的农业科技创新的管理作用，改革传统的农业科技管理体系，为农业科技创新提供一个良好的内外部环境，显得尤其重要。我国农业科技宏观管理中，要推进科技管理体制改革，重点是完善农业科技创新体系，健全国家农业科技决策机制，努力消除体制机制性障碍，加强部门之间、地方之间、部门与地方之间的统筹协调，切实提高整合农业科技资源、组织重大农业科技活动的能力。

三、农业科技创新主体的职能定位

农业科技创新是一个完整的体系，因此必须对个创新主体进行有效整合，对各个主体的地位、职能、分工、合作等进行准确定位，发挥各个主体的优势，明确不同主体的分工。

（一）充分发挥政府的统筹协调作用

农业科技资源是进行农业科技创新能力建设的必备条件，它包括人力资源、财力资源、物力资源和信息资源。农业科技资源作为一种公共产品，具有明显的公共性，因而需要政府的宏观调控，其资源配置效率的高低对农业科技创新的成效起着举足轻重的作用。如果统筹协调不好，资源无法或不能优化配置，其他创新就无法进行；如果统筹协调好，资源配置优化、合理，创新能力的潜力才能得到激发，创新成果才能顺利转化。随着现代农业科技的发展，农业科技从"小科学"向"大学科"转变，使得农业科技创新不再是个体式的自由研究，而是扩展为机构、部门、国家范围全面参与的社会事业，科研规模越来越大，科研分工越来越细，而一些重大问题的解决越来越需要进行跨部门、跨学科的协同攻关，这样迫切需要政府部门的统筹协调。政府的统筹协调主要包括：一是通过农业科技政策的引导和调控，不断优化配置农业科技创新资源，不断拓宽农业科技创新投资渠道，调动科技人员的积极性和创造性；二是通过组织协调，加强涉农主体的合作，形成合力，提高农业科技攻关实力，促进农业科技与农村经济的联系，使农业科技创新在服务新农村建设方面充分发挥作用；三是通过制度建设，为农业科技创新搭建公平、公正的竞争平台，通过良性竞争，激发农业科技创新活力。

（二）不同主体之间分工明确且相互合作

在农业科技创新中，政府、科研机构、高校、企业、农户等农业科技创新体系参与主体之间都有明确的分工,不同主体在创新活动的不同环节分工有所不同,各有侧重。对于具有基础性、探索性、前瞻性和战略性的研究项目,以及难以很快产生经济回报的研究项目,通常由政府所属农业科研机构承担;对于杂交种培育、农药、肥料研制等可能带来直接经济回报的应用基础研究和应用研究,一般由企业进行。以荷兰为例,荷兰,企业是应用研究工作的重要力量,企业科研机构由20多个大型公司组成,主要任务是将研究和试验得到的成果应用于生产,解决遇到的实际问题。荷兰农业整个产业链上的各机构分工非常明确,育种公司专门负责选育好的品种,育苗公司就负责把种子培育成健壮标准的幼苗卖给栽培者,栽培者买了苗后负责生产,然后根据产品大小、质量等标准进入市场。

农业科技创新的各主体之间虽然分工明确,但相互之间也存在合理的合作、协作与交流,以及人才、信息、资金等流动,是分工协作又相互渗透的开放型农业科技创新体系。以美国为例,为提升国际创新竞争力,美国政府以联邦科研资金的流向为杠杆,引导大学与产业密切联合,共同组建产学研协同创新联盟,最为典型的是美国国家科学基金会管理下的"产业、大学合作研究中心"模式。目前,"产业/大学合作研究中心"联盟已成为当前美国规模最大、最成功的产学研协同创新联盟模式。其协同创新联盟网络在全国共有110多个,其中,2010－2011年国家科学基金会资助为59个。它们由国家科学基金会工程教育与工程董事会统一管理,涵盖100多所研究型大学、700多家公司、800多名教授,1 000多名研究生和250多名本科生,年总资助额超过7 500万美元[①]。

(三)农业科研机构及高校在农业科技创新中占有重要地位

从发达国家的经验看,尽管企业在农业科技创新发挥着越来越重要的作用的,但是各国政府都直接建立了相当规模和数量的农业科研机构与高校,而且,这些机构在全国农业科研体系中占据主导地位。一般来讲,高校是基础研究的主体,科研机构是开发研究的主体,企业是科技商品化的主体,农业推广服务站是创新技术推广的主体,各类农业经营主体是应用技术创新成果的主体。政府是农业科技协同创新的主要部分(序参量),许多国家农业协同创新过程政府参与了指导,甚至直接参与了创新过程的某个节点。以美国、日本为例,已经通过立法的形势对农业科研机构进行管理,也杜绝了创新主体机构的重复设置,避免了权责混乱,提高农业科研转化的效率。对于科研人员的管理,实行"开放、流动、竞争、协作"的竞争机制,全面推行科研人员的聘用制度,激发科研人员的研究精神。在科研管理方面,课题不重复,拨款不直接给个人,而是拨款给所在的课题组,在课题完成之后交予科学评定组织进行评估,通过后进行实施。

不同层次的科研机构,其研究应该各有侧重。国家级的农业科研机构除主要

---

① 对农业科技创新体系参与主体职能定位的几点思考,http://www. agri. ac. cn/news/nykjck/2013522/n539881377. html

从事基础性、前瞻性、战略性、公共性研究和重大科技攻关研究外,还在一定程度上兼有农业科研组织与协调工作职能。地方性的农业科研机构则主要开展区域性重大科技问题研究和有优势、有特色的应用基础和高新技术研究,重点解决区域性、关键性的重大科技问题。

第二节　农业科技创新机制的主要方向和客观依据

一、我国现代农业发展所面临的主要问题

现代农业就是用现代经营方式、现代科学技术、现代管理手段和现代物质装备条件武装农业,是我国农业的发展方向。当前,适应新常态、推进现代农业发展,最紧迫的任务就是要大力推进农业发展方式转变和结构调整。转方式,重点是推动农业发展由数量增长为主真正转到数量、质量、效益并重上来,由依靠资源和物质投入真正转到依靠科技进步和提高劳动者素质上来。我国农业发展正面临农村空心化、务农老龄化、要素非农化、农民兼业化、农业副业化以及高成本、高风险和资源环境约束趋紧、青壮年劳动力紧缺的新形势。具体来看,我国现代农业发展面临的挑战如下。

(一)农业发展的"两个夹板"效益日益明显

目前,我国农业面临着"两个夹板"的挤压,即上有"天花板",下有"地板",农业发展面临极大的挑战。"天花板"是指国内主要农产品价格超过了进口价,继续提价遭遇了"天花板",以及生产补贴因世贸规则所限而遇到的"天花板"。在价格上顶破国际市场价的天花板,这个情况我们可能会长期面对;仅从国际市场的价格来看,再往上提高国内农产品的价格,无非是对国际市场打开更大的门,这给国内农业生产带来更大的压力。同时,我国目前很多农业生产补贴在世贸组织规则中属于"黄箱"范围,有上限约束:按照入世时承诺,"黄箱"的综合支持量不可超过农业总产值的8.5%,对特定农产品支持量不超过该农产品产值的8.5%。但是,现在国家对小麦、玉米等主要农产品的生产补贴支持已接近承诺上限。"地板"问题则是指农业生产的成本不断上升。农业生产成本在快速的上升,特别是生产性服务费用的支出,年均增幅达到8%到9%,以这样一种速度增长,当然对农产品成本上涨的推动力很大。这与前一个压力结合起来看,相当于天花板在往下压,地板在往上升,于是中间的空间就越来越小,这是我们要面对的现实问题。

(二)粮食安全与大宗农产品供给问题

作为世界第一人口大国,粮食自给水平和我国粮食消费刚性增长始终是我国现代化建设中的重中之重。但是目前粮食与大宗农产品供给面临粮食种植比较效益低,加之我国农产品供需的结构性矛盾突出,我国农业生产结构调整滞后于

优质化、多样化和专用化的需求结构变化,优质高端农产品供需矛盾加剧,需调整优化农业生产结构,由此进一步加剧了我国粮食安全问题。从国际粮食生产情况看,目前全球粮食总产量维持在 21 亿 t 左右,全球粮食消费量保持年增长 2% - 3%,到 2015 年全球粮食需求量将达到 23.79 亿 t,2030 年需求量将达到 28.3 亿 t(FAO,2007)[①]。从农产品进口来看,2013 年我国进口粮食 8 402 万 t,进口植物油约 922 万 t,进口棉花约 415 万 t,进口食糖约 454 万 t,进口乳制品约 182 万 t,还有部分的牛羊肉和猪肉,粮、棉、油、糖、肉、奶六大农产品依然需要进口,而且进口量呈增长态势,这是一个必须值得关注的问题[②]。随着全球人口增长,耕地和水资源以及气候变化等因素的影响,全球粮食供需矛盾加大,粮食安全将成为全球性问题。

2014 年,虽然我国粮食产量实现了十一连增,但粮食增产基础不牢固,脆弱性突出,农业增产靠天靠化肥农药的局面未得到根本改变,农业增产增效的长期机制还没有完全建立,抗灾能力比较薄弱。中国人的饭碗都要牢牢端在自己手上,饭碗里主要装我们自己生产的粮食,坚持数量质量并重。只有加快推进农业科技创新和推广应用,才能不断持续提升粮食综合生产能力。必须要大力推进农业科技进步,增强科技创新和储备能力,围绕提高单产,加快品种改良,推广实用技术。完善农业基础设施建设,加强中低产田改造和农田水利建设,提高土地资源和水资源的利用率,进一步提升粮食增产能力。

(三)农业资源环境等要素制约日益突出

全球资源环境问题的不断恶化,农业资源偏紧和生态环境恶化的制约日益突出,对农业发展造成严重影响。长期以来,我国农业依赖于资源高强度开发、生产要素高度集中的数量型增长模式,基本是沿用"资源 - 产品 - 废弃物排放"的粗放经营的增长方式,在实现保供增收目标的同时,也造成对耕地、水等资源的过度开发,我国农业发展这种高消耗、高排放的经营方式导致农业资源条件已经绷得更紧。

从耕地资源看,我国耕地资源紧缺的矛盾及耕地质量下降在短期内难以得到缓解,它将会在较长时间内制约着现代农业的发展。我国的耕地面积从 1997 年的 19.49 亿亩到 2011 年的 18.26 亿亩,人均耕地面积由 10 多年前的 1.58 亩减少到 1.38 亩,仅为世界平均水平的 40%。与此同时,耕地质量正在逐步下降。国土资源部 2009 年 12 月 24 日发布的耕地质量等级调查与评定成果《中国耕地质量等级调查与评定》显示,全国生产能力大于 1 000kg/亩的耕地仅占 6.09%,我国耕地质量等总体偏低。我国现存低产田约占耕地总量的 1/3,如盐碱地、红壤丘

① 信乃诠.实施农业科技创新驱动发展战略[J].农业科技管理,2013.32,(3):1-4
② 新常态下我国农业发展面临四大问题, http://sannong. cntv. cn/2015/01/07/AR-TI1420596414089793. shtml

陵、水土流失地、风沙地、干旱地、旱涝地、涝洼地等。

从水资源看,我国人均水资源量仅占世界平均水平的1/4,是世界上人均水资源最贫乏的国家之一。我国农业用水占总用水量的65%左右,农业灌溉用水占农业用水的90%以上,由于我国气候季风性突出、半干旱地区多,全国有2/3耕地需要灌溉。近年来,由于农业灌溉和工业发展对地下水的过度开采,导致地下水位下降、地面下沉、江河断流、海水倒灌等一系列的环境问题。同时,我国农业灌溉用水浪费却十分严重,农业灌溉水有效利用系数平均仅为0.475,自然降水的利用率也仅达到56%。面对资源环境的挑战,必须转变传统生产方式,依靠科技创新,逐步建立资源节约、环境友好的可持续发展的现代农业技术体系。

(四)农产品质量安全问题日益突出

"民以食为天,食以安为先",农产品质量安全问题是一个关系到人类身体健康和生命安全的重大社会问题。同时随着农产品贸易和经济全球化的进一步推进,农产品质量安全又是一个关系到国家经济发展和国际形象的经济与政治问题,各国政府都非常重视农产品质量安全问题,成为影响国际农产品贸易的重大问题。据统计到20世纪90年代,我国每年生产的农药约200多种,加工制剂500多种,原药生产40万吨,居世界第二。大量使用农药不仅使得蔬菜、茶叶等食用蔬菜的安全质量下降,高毒性、高残留的农药一直是人民餐桌的隐患;另一方面,长期使用农药还会是的病虫草害物种的抗药性增强,为农业生产造成很大的困难且增加了农药的使用量。同时,随着畜牧业规模化养殖的快速发展,畜禽粪便污染严重,畜禽粪便乱堆乱排的现象越来越普遍,对环境的污染逐年加重。农产品质量安全问题已成为新世纪我国农业发展面临的主要问题之一,必须要依靠政策、技术和法律来保护本国农产品质量安全,加强农产品检验检测、产品认证、质量追溯等技术研发与应用。

(五)解决"谁来种地、怎么种地"问题

随着农村劳动力大量向城镇转移,农业劳动力结构性矛盾突显,"谁来种地"、"如何种地"的问题日益突出。目前,我国农民工总量已超过2.6亿,农村劳动力结构急剧变化,农村青壮年劳动力大量流出,以四川为例,随着全省劳务经济的发展,呈现出农业劳动力老龄化和农村空心化的特征,而且青年人都不种地也不会种地,中老年人是靠习惯种地。农业发展面临巨大人才缺口,农村大量青壮年劳动力外出务工,农村"空心化",农村实用型人才"青黄不接",迫切需要发展新型农业经营主体,解决农业后继无人的问题。农村老龄化和空心化也使农民流转土地的机会成本下降,新型经营主体可以用较低的成本进入农业,为现代农业发展创造了较好的条件。在供求因素双重制约下,只有加快专业大户、家庭农场、农民合作社、农业企业等新型农业经营主体的发展,更多地采用先进科学技术和生产手段,增加技术、资本等生产要素投入,才能提高经营农业的比较效益,确保农产品供给尤其是粮食安全。

（六）农产品国际竞争进一步加剧

农业国际竞争的核心是科技竞争。只有增强农业科技自主创新能力，才能跻身世界农业强国之列。从补贴政策看，国内农业支持政策困境初显，应充分发挥收入补贴、保险补贴等"绿箱"政策作用，支持和保护政策导致农产品接近价格"天花板"，WTO"黄箱政策"限制使国内农业生产补贴增加的空间受限。从我国经济发展情况看，宏观经济步入"新常态"，导致农产品需求和出口下降，政府的财政收入增幅放缓，对农业农村的支持力度受限，农民增收面临严峻挑战，需加快建立农民持续增收的长效机制。从农产品市场竞争主体看，我国农作物种业、畜禽良种、农机装备制造业等也面临着跨国公司的巨大冲击，我国农业产业化龙头企业总体实力不强，亟须加强农业基础性、前沿性科学研究，抓好生物技术特别是优良品种培育，提升农业自主创新和集成创新能力，强化市场竞争能力。

二、我国农业科技创新的方向

2004－2014年，连续11年的中央1号文件都聚焦"三农"问题，特别是2012年中央1号文件以农业科技为主题，印发了《关于加快推进农业科技创新持续增强农产品供给保障能力的若干意见》。2012年中央1号文件指出：要实现我国农业持续稳定发展、长期确保农产品有效供给，根本出路在科技，必须要坚持科教兴农战略，把农业科技摆上更加突出的位置，下决心突破体制机制障碍，大幅度增加农业科技投入，推动农业科技跨越发展，为农业增产、农民增收、农村繁荣注入强劲动力。2012年中央1号文件对农业科技创新的方向进行了安排部署[①]。

第一，关于农业科技创新方向，2012年中央1号文件指出，要着眼长远发展，超前部署农业前沿技术和基础研究，力争在世界农业科技前沿领域占有重要位置。面向产业需求，着力突破农业重大关键技术和共性技术，切实解决科技与经济脱节问题。立足我国基本国情，遵循农业科技规律，把保障国家粮食安全作为首要任务，把提高土地产出率、资源利用率、劳动生产率作为主要目标，把增产增效并重、良种良法配套、农机农艺结合、生产生态协调作为基本要求，促进农业技术集成化、劳动过程机械化、生产经营信息化，构建适应高产、优质、高效、生态、安全农业发展要求的技术体系。

第二，关于农业科技创新重点，2012年中央1号文件指出，要稳定支持农业基础性、前沿性、公益性科技研究。大力加强农业基础研究，在农业生物基因调控及分子育种、农林动植物抗逆机理、农田资源高效利用、农林生态修复、有害生物控制、生物安全和农产品安全等方面突破一批重大基础理论和方法。加快推进前沿技术研究，在农业生物技术、信息技术、新材料技术、先进制造技术、精准农业技

---

① 中共中央国务院印发《关于加快推进农业科技创新持续增强农产品供给保障能力的若干意见》

术等方面取得一批重大自主创新成果,抢占现代农业科技制高点。着力突破农业技术瓶颈,在良种培育、节本降耗、节水灌溉、农机装备、新型肥药、疫病防控、加工贮运、循环农业、海洋农业、农村民生等方面取得一批重大实用技术成果。

第三,关于完善农业科技创新机制,2012 年中央 1 号文件指出,要打破部门、区域、学科界限,有效整合科技资源,建立协同创新机制,推动产学研、农科教紧密结合。按照事业单位分类改革的要求,深化农业科研院所改革,健全现代院所制度,扩大院所自主权,努力营造科研人员潜心研究的政策环境。完善农业科研立项机制,实行定向委托和自主选题相结合、稳定支持和适度竞争相结合。完善农业科研评价机制,坚持分类评价,注重解决实际问题,改变重论文轻发明、重数量轻质量、重成果轻应用的状况。大力推进现代农业产业技术体系建设,完善以产业需求为导向、以农产品为单元、以产业链为主线、以综合试验站为基点的新型农业科技资源组合模式,及时发现和解决生产中的技术难题,充分发挥技术创新、试验示范、辐射带动的积极作用。落实税收减免、企业研发费用加计扣除、高新技术优惠等政策,支持企业加强技术研发和升级,鼓励企业承担国家各类科技项目,增强自主创新能力。积极培育以企业为主导的农业产业技术创新战略联盟,发展涉农新兴产业。加快农业技术转移和成果转化,加强农业知识产权保护,稳步发展农业技术交易市场。

第四,关于改善农业科技创新条件,2012 年中央 1 号文件指出,要加大国家各类科技计划向农业领域倾斜支持力度,提高公益性科研机构运行经费保障水平。支持发展农业科技创新基金,积极引导和鼓励金融信贷、风险投资等社会资金参与农业科技创新创业。继续实施转基因生物新品种培育科技重大专项,加大涉农公益性行业科研专项实施力度。推进国家农业高新技术产业示范区和国家农业科技园区建设。按照统筹规划、共建共享的要求,增加涉农领域国家工程实验室、国家重点实验室、国家工程技术研究中心、科技资源共享平台的数量,支持部门开放实验室和试验示范基地建设。加强市地级涉农科研机构建设,鼓励有条件的地方纳入省级科研机构直接管理。加强国际农业科技交流与合作,加大力度引进消化吸收国外先进农业技术。加强农业气象研究和试验工作,强化人工影响天气基础设施和科技能力建设。

第五,关于提升农业技术推广能力,2012 年中央 1 号文件指出,要强化基层公益性农技推广服务。充分发挥各级农技推广机构的作用,着力增强基层农技推广服务能力,推动家庭经营向采用先进科技和生产手段的方向转变。普遍健全乡镇或区域性农业技术推广、动植物疫病防控、农产品质量监管等公共服务机构,明确公益性定位,根据产业发展实际设立公共服务岗位。全面实行人员聘用制度,严格上岗条件,落实岗位责任,推行县主管部门、乡镇政府、农民三方考评办法。引导科研教育机构积极开展农技服务。引导高等学校、科研院所成为公益性农技推广的重要力量,强化服务"三农"职责,完善激励机制,鼓励科研教学人员深入基层从事农技推广服务。支持高等学校、科研院所承担农技推广项目,把农技推广服务绩效纳入专业技术职务评聘和工作考核,推行推广教授、推广型研究员制度。鼓励高等学校、科研院所建立农业试验示范基地,推行专家大院、校市联建、院县共建等服务模式,集成、熟化、推广农业技术成果。大力实施科技特派员农村科技创业行动,鼓励创办领办科技型企业和技术合作组织。

三、我国农业科技创新存在的问题

(一)我国农业科技创新的总体情况

2013 我国农业科技进步贡献率达 55.2%,主要农作物良种覆盖率达 96% 以上,农作物耕种收综合机械化率达 57%。粮食丰产科技工程"十二五"以来,到 2013 年年底累计增产粮食 6 342 万 t,增加效益 674 亿元。种业科技创新不断推进,创制出优质、抗病、高产水稻、玉米、小麦、大豆、油菜、棉花、甘薯新品种 535 个,良种推广达 3.5 亿多亩。全国 90% 县市开展科技特派员工作,数量达 70 万人,辐射带动 5 700 万农民增收致富①。

(二)我国农业科技创新存在的问题

目前发达国家农业科技成果的转化率和科技贡献率一般都在 70% 以上,而我国农业科技进步贡献率只有 55.2%,农业科技成果转化率只有 40% 左右,远低于世界发达国家的平均水平。

一是农业投入强度严重不足。农业科技的投入水平是衡量一个国家、一个地区农业科技活动状况的重要指标,也是判断一个国家或地区科技发展水平的重要依据,更是影响农业科技创新能力建设的重要因素。据对有关数据分析,我国农业科研投资强度为 0.77%,远低于全国科研投资强度 1.7% 的水平;政府农业科研投资强度为 0.65%,低于政府科研投资强度 0.8% 的水平②。目前,我国农业科研经费主要是靠政府的财政拨款,尽管我国政府对科研经费的财政拨款在不断增长,但是随着我国经济发展的加速,农业科研经费总额增长并不高。我国农业科技三项费占财政支农支出的比重始终低于国家科技三项费占国家财政总支出的比重,说明农业产业在争夺科研资源时仍然处于弱势地位。在国家财政对农业的支出中,主要用于支农支出和农业基本建设支出。与此同时,农业科研项目稳定性支持比例过低,科研人员忙于"揽活"。据估计,国家级农业科研院所项目的稳定支持经费仅为 20% – 30%,竞争性经费高达 70% – 80%,项目经费竞争现象比较严重。项目主持人在申请课题、应付各类检查等方面,花费了过多的时间和精力。据调查,近 20 年来,骨干科研人员直接从事研究的时间比以前要减少 23%。

---

① 科技部. 我国农业科技进步贡献率达 55.2%,http://news. xinhuanet. com/politics/2014 – 01/09/c_118905129. htm
② 万宝瑞. 当前农业科技创新面临的问题与建议[J]. 湖南农业科学,2013,(10):1 – 5

科研拔尖人才疲于争项目、揽活干，科研人员花费的精力"创收大于创新"①。

二是农业科技创新人才匮乏。农业科技创新的关键在于要有一支高素质的人才队伍，然而，农业科研单位由于研究条件差、待遇低，人才流失较为严重。作为农业科技创新能力建设的两个重要主体，农业科研机构和涉农企业都存在人才不足的问题。以农业科研机构为例，科技部发布的《2006 年中国农村科技发展报告》显示，2005 年全国农林科研机构从事科技活动人员中拥有硕士学位的数量为5 820人，占全部科技活动人员的 8.1%；博士 1938 人，占 2.7%；农业科技人才学历水平普遍不高。目前，我国农业科研主要实行以课题制管理为主的管理方式，由于课题组多为"小团队"、"夫妻店"、"小作坊"，不利于产生重大农业科技成果。由于缺乏农业科技人才，导致农业科研机构发展后劲不足，制约了农业科研单位农业科技创新能力的提高。农业科技创新的受体科学素质不高。据人口和社会保障统计年鉴，2008 年全国在农林牧渔业就业人员受教育程度为：未上过学的占8.2%，小学为 38.2%，初中 47.9%，高中为 5.4%，大专 0.13，本科 0.04%，从事农林牧副渔的一半为小学及以下学历人员，高中及以上学历的农村居民基本离开农村和农业生产。农民的文化素质低决定了科学应用水平低，难以很好地掌握和运用现代科学技术。

三是农业科研管理机制不完善。我国的农业科研体系基本上是按照行政区划设立，而不是按照自然资源、农业生态和农业区划设立，部门、单位条块分割，国家、省、地(市)三级农业科研单位的机构、学科、专业重复设置，分工不明确，跨部门、跨专业合作项目少，科技资源配置浪费较大，总体运行效率不高。条块分割的体制最终导致科研与开发推广、生产管理与科技管理各自为政，国家部委、科研单位、项目实施组织(课题组)之间分工不明确，造成"越位"、"缺位"并存。目前，农业科技项目申报主要有 973 计划、863 计划、重点实验室建设计划、攻关计划、星火计划、新成果推广计划、工程研究中心计划、产学研合作计划、知识创新工程、仪器设备专项、技术改造与基本建设投资、出版专项等。众多的项目渠道，使科研人员为适应不同渠道的要求以获得不同渠道的支持，经常不得不将同一实质内容的材料不断改头换面，既降低了科研人员的工作效率也加大了管理部门的负担，同时还造成了科研经费的分散投资和重复投资。目前，一个普遍的现象是，一个研究组(或课题组)包括学生通常在 10 到 20 人之间，手里大都有 10 个左右大大小小不同的项目。由于一个项目有许多人分享，分到每个人的数目就不大了，因此只要有机会就一定要去争，而每个项目都需要走完全套的程序，所以，浪费在因多头管理、部门分割而造成的资源重复配置上的时间，实在是太多了②。

---

① 万宝瑞. 当前农业科技创新面临的问题与建议[J]. 湖南农业科学,2013,(10):1-5
② 四位科技界知名人士建言——下决心深化科技体制改革[N]. 人民日报,2010.08.16

第三节　农业科技创新机制的框架设计

一、农业科技创新机制的构成要素

机制设计，就是设计一套博弈规则，在给定的制度（或机制）框架中进行博弈，令不同类型的人作出不同的选择。机制设计理论可以看作是博弈论和社会选择理论的综合运用。简单地说，不同的制度导致不同博弈结果，机制设计理论帮助我们寻找合适的制度来实现我们所需要的博弈结果。如果我们假设人们是按照博弈论所刻画的方式行为的，并且我们设定按照社会选择理论我们对各种情形都有一个社会目标存在，那么机制设计就是考虑构造什么样的博弈形式，使得这个博弈的解答就是那个社会目标，或者说落在社会目标集合里，或者无限接近于它。对于任意给定的一个经济或社会目标，在自由选择、自愿交换的分散化决策条件下，能否并且怎样设计一个经济机制（即制订什么样的法律、法则、政策条令、资源配置等规则）时的经济活动参与者的个人利益和设计者既定的目标一致。

经济机制理论的模型由四部分组成[①]：一是经济环境。经济环境由经济社会中所有具有一定经济特征的单位组成，包括具有自己偏好和初始资源的消费者、具有生产可能性集合的生产者，机制设计理论考察的主要是包括私人物品和公共物品的经济环境。二是自利行为描述。自利行为描述是指微观个体根据所处的经济环境，在分散化（信息分散、利益分散、决策权分散）的前提下，微观个体是按照自利的动机活动的，但行为方式有所不同。三是想要得到的社会目标。是针对配置结果而言的，可以是社会代理者（政府机构）的目标，也可以是社会公众的价值标准，是否符合评价标准是判断经济机制好坏的基本依据。四是配置机制，包括信息空间和配置规则，配置机制能够使得既定社会目标在给定的经济环境和微观个体自利行为的情况下得以实现。

机制设计理论主要解决两个问题：一是信息成本问题，即所设计的机制需要较少的关于消费者、生产者以及其他经济活动参与者的信息和信息（运行）成本。任何一个经济机制的设计和执行都需要信息传递，而信息传递是需要花费成本的，因此，对于制度设计者来说，自然是信息空间的维数越小越好。二是机制的激励问题，即在所设计的机制下，使得各个参与者在追求个人利益的同时能够达到设计者所设定的目标。在很多情况下，讲真话不满足激励相容约束，在别人都讲

[①]　陈凤娣. 论科技创新的运行机制［D］. 福建师范大学,2008

真话的时候,必然会有一个人,他可以通过说谎而得到好处。

农业科技创新的根本动力源于社会各利益群体之间对创新所带来的福利增进的分配预期。因此,构建农业科技创新机制,首先必须对农业科技创新活动的目标有一个深入的把握,对农业科技创新活动的特征有一个充分的认识。在农业科技创新系统中,政府、科研机构、高校、企业、农户等各有关组织及个人都有各自从事或参与创新活动的目标。其次,考虑能否并怎样设计出具体经济机制,使经济活动参与者的个体利益和设计者的既定目标相一致。在既定的经济环境和评价标准下,对于给定的农业科技创新目标,借助对个体行为准则的描述,在自由选择、自愿交换、信息不完全、决策分散化等条件下,设计出一套机制,使农业科技创新活动参与者基于自利行为所实现的个人利益和设计者既定的目标一致。

从经济机制调节功能发挥作用的方式来看,农业科技创新机制可以分为计划主导型科技创新机制和市场主导型科技创新机制;从经济机制调节功能发挥作用的时间点,农业科技创新机制可以分为事前机制设计和事后机制设计;从经济机制调节功能发挥作用的主体来看,农业科技创新机制可以分为政府主导型科技创新机制和市场主导型科技创新机制。

总体上来讲,农业科技创新机制包含政府调控、市场调控、激励要素和约束要素等四个方面构成要素,每一构成要素中又包含着其内部各构成主体的具体运作机制。四大要素都要遵循于科学地处理好市场与政府的关系,有效地克服市场与政府的"双失灵",既充分发挥市场机制对农业科技资源配置的基础性作用,又充分发挥国家宏观农业科技管理制度和政策的引导;要以服务国家目标和调动广大科技人员的积极性和创造性为出发点,都要服务于、激发社会各利益主体的创新积极性,要以促进全社会科技资源高效配置和综合集成为重点,增强国家农业科技创新整体能力这一目标。农业科技创新机制要素构成见图3-2。

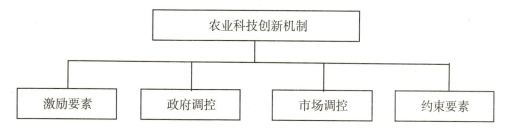

图3-2　农业科技创新机制要素构成

(一)政府调控

党的十八届三中全会指出,经济体制改革是全面深化改革的重点,核心问题是处理好政府和市场的关系,使市场在资源配置中起决定性作用和更好发挥政府作用。在现代市场经济中,市场调节和政府调控各有所长,需要充分发挥各自的长处与优点。与工业部门相比,农业科技创新由于研究对象的特殊性、影响因素的复杂性,具有显著的公共性、地域性、长期性和风险性,农业科技的很多科研成果不能完全地转化成企业利润,带有很强的公益性和社会性。因此,政府在如何完善农业科技创新机制中有着重要的作用,以解决市场失灵的滞后性、盲目性和失衡性。在农业科技管理中,政府应综合而系统地运用各种市场措施和行政管理方式,包括合理运用经济手段、适当采取行政手段、充分运用法律手段,不断完善农业科技创新机制,努力营造良好的农业科技创新经济和社会环境,以充分调动农业科技创新各创新主体的积极性和创造性,增强农业科技创新能力。

(二)市场调控

农业科技创新的最终结果也要体现产品的市场化,得到市场主体的应用,实现农业科技的巨大价值。。在市场经济条件下,市场经济的发展是农业科技创新的外在动力,核心是强调以市场为导向。市场是农业科技创新的诱因,是农业科技创新的强大推力,也是农业科技创新的最终归宿。因此,农业科技创新机制的构建,必须坚持以市场为导向,准确把握市场需求,充分发挥市场的作用,完善市场机制,健全农业科技创新机制的市场调控要素。在市场要素中,必须要充分发挥企业的作用,发达国家中,企业已成为农业科技创新的主体。由于我国农业的总体实力不强,企业尚未成为农业科技创新的主体,所以应完善企业内外部机制,推进企业成为农业科技创新主体。要理顺市场价格体系,推动农业科技创新资源配置依据市场规则、市场价格、市场竞争,实现效益最大化和效率最优化。同时,加强和优化公共服务,保障公平竞争,加强市场监管,维护市场秩序,为市场运行营造良好制度环境和提供优质公共服务。

(三)激励要素

激励要素是农业科技创新机制中最基本的力量,是由经济规律决定的。激励要素是指在组织系统中,激励主体系统运用多种激励手段并使之规范化和相对固定化,而与激励主体相互作用、相互制约的结构、方式、关系及演变规律的总和。农业科技创新主体包括政府部门、科研机构、高校、企业、农户等,每种主体的职能定位也各有侧重,为了更好地实现农业科技创新的目标,必须要实行精神激励、薪酬激励、荣誉激励、工作激励等方式,来促进农业科技各创新主体完成既定目标。创新主体在遵循公平公正、责权利对等、风险补偿等前提下,充分考虑权衡投入资源、承担风险、所做贡献以及所起作用的关键程度等因素,合理分享各种有形、无形收益的方式或制度,形成利益共享的激励要素。如果投入的人力、财力、物力及时间越多,承担的风险越大,所做的贡献越大,所起的作用越关键,那么其得到的回报应该越多。

表3-2　激励要素设计

对策行动		激励目标
隐蔽信息 （不利选择）	激励要素	如何让人 说真话
隐蔽行动 （道德风险）		如何让人 不偷懒

（四）约束要素

农业科技创新作为一种市场行为,存在道德风险,因此在农业科技创新机制设计时,必须要考虑约束要素。约束要素是为规范组织成员行为,对农业科技创新中的主体行为进行限定与修正,便于农业科技体系有序运转,充分发挥主体作用而经法定程序制定和颁布执行的具有规范性要求、标准的各类规章制度和手段。约束要素包括国家的法律法规、单位内部的规章制度以及各种形式的监督等。政府如何从宏观上有效地发挥政府对市场的引导和调控作用,使农业企业、科研单位的主攻方向与现代农业发展方向相一致。对于创新的微观主体如农业企业、农户和科研单位等,约束要素包括在调动自己内部人员的创新和转化的积极性以及在现有资源条件下最大限度地多出成果、出好成果的前提下,通过控制环境、风险评估、控制活动、信息与沟通、监控等,对创新行为进行合理化控制。

二、我国农业科技创新机制的构建

（一）立项机制

立项机制是提高资源配置效率的基础。创新立项管理机制有利于优化配置稀缺的科研资源,使研究在立项之初就奠定了转化的基础,确保科研项目实现最优的投入产出。我国农业科技创新成果转化率不高的原因就是在立项时,科技项目大多数是自上而下,通过专家评审、管理部门审批的立项机制,导致一部分农业科技创新成果不适合生产或需求。要从项目的必要性、科学性、可行性、合理性、预期效益等环节把关,以产业目标为导向,"自下而上"与"自上而下"的立项机制相结合,项目立项与推广应用相结合,在立项阶段就将市场需求考虑进去,将科研人员与推广人员、农业生产者共同纳入创新体系之中,促使与实际需要密切相关的科研不断涌现。同时要兼顾各利益主体角色定位,创新科技立项方式以实现利益最大化。实行竞争立项与委托立项相结合,使基础性研究和应用性研究既可以维持项目的连续性,也保证必须要竞争性。立足现代农业发展和农业经营主体的需求,建立以产业发展需求和实际应用为导向的立项模式。建立科学合理的立项评估指标体系、评估的方法与程序,完善项目立项评估机制

（二）激励机制

激励机制可以内在的作用于组织系统本身,使组织机能处于一定的状态,并

进一步影响着组织的生存和发展。激励机制包括市场激励、政府激励等外部激励以和物质激励、精神文化激励、内部制度等内部激励。对于政府公益性科研机构，市场激励的重点是通过对科技创新成果的市场接受程度和转化程度的评定和评估来引导和鼓励其科技创新的方向和内容，从人员管理、分配制度和奖励制度入手，通过择优聘任的岗位职称管理、岗位目标管理、工资结构管理，鼓励农业科技人员不断创新出成果；要深化农业科研院所改革，健全现代院所制度，扩大院所自主权，努力营造科研人员潜心研究的政策环境。对于企业、合作社等创新主体而言，市场激励的重点是保持公平的竞争环境，保护其创新所得；鼓励确立创新目标，树立企业科技创新意识，建立现代企业制度。

（三）评价机制

正确评价农业科技创新是进行农业科技创新的基础和前提，是推动农业科技创新的重要手段。构建科学合理的农业科技创新评价机制，是农业科技创新管理工作的关键。目前，我国农业科技创新评价存在评价主体行政化导向过重，评价主体评价责任转移严重，在评价的程序、标准和方法还不尽完善。进一步转变政府职能，让政府逐渐从农业科技评价中退出，尽量减少微观干预，政府成为农业科技创新评价的引导者和服务者，大力培育独立的农业科技创新评价机构，建立第三方科技创新评价机构。政府及相关部门逐渐退出农业科技创新评估具体工作后，应将主要工作放在农业科技创新评价制度、法律法规、监督以及宏观引导上。要坚持分类评价，注重解决实际问题，改变重论文轻发明、重数量轻质量、重成果轻应用的状况。在有些领域应当逐步乃至最终用"知识产权制度"取代"科技成果鉴定"制度。完善农业科技创新专家评议制度，健全评价过程监督体系，建立符合农业科技创新的特点的人才评价体系。

（四）协同机制

协同创新是推进创新型国家建设的重大战略思想，协同创新是现代农业科技创新的发展方向和有效选择。长期以来，我国农业科技创新总体水平不高，迫切需要实行协同创新。协作机制是以资源、信息共享为前提，搭建协同创新平台、体系和网络，以联合攻关、成果分享、效益分配及风险分担为准则，打破不同地域、部门间的界限，实现人才、资本、信息、技术的深度合作，提高科技资源整合能力和科技活动组织能力，促进农业科技成果的产生与突破。加强农业科技协同创新的顶层设计，以打破部门意识以及条块分割的体制壁垒，跨越组织内外部边界，协调好各方面的利益和矛盾，促进资源尽可能在科技协同创新利益共同体内无障碍流动。引导企业与科研院所联合，形成技术创新战略联盟，承担科技项目，开展集成创新。要强化农业科技创新主体内部的协同创新，加强科研院所内部的人才流动与学术交流，加快农业科技创新团队的建设，还要促进不同学科、不同领域之间的学术变流与互动，形成"开放、竞争、流动、协作"的运行机制，使科研人员在交流中碰撞出思想火花，在合作中产生出更多的创新性成果，以增强整体创新实。

（五）投入机制

农业科技投入是农业科技创新的中心环节,是解决我国目前农业科技创新动力不足的最直接的手段。由于我国农业基础薄弱,财力有限,对农业科技投入长期不足,使我国农业科技创新能力不足。要进一步加大农业科技创新的财政投入,建立农业科技投入的刚性投入、协调激励和管理机制,提高我国农业科技投入的数量和质量。在政府投入稳定增长的基础上,充分调动企业、金融部门和农户的积极性,不断扩大企业投入比重,建立农业科技创新投入的多层次、多渠道的投资格局。要继续贯彻自主创新行动,通过项目方式加大对农业科技创新的投入。建立相关的农业科技企业风险投资担保机制,分担企业科技创新的风险。进一步调整农业科技经费的使用方式,积极采用项目制的科技资金投入模式,优化对农业科技创新项目的支持方式和结构,建立合理的农业科技项目决策机制。理顺农业科研体制,提高政府农业科技的管理水平。加强农业科技经费监督和管理的主要目标是建立完善的经费监督体系,使科技经费监管制度化、规范化

（六）产权机制

当前,伴随着知识经济和全球化的快速发展,作为 WTO 的三大支柱之一,知识产权成为国际贸易的重要规则。产权制度是界定人们受益、受损以及补偿的规则,也是科技创新的最持久、最有效的动力。产权制度为农业科技创新提供宏观保障,也为农业科技创新投资主体提供激励和保障,决定了农业科技创新收益的分配。由于大部分农业科技成果具有公共产品的属性,保护的不完全性导致创新收益的非独占性,所以要对农业科技产权加以保护,使之产权化,保护农业科技人员创新的积极性。由农作物本身的特征决定了农业知识产权侵权现象普遍,维权难度较大,新育成品种多为低水平重复的派生品种,农业知识产权产业开发效率低。挖掘种质资源,完善相关法规,提高原始创新水平。对农作物品种权、专利技术等知识产权的保护,应从源头抓起,探索建立育种材料等遗传资源的权属登记制度。不管是育种过程中的技术和方法,还是最终的育种成果,甚至最后的加工技术,都应该申请相关专利和品种权对相关成果进行保护。增强维权意识,依法查处违法侵权行为。

第四章 农业科技创新的立项机制

创新立项机制是提高资源配置效率的基础,是确保科技成果创新性的基本保证,科学研究在立项之初就奠定了转化的基础,在科技资源的配置过程中,兼顾各利益主体角色定位,创新科技立项方式以实现利益最大化,是创新立项管理机制的重要命题。要依靠专家、发扬民主、公平竞争、择优支持项目。要从项目的必要性、科学性、可行性、合理性、预期效益等环节把关,促使创新项目脱颖而出,促使与实际需要密切相关的科研不断涌现①。

第一节 科学立项的重要性

一、科学立项有利于优化配置稀缺科研资源

科研项目的完成,需要耗费大量的物质资源和人力资源。创新立项管理机制,有利于优化配置稀缺的科研资源,确保科研项目实现最优的投入产出。当前我国的农业科技投入总量有限,农业科研经费总量和农业科技人员数量总体水平都还比较低,必须将农业科研经费和人员投入到重大基础性、应用紧缺型的科研项目中去。

在立项阶段,项目发布方通过立项课题的广泛征集和课题(立项)指南的发布,可以提供较为明确的科研需求,而科研人员和团队通过对指南和申报要求的研判,进行项目匹配。立项的过程,实际上是一个科研成果的需求与供给的匹配过程,是一个科研资源优化配置的过程。在项目申报过程中,科研人员通过对科研需求的研判,评估自身的科研供给能力,组建合理的科研团队,匹配需求方的申报条件;而项目发布方,通过对各个申报人和团队的评估,遴选出最适宜的项目负责人和科研团队,匹配相应的科研资源。同时,项目发布方还将在遴选过程中,在多个科研项目之间进行协调,尽量减少和避免重复立项,避免科研资源过度集中,

---

① 吕火明,刘宗敏. 完善农业科技创新机制的几点思考[J]. 四川农业科技,2014,12:5-6.

从而影响项目负责人和团队的科研能力被分散化和耗散。更宏观的层面,项目发布方将通过科学的立项程序,将不同研究目的科研项目进行统筹管理,在整个科研体系内优化配置科研资源。

二、科学立项有利于确保科技成果的创新性

创新性是科研项目的本质属性和根本要求。农业科技成果的创新性,表明该农业科技成果具有新颖性、独创性、探索性和实践性,具有科学上的理论价值和技术上的应用价值。这种创新性,既可能表现在方法和过程上,也可能表现在最终的形式和结果上。

好的开始是成功的一半,科学立项确保农业科技成果有一个好的开始。在立项阶段,项目发布方通过立项课题的征集、课题（立项）指南的发布确立科研需求,而科研人员和团队通过对指南和申报要求的研判,进行项目匹配。在科研项目管理过程中,立项阶段由于信息不对称,"逆向选择"问题较为严重;而在项目执行过程中,由于信息不对称,降低"道德风险"对于保证科研成果创新性非常重要。立项的过程,实际上是一个科研成果的需求与供给的匹配过程,通过科学立项程序,减少立项过程中的信息不对称,降低立项中的信息成本。一般来说,在项目申报过程中,科研人员和团队将主动发送自身关于确保科研成果创新性的信息,如既有的研究基础、对研究项目的认识和把握,对学科前言的了解和认识,研究方法的设计,研究团队的整合与管理,支撑研究项目顺利完成的保障条件等私有信息进行公开化,供项目需求方进行甄别;而项目发布方将通过各种基本条件设置、同行评议等方法,对项目申报人传递出的信息进行评判和甄别,评估申报人和团队是否有能力做出具有创新性的科技成果。同时,对于优质的科研人员和团队而言,由于"声誉"一般情况都是项目申报的重要条件之一,信誉资本有利于科研人员和团队获得更多的项目资助,从长期来看,科学确定立项阶段的相关条件,有利于降低科研项目执行过程中的道德风险,确保科研成果能够创新。

三、科学立项有利于农业科技成果转化推广

对于应用型的科技成果,转化推广是其根本目的,也是最终目的。科学研究在立项之初就奠定了转化的基础。通过科学立项,能够使与实际需要密切相关的科研成果不断涌现。

目前,我国每年通过鉴定的农业科技成果非常多,但科技成果的转化利用率却比较低,许多农业科技成果"藏于深闺",甚至一部分科技成果在项目结题之际就是沉寂之时,自此束之高阁。近10多年来,我国每年有7 000多项农业科技成果问世,但能够转化利用的只有30% −40%,远远低于发达国家70% −80%的农

业科技成果转化率①。较低的农业科技成果转化率,制约了农业技术对农业经济增长的促进作用的发挥。据农业部统计,2014 年我国农业科技进步贡献率为56%②,与目前发达国家农业技术进步对农业增长的贡献率 70% –80% 相比,差距仍很大。

我国农业科技创新成果"产供销"机制不完善,科技项目立项大多数是自上而下,通过专家评审、管理部门审批的立项机制,是导致一部分创新成果不适合生产或需求的根本原因之一③。由于农业科技成果的供给不能很好地适应当前现实生产的需要,解决农业发展中的实际问题能力不强,从而导致其难以转化为生产力④。

因此,建立科学的立项机制,以产业目标为导向,"自下而上"与"自上而下"的立项机制相结合,项目立项与推广应用相结合,在立项阶段就将市场需求考虑进去,将科研人员与推广人员、农业生产者共同纳入创新体系之中,从而从源头解决科研与需求脱节,有成果无转化的问题。

第二节 农业科技项目供给

农业科技项目是农业科技创新管理的一个基本形式。从全国层面看,我国农业科技项目主要分为以下几类:一是核心专项,如 973 计划中面向农业基础研究的项目、转基因生物新品种培育等面向国家农业发展核心问题的重大专项、国家科技支撑计划及国家自然科学基金中的农业类项目。二是面向农业科研条件建设的项目,如国家重点实验室建设、科研条件建设、科普、软科学等。三是农业科技产业化环境建设项目,如星火计划、国家富民强县项目、农业科技成果转化项目和农业科技园区建设等。以上项目的选择与实施效果基本上决定了农业科技成果供给。

一、核心专项

(一)国家科技重大专项
2006 年 2 月 9 日,国务院发布了《国家中长期科学和技术发展规划纲要

---

① 蔡彦虹,李仕宝,饶智宏,姜鹏. 我国农业科技成果转化存在的问题及对策[J]. 农业科技管理,2014,33,(6):8 – 10,84

② 中国社会科学院农村发展研究所,国家统计局农村社会经济调查司. 中国农村经济形势分析与预测(2014 – 2015)[M]. 北京:社会科学文献出版社,2014,47

③ 蔡彦虹,李仕宝,饶智宏,姜鹏. 我国农业科技成果转化存在的问题及对策[J]. 农业科技管理,2014,33,(6):8 – 10,84

④ 谢元. 我国农业科技创新面临问题与对策的研究[J]. 科技管理研究,2010,(9):8 – 10

(2006－2020年)》①。《国家中长期科学和技术发展规划纲要(2006－2020年)》制定了2006年到2020年间我国科技工作的十六字指导方针——自主创新,重点跨越,支撑发展,引领未来。自主创新,就是从增强国家创新能力出发,加强原始创新、集成创新和引进消化吸收再创新。重点跨越,就是坚持有所为、有所不为,选择具有一定基础和优势、关系国计民生和国家安全的关键领域,集中力量、重点突破,实现跨越式发展。支撑发展,就是从现实的紧迫需求出发,着力突破重大关键、共性技术,支撑经济社会的持续协调发展。引领未来,就是着眼长远,超前部署前沿技术和基础研究,创造新的市场需求,培育新兴产业,引领未来经济社会的发展。《国家中长期科学和技术发展规划纲要(2006－2020年)》提出,到2020年,我国科学技术发展的总体目标是"自主创新能力显著增强,科技促进经济社会发展和保障国家安全的能力显著增强,为全面建设小康社会提供强有力的支撑;基础科学和前沿技术研究综合实力显著增强,取得一批在世界具有重大影响的科学技术成果,进入创新型国家行列,为在20世纪中叶成为世界科技强国奠定基础"。纲要明确提出,在农业科技方面,"农业科技整体实力进入世界前列,促进农业综合生产能力的提高,有效保障国家食物安全"。

　　《国家中长期科学和技术发展规划纲要(2006－2020年)》确定了核心电子器件、高端通用芯片及基础软件,极大规模集成电路制造技术及成套工艺,新一代宽带无线移动通信,高档数控机床与基础制造技术,大型油气田及煤层气开发,大型先进压水堆及高温气冷堆核电站,水体污染控制与治理,转基因生物新品种培育,重大新药创制,艾滋病和病毒性肝炎等重大传染病防治,大型飞机,高分辨率对地观测系统,载人航天与探月工程等16个重大专项。重大专项是为了实现国家目标,通过核心技术突破和资源集成,在一定时限内完成的重大战略产品、关键共性技术和重大工程,是我国科技发展的重中之重。

　　《国家中长期科学和技术发展规划纲要(2006－2020年)》确立的16个重大专项中,与农业科技发展最密切相关的是转基因生物新品种培育重大专项。实施转基因生物新品种培育重大专项,对于增强农业科技自主创新能力,提升我国生物育种水平,促进农业增效和农民增收,提高我国农业国际竞争力,具有重大战略意义。

　　转基因生物新品种培育重大专项的目标,是要获得一批具有重要应用价值和自主知识产权的基因,培育一批抗病虫、抗逆、优质、高产、高效的重大转基因生物新品种,提高农业转基因生物研究和产业化整体水平,为我国农业可持续发展提供强有力的科技支撑②。

---

①　国家中长期科学和技术发展规划纲要(2006－2020年).中央人民政府网站:http://www.gov.cn/gongbao/content/2006/content_240244.htm

②　转基因生物新品种培育重大专项介绍.国家科技部网站,http://www.nmp.gov.cn/zxjs/200901/t20090113_2113.htm

"十二五"期间,转基因专项针对保障食物安全和发展生物育种产业的战略需要,围绕主要农作物和家畜生产,突破基因克隆与功能验证、规模化转基因、生物安全等关键技术,完善转基因生物培育和安全评价体系,获得一批具有重要应用价值和自主知识产权的功能基因,培育一批抗病虫、抗逆、优质、高产、高效的重大转基因新品种,实现新型转基因棉花、优质玉米等新品种产业化,整体提升我国生物育种水平,增强农业科技自主创新能力,促进农业增效农民增收[①]。

(二)国家科技支撑计划项目

国家科技支撑计划的前身是国家科技攻关计划。国家科技攻关计划是我国第一个国家科技计划,也是20世纪中国最大的科技计划,国家科技攻关计划的出台,标志着我国综合性的科技计划从无到有,成为我国科技计划体系发展的里程碑。其主要目的是要解决国民经济和社会发展中带有方向性、关键性和综合性的问题,涉及农业、电子信息、能源、交通、材料、资源勘探、环境保护、医疗卫生等领域。国家科技攻关计划自1983年开始实施以来,在科技促进农业发展、传统工业的技术更新、重大装备的研制、新兴领域的开拓以及生态环境和医疗卫生水平的提高等方面都取得重大进展,解决了一批国民经济和社会发展中难度较大的技术问题,对我国主要产业的技术发展和结构调整起到了重要的先导作用,同时造就了大批科技人才,增强了科研能力和技术基础,使我国科技工作的整体水平有了较大提高。

2006年2月,《国家中长期科学和技术发展规划纲要(2006—2020年)》正式发布。根据《国家中长期科学和技术发展规划纲要》,在原国家科技攻关计划基础上设立国家科技支撑计划,进一步加大对重大公益技术及产业共性技术研发的支持,全面提升科技对经济社会发展的支撑能力。2006年7月,国家科技攻关计划正式改称为国家科技支撑计划。相对于国家科技攻关计划的实施,国家科技支撑计划从立项机制、运行机制和管理体制等方面都获得了进一步完善。

国家科技支撑计划面向国民经济和社会发展的重大科技需求,落实《国家中长期科学和技术发展规划纲要(2006—2020年)》重点领域及优先主题的任务部署,坚持自主创新,突破关键技术,加强技术集成应用和产业化示范,重点解决战略性、综合性、跨行业、跨地区的重大科技问题,培养和造就一批高水平的科技创新人才和团队,培育和形成一批具有国际水平的技术创新基地,为加快推进经济结构调整、发展方式转变和民生改善提供强有力的科技支撑。国家科技支撑计划重点支持能源、资源、环境、农业、材料、制造业、交通运输、信息产业与现代服务业、人口与健康、城镇化与城市发展、公共安全及其他社会事业等领域的研发与应

---

① 国家"十二五"科学和技术发展规划. 国家科技部网站, http://www.most.gov.cn/mostin-fo/xinxifenlei/gjkjgh/201107/t20110713_88230_3.htm

用示范。①

在立项机制方面,支撑计划项目的遴选注重自上而下与自下而上相结合。科技部根据《纲要》优先主题,结合重大需求、重大工程建设、重大装备研制或引进消化吸收需要,广泛咨询和听取专家意见,按照轻重缓急确定重大项目和重点项目,而非像过去那样实行部门推荐制。应用及产业化项目的立项将充分听取企业意见。

在运行机制方面,科技部和财政部将根据任务的不同性质,采取不同的支持方式和实施机制。对于具有明确产品导向和产业化的项目,由有条件的企业牵头,建立产学研相结合的实施机制,积极引入和采用贷款贴息、风险投资、偿还性资助等多种投融资方式,加强对企业技术创新的引导和支持,鼓励吸引社会资金,建立多渠道、多层次的投入体系。

在管理体制方面,充分发挥部门、地方的作用,加强目标和过程管理,强化绩效考核,建立层级监督和专门监督机制;完善统筹协调,实行明确责权、公正透明、运转高效的运行管理体制。项目"一站式"网上申报,并建立技术预测机制和网上公告、公示制度,在确保国家秘密安全的前提下,公开项目管理相关信息,增加透明度。项目组织单位系统外的单位,承担项目的任务经费比例应不低于40%。与此同时,支撑计划建立管理决策、实施、监督相互分离、相互制约的新机制。计划主管部门侧重于计划目标的决策,对计划实施效果负责;项目组织单位负责项目组织及过程管理,对项目目标实现负责;课题承担单位具体承担课题任务,对课题任务完成负责。此外,支撑计划将开展中介评估及项目监理,推行第三方独立评估制度,加强专业监督、第三方监督,形成专业监督和日常监督相结合的机制。对计划项目目标完成不力或管理不善者追究相应责任。

从科技支撑计划的支持领域来看,主要包括四个方面。一是为建设资源节约型、环境友好型社会提供强有力科技支撑。支撑计划必须要把能源、资源和环境保护技术放在优先位置,抓紧研究开发适合国情的相关技术,积极开拓新的能源资源渠道,依靠科技进步,为资源节约型、环境友好型社会提供强有力的科技支撑。二是为发展现代农业,建设社会主义新农村提供强有力科技支撑。支撑计划要大力发展优质、高产、高效、生态、安全的现代农业技术,积极运用生物、信息等技术,加快农业技术升级,提高农业综合生产能力,保障粮食安全,提高农民收入,为社会主义新农村建设提供强有力科技支撑。三是为调整产业结构,提升产业核心竞争力提供强有力科技支撑。支撑计划必须以掌握自主知识产权为核心,攻克一批关键技术,积极发展和运用高新技术,改造传统产业,加快发展现代服务业,为调整产业结构,提升产业核心竞争力提供强有力科技支撑。四是为保障人民的安全健康提供强有力科技支撑。支撑计划必须坚持以人为本,把提高人口质量、

---

① 《关于印发国家科技支撑计划管理办法的通知》(国科发计〔2011〕430号)。http://www.most.gov.cn/fggw/zfwj/zfwj2011/201202/t20120216_92487.htm

生活质量、保证人民安全健康等公益事业作为重要任务,解决人民群众最关心的问题,为保障人民的安全健康,促进社会和谐发展提供强有力科技支撑。

(三)国家高技术研究发展计划(863计划)

1986年3月,面对世界高技术蓬勃发展、国际竞争日趋激烈的严峻挑战,邓小平同志在王大珩、王淦昌、杨嘉墀和陈芳允四位科学家提出的"关于跟踪研究外国战略性高技术发展的建议"上,做出"此事宜速作决断,不可拖延"的重要批示。在充分论证的基础上,党中央、国务院果断决策,于1986年11月启动实施了高技术研究发展计划,简称863计划。

20年多来,863计划始终瞄准世界高技术发展前沿,按照有所为、有所不为的原则,在事关国家长远发展和国家安全的重要高技术领域,以提高我国自主创新能力为宗旨,坚持战略性、前沿性和前瞻性,以前沿技术研究发展为重点,统筹部署高技术的集成应用和产业化示范,充分发挥高技术引领未来发展的先导作用。

863计划启动之初就设立生物技术领域,安排了部分农业科研项目,"十五"设立生物和现代农业技术领域,"十一五"专门设立现代农业技术领域,从生物技术领域中分离出来。

"十二五"期间,"863计划"根据《国家中长期科学和技术发展规划纲要(2006 – 2020年)》的总体部署,按照国家"十二五"科技发展规划的总体考虑,863计划以落实《国家中长期科学和技术发展规划纲要(2006 – 2020年)》提出的前沿技术任务和部分重点领域中的重大任务为重点,以解决事关国家长远发展和国家安全的战略性、前沿性和前瞻性高技术问题为核心,以培育战略性新兴产业为主线,积极抢占高技术发展的前沿制高点,大力培育引领未来发展的战略性新兴产业生长点,选择信息技术、生物和医药技术、新材料技术、先进制造技术、先进能源技术、资源环境技术、海洋技术、现代农业技术、现代交通技术和地球观测与导航技术等高技术领域作为发展重点,安排若干主题项目和重大项目。其中主题项目以抢占高技术发展的前沿制高点为导向,以获取自主知识产权、原始性创新成果、核心关键技术为目标;重大项目以培育战略性新兴产业生长点为导向,以形成原型样机(品)、技术系统或示范系统为目标。

"十二五"期间,863计划现代农业技术领域下设7个主题方向,包括植物分子设计与品种创制技术、动物分子与细胞工程育种技术、农业生物环境控制与修复技术、农业生物制剂创制技术、农林生物质高效转化技术、数字农业技术与装备、食品制造与安全技术。

(四)国家重点基础研究发展计划(973计划)

1997年,中国政府采纳科学家的建议,决定制定国家重点基础研究发展规划,开展面向国家重大需求的重点基础研究。随后,国家科技部组织实施国家重点基础研究发展计划,简称"973计划"。

"973计划"的目标是加强原始性创新,在更深的层面和更广泛的领域解决国家经济与社会发展中的重大科学问题,以提高中国自主创新能力和解决重大问题的能力,为国家未来发展提供科学支撑。

"973计划"的主要任务包括:紧紧围绕农业、能源、信息、资源环境、人口与健康、材料等对国民经济、社会发展和科技自身发展非常重要的重大科学问题,开展多学科综合性研究,提供解决问题的理论依据和科学基础;部署相关的、重要的、探索性强的前沿基础研究;培养和造就适应21世纪发展需要的高科学素质、有创新能力的优秀人才;重点建设一批高水平、能承担国家重点科技任务的科学研究基地,并形成若干跨学科的综合科学研究中心。

专栏4-1:国家重大战略需求中的基础研究重点领域

在农业、能源、信息、资源环境、健康、材料、制造与工程、综合交叉等重点领域部署具有战略性、前瞻性、全局性和带动性的基础研究工作,更加聚焦国家重大战略需求、更加强化科学目标导向、更加注重优秀团队建设、更加注重青年科学家的培养,着力解决制约国家经济社会发展的关键科学问题。

1.农业科学领域

围绕提高农产品生产和供应能力、保障食物品质和安全性、改善自然生态环境、提升农业对自然资源利用效率等战略需求开展研究,为解决农业植物和动物的分子育种、科学栽培和养殖、资源高效利用、病虫害有效防治和农业生态环境改善等问题奠定理论基础。

主要研究方向:水稻重要性状的基因调控网络解析及分子设计育种研究;农作物高产、优质、高效机理;农业动物高产、优质、抗病和抗逆机制;农田资源高效利用机理;可持续发展的农林草生态和综合农业系统研究;有害生物控制、生物安全和农产品安全中的重大科学问题。

2.能源科学领域

针对能源安全和我国能源可持续发展面临的重大需求,着力解决清洁多元化能源体系构建、化石能源资源开发和清洁高效利用、先进可再生能源发展等方面的关键科学问题,为保障我国能源安全提供科学支撑。

主要研究方向:高效低成本新型光伏材料与器件;石油天然气成藏机理、分布规律与提高采收率研究;煤炭安全、高效、绿色开采研究;化石能源高效清洁转化利用;可再生能源与新能源规模化发展研究;提高能源利用效率、高效节能和减排的新理论和新方法;高效安全电力系统、分布式能源系统和储能相关的基础研究;核电发展的关键科学问题。

3.信息科学领域

围绕我国信息产业快速发展中对新理论、新方法和新技术的重大需求,着力解决新型光电器件面临的关键科学问题,发展新型通信网络理论和体系,解

决智能服务等计算行为的核心问题,构建信息安全一体化框架,为提高我国信息产业核心竞争力和优化产业结构提供科学支撑。

主要研究方向:16nm特征尺寸的集成电路新原理和新技术;新一代电子系统集成理论及工艺基础;光电子与集成器件理论及应用;能效优先和资源优化的通信网络理论和体系;计算理论、计算系统与可信软件研究;智能信息服务基础理论和应用;海量信息获取、认知与智能分析决策研究;信息安全基础理论;太赫兹波传输、辐射及其与物质的相互作用;信息科学与其他学科的交叉研究。

4.资源环境科学领域

围绕保障资源供给、改善环境质量、揭示地球和环境系统关键过程和规律,加强对区域、近海和深海大洋资源环境分布格局和演化规律的研究,提高对未来我国资源环境的预测能力,为解决我国经济社会发展中的重大资源环境问题提供科学依据。

主要研究方向:地球系统各圈层的相互作用;地球系统变化对重大自然灾害的影响机理;重要成矿带、我国短缺支柱性及优势矿产成矿规律;土地利用与土地覆被变化;我国冰川冻土变化及其影响;区域生态恢复机理与适应;典型污染物区域环境过程、健康风险与控制;城市化的区域资源环境效应与调控;海洋动力过程在气候系统中的作用;我国近海环境及生态的关键过程;中国典型陆地、海洋生态系统-大气碳、氮气体交换规律与调控等。

5.健康科学领域

围绕提高疾病的防治水平等重大需求,力争在生命活动的生理与病理过程、疾病的发生发展机理及其防治的基础理论等方面取得突破;加强重要传染性疾病和中医理论基础研究;关注转化医学,预期在疾病早期预警、早期预防、早期治疗的新技术新方法和个体化治疗等方面取得显著进展,为提高人民健康水平提供有力的科技支撑。

主要研究方向:非传染性慢性复杂疾病、衰老和衰老相关疾病以及常见多发疾病的致病机理;计划生育与生殖健康的基础研究;灾害医学及环境对健康影响;重大疾病相关药物研发的新思路、新靶点研究;生物医学新方法、新技术、新概念的相关基础研究。

重要传染病基础研究:重点研究重要传染性疾病病原生物学,传染病流行特征、感染和发病机制、诊断治疗及疫苗和药物研发的科学问题;发展传染病监测、预警、预防、诊断和治疗的新策略。

中医理论研究:围绕中医理论、中药及方剂、针灸辨证论治等开展基础研究。丰富发展中医药理论体系,揭示中医药防治疾病、养生保健的科学内涵,深入阐释中医药疗效机理,提高临床诊治水平和能力。

6.材料科学领域

围绕我国大规模基础设施建设、战略性新兴产业发展对材料科学的重大需求,发展资源－能源节约型、环境友好型的材料,设计具有自主知识产权的新型结构材料,提出低成本、高效率和可持续发展的"绿色"材料制备工艺流程,发展具有我国特色的材料科学体系,为突破材料产业的发展瓶颈提供科学支撑。

主要研究方向:基础材料的升级改造和高性能化基础;信息功能材料及相关元器件制备;前瞻性超导材料与物理研究;低品位、复杂多金属矿分离与富集的科学基础;新型能源材料与能量转换、节能、储能相关材料研究;新型催化材料、智能敏感材料和生物医用材料的设计与制备研究;复杂条件下材料服役行为与失效机制;多组元、多层次材料设计与性能模拟;材料组织结构与性能的高效、高分辨率表征等。

7.制造与工程科学领域

围绕提升基础制造业水平和培育发展战略性新兴产业中面临的高端装备设计、制造和安全运行问题开展研究,提升装备及构件的制造精度与性能;针对土木、水利水电、岩土、海洋及能源等重大工程中的关键科学问题开展研究,服务我国经济社会发展和城镇化进程,提高工程建设水平,保障安全可靠运行。

主要研究方向:极端服役装备的设计与制造;高性能复杂构件跨尺度制造;微纳制造与高精密制造及装备研究;生机电一体化制造与仿生制造;数字制造与智能制造装备;超精密、超高速、超常能量条件下的制造;重大工程环境灾害控制;海洋与核能工程结构安全研究;重大结构工程防灾减灾和全寿命性能设计;重大岩土工程的稳定性控制研究;对重大装备与工程的安全和性能起关键作用的复杂振动、疲劳、断裂、摩擦磨损及腐蚀等科学问题;制造与工程中复杂问题的数值与物理模拟及系统控制理论。

8.综合交叉科学领域

围绕解决我国当前国民经济和社会发展中所遇到的一些交叉科学问题,加强多学科交叉融合,力争在航空航天关键力学问题、防灾减灾、节能减排、合成生物学及生物制造、科学仪器与实验新方法等方向取得突破,获得一批原创性研究成果。

主要研究方向:涉及新一代飞行器的学科交叉研究;空间探测与对地观测的科学基础;灾害预测预警和防灾救灾的关键科学问题和有效技术;城镇健康有序、可持续发展的科学基础;现代科学与社会安全面临的大规模计算问题;高效节能和减排的新思路、新方法和新技术;实现绿色化工过程和工业生物工程的科学基础;多学科与生命科学交叉融合的基础研究;面向大科学装置及新型仪器、设备研制的新理论、新方法和新技术。

摘自《国家基础研究发展"十二五"专项规划》

(五)国家重大科学研究计划

国家重大科学研究计划,是国家重点基础研究发展计划(简称973计划)的一部分,是《国家中长期科学和技术发展规划纲要(2006－2020年)》部署的、引领未来发展、对科学和技术发展有很强带动作用的基础研究发展计划。从2006年开始启动实施,包括蛋白质研究、量子调控研究、纳米研究、发育与生殖研究、干细胞研究和全球变化研究6大领域。

专栏4－2:"十二五"国家重大科学研究计划

1. 纳米研究

围绕纳米科学技术发展的战略性、基础性和前瞻性问题,以深化基础研究和促进产业化为主线,在纳米材料、纳米器件和系统、纳米生物医学、能源纳米材料与技术、环境纳米材料与技术、纳米测量表征、纳米安全与标准等方面取得创新性突破,保持我国在纳米科学技术领域的高水平基础研究优势;加快创新性成果转化,促进规模化应用和产业化。

主要研究方向:纳米基础科学问题研究;先进功能纳米材料;纳米检测与加工方法、装备与标准;纳米信息材料与器件;纳米生物与纳米医学;环境纳米材料与技术;能源纳米材料与技术;绿色印刷制版、高密度存储、新型显示、重大疾病快速诊断、水净化、高效能源转化等纳米技术开发和规模化应用;纳米技术安全性。

2. 量子调控研究

以量子效应为基础,以功能化集成和实用化为导向,在新物质态和新原理原型器件方面取得突破,探索和发现若干全新的关联电子体系材料、小量子体系材料和人工带隙材料,推进量子通信技术的实用化和量子技术标准与协议的制定。继续保持我国在实用化量子密码技术和量子通信技术、铁基超导和拓扑绝缘体等研究领域的领先水平。

主要研究方向:基于光子、固态系统和冷原子及分子的量子信息处理、量子仿真、量子通信与信息安全、量子信息理论;新颖关联量子材料、竞争序和量子相变、关联量子现象;单粒子和单量子态、原子和离子及分子体系、半导体量子结构、磁性和稀磁半导体及异质结构、固体中孤立量子体系;人工带隙材料的能带和带隙调控、光子微结构集成回路及相关元器件、亚波长光子学结构。

3. 蛋白质研究

以蛋白质的结构与功能、相互作用和动态变化研究为重点,在结构生物学、蛋白质组学、蛋白质研究新技术和新方法、蛋白质合成、降解与调控机制、蛋白质生物学功能、系统生物学、药物靶点和分子诊疗等方向取得一批具有影响的标志性成果,继续保持我国在蛋白质组学的国际领先地位,为探索生命本质、发展医药与生物技术等提供理论基础与技术支撑。

主要研究方向:具有重要生物功能的膜蛋白和蛋白质复合体的结构与功能研究;重要生物体的蛋白质组学研究;针对蛋白质研究前沿中的技术瓶颈发展相关的新技术和新方法;蛋白质的转录调控、翻译折叠及降解的分子机制研究;重要生命活动相关的蛋白质的分子作用机制;生物系统的功能元件组成、相互作用和动态变化等方面的研究;蛋白质药物靶标和基于蛋白质相互作用网络的分子诊疗技术研究。

4. 发育与生殖研究

围绕发育与生殖基础性、前沿性重要科学问题,在胚胎与器官发育、生殖发育与生殖调控、发育与生殖相关重大疾病的基础研究等方向取得一批创新性成果,建立和完善发育与生殖研究系统平台,为降低出生缺陷、提高人口健康水平提供理论基础和关键技术支撑。

主要研究方向:胚胎与器官发育的机理与进化生物学研究;生殖细胞发生、成熟、精卵识别、受精及着床等生殖发育与生殖调控机制研究;妊娠疾病和出生缺陷等发育与生殖相关重大疾病的基础研究;人类重大疾病的转基因灵长类动物模型研究和传统模式生物平台与资源库建设和完善。

5. 干细胞研究

围绕干细胞研究和促进转化应用,优化整合干细胞研究资源,在细胞重编程研究、干细胞多能性维持、干细胞定向诱导分化、干细胞与微环境、干细胞临床前研究、植物细胞全能性等方向取得一批原创性成果,建立重大疾病的猪、猴等大动物模型,加强干细胞基础和临床前研究,实现干细胞基本理论和关键技术的重大突破。

主要研究方向:细胞重编程过程及其调控机制研究;干细胞自我更新及多能性维持的机理研究、新型多能性干细胞系的建立;干细胞定向分化分子机制及组织、器官诱导分化研究;成体干细胞的分离鉴定和干细胞的微环境研究;临床级干细胞的建立和建库,重要疾病动物模型的建立,干细胞治疗安全性和有效性评估;植物细胞全能性及其分化调控研究。

6. 全球变化研究

围绕全球变化关键科学问题,在全球变化基本规律、人类活动对全球变化的影响研究、气候变化的影响及适应研究、综合观测和数据集成研究、地球系统模式研究等领域取得突破性进展,为我国经济社会可持续发展、适应和应对气候变化提供科学支撑。

主要研究方向:全球气候变化的事实、过程和机理研究;温室气体、人为气溶胶排放和土地利用等人类活动对全球变化的影响研究;气候变化对生物圈、水圈、冰冻圈的影响及人类适应研究;全球变化关键参数和过程的综合观测、数据同化与集成研究;高分辨率气候系统模式、地球系统模式的研发与应用。

摘自《国家基础研究发展"十二五"专项规划》

（六）国家自然科学基金项目

20世纪80年代初，为推动我国科技体制改革，变革科研经费拨款方式，中国科学院89位院士（学部委员）致函党中央、国务院，建议设立面向全国的自然科学基金，得到党中央、国务院的首肯。随后，在小平同志的亲切关怀下，国务院于1986年2月14日批准成立国家自然科学基金委员会。国家自然科学基金委员会主要任务是根据国家发展科学技术的方针、政策和规划，按照科学基金制运作方式，运用国家财政投入，资助自然科学基础研究和部分应用研究，发现和培养科技人才，发挥自然科学基金的导向和协调作用，促进科学技术进步和经济、社会发展。

自然科学基金按照"支持基础研究，坚持自由探索，发挥导向作用"的战略定位，坚持支持基础研究，逐渐形成和发展了由研究项目、人才项目和环境条件项目三大系列组成的资助格局。建立了面上、重点、重大项目、重大研究计划、联合资助基金、实质性国际合作研究等多层次相互配合衔接的资助项目系列；通过实施科技人才战略，架构了以国家基础科学人才培养基金、青年科学基金、地区科学基金、国家杰出青年科学基金、创新研究群体科学基金等较为完整的人才培养资助体系；完善了以科学仪器基础研究、国际合作交流项目、科普项目等专项构成的环境条件项目体系。

自然基金委按学部进行项目管理，在农业方面，重点资助农业科学方面的基础研究工作。从1990年到2009年，农业科学受自然科学基金资助的金额显著增长，从1990年的487万元增加到了2009年的20 984万元（面上项目和重点项目）；农业科学受自然科学基金资助的金额比例，除1995年达到了6.34%外，1990年、2000年、2005年和2009年分别为5.33%、5.41%、5.36%和5.21%，基本保持在相近水平。2009年，从所占比例来看，农业科学领域接受的自然科学基金资助排在医学科学、生物学、信息科学、化学、工程科学、地球科学和物理学之后，列第8位。

表4-1　18个学科①受自然科学基金资助的金额　　　（单位：万元）

学科	1986年	1990年	1995年	2000年	2005年	2009年
数学	118	105	477	1 155	5 321	7 510
力学	177	252	608	2 105	6 393	11 712
天文学	48	52	154	463	2 150	3 203
物理学	684	519	1 212	3 233	11 767	22 321
化学	1461	979	2 363	5 615	22 190	41 092

---

① 中国《国家"十一五"基础研究发展规划》中，将基础研究领域划分为18个学科，其中基础学科指数学、物理学、化学、天文学、地球科学、生物科学，交叉学科指力学、工程科学、农业生物学、生物医学、信息科学、能源科学、材料科学、空间科学、资源环境与灾害科学、海洋科学、心理学与认知科学、管理科学（为自然科学与人文社会科学交叉学科）。

续表

学科	1986 年	1990 年	1995 年	2000 年	2005 年	2009 年
资源、环境与灾害科学	*	50	214	727	2 228	4 546
生物学	1 242	1 266	2 837	6 336	24 115	44 797
心理学与认知科学	281	96	230	552	2 336	3 620
农业科学	*	487	1 466	2 985	11 708	20 984
地球科学	907	1 123	2 621	6 289	20 823	39 273
空间科学	206	190	483	1 163	3 509	6 516
海洋科学	103	172	354	933	3 227	6 111
材料科学	425	561	1 350	3 173	12 387	20 049
工程科学	778	825	2 216	4 977	21 658	39 902
能源科学	219	182	442	882	3413	6 486
信息科学	1 213	982	2 452	5 434	24 578	43 377
管理科学	49	197	557	1 692	6 730	12 698
医学科学	5	1 101	3 079	7 481	34 006	68 727
合计	7 916	9 139	23 115	55 195	218 539	402 924

数据来源:引自《科学基金资助与管理绩效国际评估——综合证据报告》。根据基金委数据库资助数据统计得到;1986 年、1990 年、1995 年数据仅为面上项目的经费数;2000 年、2005 年和 2009 年数据包括面上项目和重点项目的经费数;重点项目在 1991 年设立,但数据库中缺失 1995 年数据,1986 年经费中在"资源、环境与灾害科学"和"农业科学"的资助数据无法单独统计。

表 4 - 2　18 个学科受自然科学基金资助的金额比例(单位:%)

学科	1990 年	1995 年	2000 年	2005 年	2009 年
数学	1.15	2.06	2.09	2.43	1.86
力学	2.76	2.63	3.81	2.93	2.91
天文学	0.57	0.67	0.84	0.98	0.79
物理学	5.68	5.24	5.86	5.38	5.54
化学	10.71	10.22	10.17	10.15	10.20
资源、环境与灾害科学	0.55	0.93	1.32	1.02	1.13
生物学	13.85	12.27	11.48	11.03	11.12
心理学与认知科学	1.05	1.00	1.00	1.07	0.90
农业科学	5.33	6.34	5.41	5.36	5.21
地球科学	12.29	11.34	11.39	9.53	9.75

续表

学科	1990 年	1995 年	2000 年	2005 年	2009 年
空间科学	2.08	2.09	2.11	1.61	1.62
海洋科学	1.88	1.53	1.69	1.48	1.52
材料科学	6.14	5.84	5.75	5.67	4.98
工程科学	9.03	9.59	9.02	9.91	9.90
能源科学	1.99	1.91	1.60	1.56	1.61
信息科学	10.75	10.61	9.85	11.25	10.77
管理科学	2.16	2.41	3.07	3.08	3.15
医学科学	12.05	13.32	13.55	15.56	17.06
合计	100.00	100.00	100.00	100.00	100.00

数据来源:引自《科学基金资助与管理绩效国际评估——综合证据报告》。根据基金委数据库资助数据统计得到;1990 年、1995 年数据仅为面上项目的经费数;2000 年、2005 年和 2009 年数据包括面上项目和重点项目的经费数;重点项目在 1991 年设立,但数据库中缺失 1995 年数据。

专栏 4-3:"十二五"国家自然科学基金农业科学相关发展任务与专题部署

1. 农业科学学科发展战略

农业科学是研究农业发展的自然和经济规律的科学,主要包括作物学、植物保护学、园艺学、植物营养学、食品科学、林学、畜牧学、兽医学、水产学等分支学科。未来五年,深化作物学、植物保护学、园艺学、畜牧学和兽医学等传统优势学科,加强食品科学等新兴学科发展,重点支持农业生物重要性状的生物组学、农业生物对全球气候变化的响应和适应、农林生物资源多功能利用等农业科学与生物学、信息科学、化学、资源环境科学交叉的交叉学科,以高产、高效、安全、优质为研究主题,以农业资源高效利用为重要研究方向,重点支持以揭示重要农业生物生命活动、遗传改良、高效生产和调控相关的若干重大问题。

2. 重点领域

(1)生物种质资源的发掘与评价

主要研究方向:生物基因资源保护的理论基础和策略;农业生物野生近缘种野生居群的遗传多样性和分化;生物资源变异与演化规律;生物资源优良基因的发掘评价;生物资源保存的新方法。

(2)主要农业生物重要性状遗传网络解析

主要研究方向:农业生物重要性状的分子遗传机理和基因调控网络解析;基因间互作以及基因与环境互作;高通量基因型分析体系的建立;主要农业生物基因组单倍型结构研究;多基因聚合分子设计育种理论。

（3）主要农业植物水分、养分需求规律与高效利用机制

主要研究方向：农业植物高产优质的水分、养分的需求规律；植物水分、养分高效利用的机制和调控；农田水分运行转化规律与作物响应过程；根际互作的生态过程；农田水分——养分耦合机制和调控。

（4）主要农业植物病虫害发生规律及防控机制

主要研究方向：重要植物病、虫害发生规律；病原物、昆虫与农业植物的协同进化和互作机制；农业病虫害区域性灾变机制与调控。

（5）主要农业动物疾病发生规律和防控

主要研究方向：重要动物疫病的病原学和病原生态学；病原与宿主的免疫识别和互作机制；动物病原体跨种间传播和感染的分子机制；病原协同致病机制；寄生虫感染与致病机制；新型疫苗研制的理论基础。

摘自《国家自然科学基金"十二五"发展规划》

二、农业科研条件建设项目

（一）国际科技合作专项

国家国际科技合作专项是中国政府于 2001 年在国家层面设立的，旨在通过统筹、整合中国产学研的科技力量广泛、深入地开展国际科技合作与交流，有效利用全球科技资源，提高科技创新能力，共同推进全人类科技进步的科技计划。

国际科技合作专项重点支持符合以下条件的国际科技合作项目：1. 通过政府间双边和多边科技合作协定或者协议框架确定，并对我国科技、经济、社会发展和总体外交工作有重要支撑作用的政府间科技合作项目；2. 立足国民经济、社会可持续发展和国家安全的重大需求，符合国家对外科技合作政策目标，着力解决制约我国经济、科技发展的重大科学问题和关键技术问题，具有高层次、高水平、紧迫性特点的国际科技合作项目；3. 与国外一流科研机构、著名大学、企业开展实质性合作研发，能够吸引海外杰出科技人才或者优秀创新团队来华从事短期或者长期工作，有利于推动我国国际科技合作基地建设，有利于增强自主创新能力，实现"项目－人才－基地"相结合的国际科技合作项目。

2012 年，国际国际合作专项共立项 329 项，其中农业类项目 28 项，占项目总数的 8.51%；2012 年共落实、安排国际科技合作专项项目资金 11.7274 亿元（其中国际科技合作与交流专项经费 7 亿元），其中农业类项目经费 8 499 万元，占经费总额的 7.25%[①]。

---

① 数据来源：中华人民共和国科学技术部发展计划司《国家科技计划年度报告 2013》。

表4-3 2012年国际科技合作专项项目数量与经费安排

技术领域	立项数量		经费安排	
	数量(项)	占比(%)	金额(万元)	占比
材料科学	64	19.45	26 159	22.31
公共安全	7	2.13	2 888	2.46
环境科学	24	7.29	7 534	6.42
交通运输	13	3.95	5 176	4.41
能源	45	13.68	15 123	12.90
农业	28	8.51	8 499	7.25
人口与健康	43	13.07	12 704	10.83
信息产业与现代服务业	38	11.55	12 435	10.60
制造业	43	13.07	17 955	15.31
资源	10	3.04	3114	2.66
其他	14	4.26	5 687	4.85
合计	329	100.00	117 274	100.00

数据来源:中华人民共和国科学技术部发展计划司《国家科技计划年度报告2013》。

(二)国家(重点)实验室专项

为支持基础研究和应用基础研究,1984年原国家计委组织实施了国家重点实验室建设计划,主要任务是在教育部、中科院等部门的有关大学和研究所中,依托原有基础建设一批国家重点实验室。2008年3月,科技部和财政部联合宣布设立国家重点实验室专项经费,从开放运行、自主选题研究和科研仪器设备更新三方面,加大国家重点实验室稳定支持力度。专项经费的设立,有利于营造宽容失败、摒弃浮躁、潜心研究的科研环境,是国家重点实验室又好又快发展的重要保障,标志着国家重点实验室工作进入了新的发展阶段。

国家重点实验室作为国家科技创新体系的重要组成部分,是国家组织高水平基础研究和应用基础研究、聚集和培养优秀科技人才、开展高水平学术交流、科研装备先进的重要基地。国家重点实验室是依托大学和科研院所建设的科研实体,实行人财物相对独立的管理机制和"开放、流动、联合、竞争"的运行机制。

国家重点实验室的主要任务是针对学科发展前沿和国民经济、社会发展及国家安全的重要科技领域和方向,开展创新性研究。实验室应在科学前沿探索研究中取得具有国际影响的系统性原创成果;或在解决国家经济社会发展面临的重大科技问题中具有创新思想与方法,实现相关重要基础原理的创新、关键技术突破或集成;或积累基本科学数据,为相关领域科学研究提供支撑,为国家宏观决策提供科学依据。

目前,国家重点实验室的队伍不断壮大,已形成由国家实验室、院校国家重点实验室、企业国家重点实验室、军民共建国家重点实验室、港澳国家重点实验室伙伴实验室、省部共建国家重点实验室培育基地组成的国家重点实验室体系。截至2012年底,正在运行的试点国家实验室6个;院校国家重点实验室260个;企业国家重点实验室99个;军民共建国家重点实验室14个;港澳伙伴国家重点实验室14个;省部共建国家重点实验室培育基地105个。2012年,下达国家(重点)实验室专项经费31.78亿元支持260个院校国家重点实验室,下达国家(重点)实验室引导经费2亿元支持6个试点国家实验室[①]。农业领域有14个国家重点实验室,见表4-4。

表4-4 农业领域国家重点实验室

序号	实验室名称	依托单位	主管部门
1	水稻生物学国家重点实验室	中国水稻研究所、浙江大学	农业部
2	作物遗传改良国家重点实验室	华中农业大学	教育部
3	作物遗传与种质创新国家重点实验室	南京农业大学	教育部
4	作物生物学国家重点实验室	山东农业大学	山东科技厅
5	动物营养学国家重点实验室	中国农业科学院畜牧研究所、中国农业大学	农业部
6	兽医生物技术国家重点实验室	中国农业科学院哈尔滨兽医研究所	农业部
7	家畜疫病病原生物学国家重点实验室	中国农业科学院兰州兽医研究所	农业部
8	植物病虫害生物学国家重点实验室	中国农业科学院植物保护研究所	农业部
9	农业虫害鼠害综合治理研究国家重点实验室	中国科学院动物研究所	中国科学院
10	食品科学与技术国家重点实验室	江南大学、南昌大学	教育部
11	农业生物技术国家重点实验室	中国农业大学	教育部
12	农业微生物学国家重点实验室	华中农业大学	教育部
13	淡水生态与生物技术国家重点实验室	中国科学院水生生物研究所	中国科学院
14	植物生理学与生物化学国家重点实验室	中国农业大学、浙江大学	教育部

---

① 数据来源:中华人民共和国科学技术部发展计划司《国家科技计划年度报告2013》。

（三）国家科技基础条件平台项目

《国家中长期科学和技术发展规划纲要》指出,科技基础条件平台是科技创新的物质基础,是科技持续发展的重要前提和根本保障。

国家科技基础条件平台是国家创新体系的重要组成部分,是服务于全社会科技进步与技术创新的基础支撑体系,主要由大型科学仪器设备和研究实验基地、自然科技资源保存和利用体系、科学数据和文献资源共享服务网络、科技成果转化公共服务平台、网络科技环境等物质与信息保障系统,以及以共享为核心的制度体系和专业化技术人才队伍三方面组成。平台建设要充分运用信息、网络等现代技术,对科技基础条件资源进行的战略重组和系统优化,以促进全社会科技资源高效配置和综合利用,提高科技创新能力。平台建设是国家创新能力建设的重要举措,对于提高我国科技创新能力、建设创新型国家的重要作用。

2002 年,科技部联合有关部门,于 2002 年启动了平台建设试点工作。2004 年 7 月,科技部和财政部、国家发改委、教育部联合制定的《2004 - 2010 年国家科技基础条件平台建设纲要》发布,为平台建设的整体推进做出了统一部署。2005 年 7 月四部委联合颁布了《"十一五"国家科技基础条件平台实施意见》,平台建设工作全面启动。2005 年,科技部联合财政部在中央本级设立专项资金,以跨部门、跨行业、跨地区的科技基础条件资源的整合与共享为重点,正式启动实施了国家科技基础条件平台专项,在研究实验基地和大型科学仪器设备、自然科技资源、科学数据、科技文献、成果转化公共服务、网络科技环境等六大领域布局实施。2006 年,国务院发布《国家中长期科学和技术发展规划纲要(2006 - 2020 年》,将科技平台建设作为重要的战略任务予以重点部署。从"十一五"开始,科技部把平台专项摆在与 973 计划、863 计划和支撑计划同等的主体计划地位予以组织实施。

目前,在农业领域,国家农作物种质资源平台、家养动物种质资源平台、水产种质资源平台、国家林木种质资源平台、林业科学数据平台、农业科学数据共享中心等科技基础条件平台建设为农业科技发展提供了重要的支撑。2012 年,包括国家农作物种质资源平台与人口与健康科学数据共享平台、国家生态系统观测研究网络、国家大型科学仪器中心等国家科技基础条件平台获得奖励经费 2. 65 亿元。

（四）国家工程技术研究中心

国家工程技术研究中心是国家科技发展计划的重要组成部分,是研究开发条件能力建设的重要内容。

国家工程中心建设是在"创新、产业化"方针指引下,探索科技与经济结合的新途径,加强科技成果向生产力转化的中间环节,促进科技产业化;面向企业规模生产的需要,推动集成、配套的工程化成果向相关行业辐射、转移与扩散,促进新兴产业的崛起和传统产业的升级改造;促进科技体制改革,培养一流的工程技术人才,建设一流的工程化实验条件,形成我国科研开发、技术创新和产业化基地。

　　国家工程技术研究中心主要依托于行业、领域科技实力雄厚的重点科研机构、科技型企业或高校,拥有国内一流的工程技术研究开发、设计和试验的专业人才队伍,具有较完备的工程技术综合配套试验条件,能够提供多种综合性服务,与相关企业紧密联系,同时具有自我良性循环发展机制。

　　截至2012年底,国家工程中心总数达到327个,包含分中心在内为340个,分布在全国29个省、直辖市、自治区。工程中心涵盖了农业、电子与信息通信、制造业、材料、节能与新能源、现代交通、生物与医药、资源开发、环境保护、海洋、社会事业等领域。在农业领域,共建成国家工程技术研究中心72个,占国家工程技术中心总量的22.02%。

表4-5　国家工程技术中心行业分布

行业	数量(个)	占比(%)
农业	72	22.02
制造业	47	14.37
电子与信息通讯	35	10.70
新材料	63	19.27
能源与交通	36	11.01
建设与环境保护	22	6.73
资源开发	16	4.89
轻纺医药卫生	35	10.70
文物保护	1	0.31
合计	327	100.00

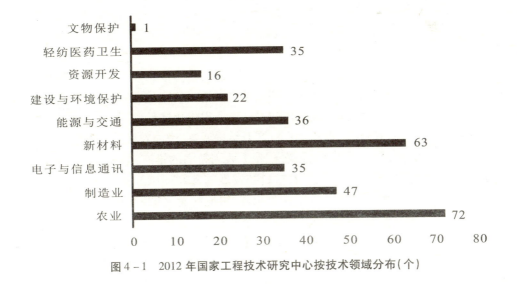

图4-1　2012年国家工程技术研究中心按技术领域分布(个)

（五）公益性行业（农业）科研专项

公益性行业科研专项（下简称专项）是财政部、科技部为贯彻落实《国家中长期科学和技术发展规划纲要（2006－2020 年）》（以下简称《规划纲要》），根据《国务院办公厅转发财政部科技部关于改进和加强中央财政科技经费管理若干意见的通知》（国办发〔2006〕56 号），于 2006 年新设立的中央财政专项，选择公益特点突出、行业科研任务较重的 10 个部门作为先行试点，包括农业部、水利部、气象局、林业局、环保局、海洋局、地震局、质检局、中医药局。专项主要围绕《规划纲要》的重点领域和优先主题，组织开展行业内应急性、培育性、基础性科研工作，提高行业发展科技支撑力度。主要内容包括：行业应用基础研究；行业重大公益性技术前期预研；行业实用技术研究开发；国家标准和行业重要技术标准研究；计量、检验检测技术研究。

公益性行业（农业）科研专项由农业部科技教育司、财务司会同有关行业司局共同组织实施。专项围绕农业发展的实际需要，开展应急性、培育性、基础性科研工作，强调形成主导产品、主推技术、规程规范、决策支持方案等实用技术成果，并在生产上集成示范。

二、农业科技产业化环境建设项目

（一）星火计划项目

1985 年 5 月，当时的国家科委向国务院提出了"关于抓一批短、平、快科技项目促进地方经济振兴"的请示，引用了中国的一句谚语"星星之火，可以燎原"，因而誉名为"星火计划"，意为科技的星星之火，必将燃遍中国农村大地。1986 年初，中国政府批准实施星火计划。

星火计划是党中央、国务院批准实施的第一个依靠科技进步、振兴农村经济，普及科学技术、带动农民致富的指导性科技计划，是我国国民经济和社会发展计划及科技发展计划的一个重要组成部分。

星火计划的宗旨是：坚持面向农业、农村和农民；坚持依靠技术创新和体制创新，促进农业和农村经济结构的战略性调整和农民增收致富；推动农业产业化、农村城镇化和农民知识化，加速农村小康建设和农业现代化进程。

星火计划的主要任务是：以推动农村产业结构调整、增加农民收入，全面促进农村经济持续健康发展为目标，加强农村先进适用技术的推广，加速科技成果转化，大力普及科学知识，营造有利于农村科技发展的良好环境。围绕农副产品加工、农村资源综合利用和农村特色产业等领域，集成配套并推广一批先进适用技术，大幅度提高我国农村生产力水平。

2001－2012 年间，全国星火计划累计立项 130 776 项，其中国家级项目立项累计 16 861 项，占项目总数的 12.9%；省级项目立项累计 24 851 项，占项目总数的 19.0%；地县级项目立项累计 89 064 项，占项目总数的 68.1%。

表 4 - 6　2001 - 2012 年全国星火计划立项情况　　　（单位：项）

年份	国家级项目	省级项目	地县级项目	合计
2001	1 042	1 820	6 624	9 486
2002	1 025	1 745	4 859	7 629
2003	1 264	1 586	4 994	7 844
2004	1 692	1 656	4 997	8 345
2005	1 737	2 408	6 007	10 152
2006	1 798	2 138	6 610	10 546
2007	1 728	2 343	7 870	11 941
2008	1 453	2 046	8 150	11 649
2009	454	2 217	8 778	11 449
2010	1 788	2 328	10 134	14 250
2011	1 488	2 306	10 246	14 040
2012	1 392	2 258	9 795	13 445
合计	16 861	24 851	89 064	130 776

数据来源：中华人民共和国科学技术部农村科技司、中国农村技术开发中心《中国星火计划 2012 年度总报告》，来自于中国星火网 http://www.cnsp.org.cn。2012 年数据根据报告内容进行了微调。

（二）火炬计划项目

国家火炬计划是 1988 年经国务院批准，由国家科技部（原国家科委）组织实施的一项旨在利用市场机制促进我国高新技术产业化及其环境建设的指导性计划，是国家科技计划体系中政策引导类计划的重要组成部分。

火炬计划的宗旨是：贯彻落实党中央全面深化改革的精神，实施创新驱动发展战略，结合中国实际，充分调动和发挥中国社会各界，特别是科技界的优势和潜力，以市场为导向，强化企业技术创新主体地位，加快培育和发展战略性新兴产业，促进中国高新技术成果的商品化、高新技术商品产业化和高新技术产业国际化，促进科技与经济紧密结合。

火炬计划项目是火炬计划的重要组成部分。根据国家科技计划管理改革的精神，目前国家火炬计划项目分为面上项目和重大项目。面上项目是指符合行业和地方发展需求，服务行业和地方发展、支撑行业和地方重点产业发展的高新技术产业化及其环境建设项目，分为产业化环境建设、产业化示范两个方向。重大项目是指符合国家重点战略需求，对行业和地方高新技术产业化发展有较强带动作用的项目，分为创新型产业集群和科技服务体系两个方向。

在历年的火炬计划项目，在都包含了部分农业科技成果产业化项目。以

2014 年国家火炬计划项目为例,包括了杂交水稻技术培训公共服务平台项目、马铃薯良种繁育体系高新技术集成产业化示范、高效专用型植物生长营养液产业化示范、多功能花生专用控释肥产业化开发及示范、多形态控释肥研发及产业化示范、麦棉两熟双高产组装配套技术示范与推广、脲醛缓释肥工业化应用研究、水飞蓟规范化、产业化种植基地示范开发研究、发芽糙米及其深加工产品与及产业化示范、西藏濒危藏药材翼首草种植技术示范与规模化、杨凌植物资源循环经济创新型产业集群、优质高效甘蓝型油菜新品种选育及种子产业化、杨凌示范区现代农业科技服务体系建设、杨凌种子产业技术转化服务平台建设、杨凌农业科技企业专业孵化平台建设、旱区现代农业科技成果转化服务平台建设、杨凌农业科技金融服务平台建设、苦水玫瑰高新产业化与标准化栽培、揉搓式低破碎玉米种子脱粒加工生产线产业化、油菜子冷榨新工艺产业化示范、川椒系列新品种选育推广及新技术应用产业化、甘薯生物质酶法制糖年产 2 万 t 产业化技术等众多农业科技成果产业化项目。

(三)科技型中小企业技术创新基金

科技型中小企业技术创新基金是于 1999 年经国务院批准设立,为了扶持、促进科技型中小企业技术创新,用于支持科技型中小企业技术创新项目的政府专项基金,由科技部科技型中小企业技术创新基金管理中心实施。通过无偿拨款、贷款贴息和资本金投入等方式扶持和引导科技型中小企业的技术创新活动,促进科技成果的转化,培育一批具有中国特色的科技型中小企业,加快高新技术产业化进程。

科技型中小企业技术创新基金作为中央政府的专项基金,按照市场经济的客观规律进行运作,扶持各种所有制类型的科技型中小企业,同时吸引地方政府、企业、风险投资机构和金融机构对科技型中小企业进行投资,逐步推动建立起符合市场经济规律的高新技术产业化投资机制,从而进一步优化科技投资资源,营造有利于科技型中小企业创新和发展的良好环境。

创新基金作为政府对科技型中小企业技术创新的资助手段,以贷款贴息、无偿资助和资本金投入等方式,通过支持成果转化和技术创新,培育和扶持科技型中小企业。创新基金将重点支持产业化初期(种子期和初创期)、技术含量高、市场前景好、风险较大、商业性资金进入尚不具备条件、最需要由政府支持的科技型中小企业项目,并将为其进入产业化扩张和商业性资本的介入起到铺垫和引导的作用。

科技型中小企业技术创新基金重点支持的项目方向是:(1)相关高新技术领域中自主创新性强、技术含量高、具有竞争力、市场前景好、在经济结构调整中发挥重要作用、具有自主知识产权的研究开发项目;(2)科技成果转化,特别是"863"计划、攻关计划、重大科技专项相关成果的产业化项目,以及利用高新技术改造传统产业的项目;(3)人才密集、技术关联性强、附加值高的直接促进、支撑、服务于产业发展的高技术服务业的项目;(4)具有一定技术含量,在国际市场上有较强竞争力,以出口为导向的项目,特别是具有我国传统优势,加入 WTO 后能带来更多市场机遇的项目;(5)有一定基础的初创期的科技型中小企业,尤其是科技孵化器内企业的项目,海外留学人员回国创办企业的项目。重点支持的企业主要是:(1)技术水平高、持续创新能力强、管理科学、产品市场前景好和成长性好的企业;(2)科技人员或海外留学人员携带具有良好产业化前景的高新技术项目创办的企业。

　　2012 年以前,科技型中小企业技术创新基金主要以电子信息、生物医药、新材料、光机电一体化、资源与环境、新能源与高效节能和高技术服务业为主要支持领域[①]。2012 年,增加了在良种培育、农机装备、新型肥药、加工贮运、循环农业等农业领域的支持,着力突破农业技术瓶颈,引导科技型中小企业为现代农业发展服务。2012 年,现代农业领域立项 142 项,占立项总数的 2.21%;立项金额8 890万元,占资金总量的2.17%;项目重点分布在福建、青海、甘肃等地。2013 年,现代农业领域立项 561 项,比 2012 年增加了 419 项,增幅高达 295.07%;立项金额37 940万元,比2012 年增加29 050万元,增幅高达 326.77%。2013 年现代农业领域立项数量占项目总数的 10.52%,项目资金占资金总量的 10.48%,双双比 2012 年提高了 8.31%个百分点。2013 年农业领域项目主要分布在甘肃、云南、贵州等地。

表 4 - 7　2012 和 2013 年度技术创新项目领域分布情况

序号	技术领域	2012 项目				2013 项目			
		数量（项）	占比（%）	资金（万元）	占比（%）	数量（项）	占比（%）	资金（万元）	占比（%）
1	电子信息	1 512	23.56	93 290	22.73	1 012	18.98	65 702	18.14
2	生物医药	592	9.23	37 855	9.22	493	9.25	34 635	9.56
3	新材料	1 022	15.93	68 135	16.60	801	15.02	58 660	16.20
4	光机电一体化	1 955	30.47	126 900	30.92	1 634	30.65	110 235	30.44
5	资源与环境	612	9.54	39 265	9.57	426	7.99	28 455	7.86
6	新能源与高效节能	511	7.96	31 730	7.73	372	6.98	24 360	6.73
7	现代农业	142	2.21	8 890	2.17	561	10.52	37 940	10.48
8	新能源汽车	–	–	–	–	22	0.41	1 540	0.43
9	高技术服务业	71	1.11	4 320	1.05	11	0.21	590	0.16
10	合计	6 417	100.00	410 385	100.00	5 332	100.00	362 117	100.00

　　数据来源:根据《科技型中小企业技术创新基金 2012 年度报告》《科技型中小企业技术创新基金 2013 年度报告》整理。报告来自科技型中小企业技术创新基金网站 http://www.innofund.gov.cn。

---

① 2012 年增加了现代农业领域,2013 年增加了新能源汽车领域。

(四)科研院所技术开发研究专项资金

为保持和提高中央级科研院所的开发实力和持续创新能力,国家设立科研院所技术开发研究专项资金,支持科研院所实施以开发高新技术产品或工程技术为目标的应用开发研究工作,实现技术突破和产业拓展,提升院所的自主创新能力和核心竞争力,推动院所的可持续发展。

2012 年,科研院所技术开发专项资金按照择优原则和补助原则进行安排。科研院所根据市场需求和自身优势自主选题,以自有资金为主体进行研发活动,申请专项资金予以补助。2012 年度申报项目 313 项,择优确定立项 272 项;任务总经费 8.35 亿元,其中专项资金 3 亿元,专项经费较上一年度增长 20%,单位自筹和其他来源资金 5.35 亿元。专项资金引导社会资金的比例约为 1:1.78,专项资金单项平均支持额度 110.3 万元/项。

2012 年度专项资金支持的研发任务涵盖国家经济建设的众多行业。其中农林、水利和气象行业共获得资金 1961 万元,比 2011 年增加了 1 268 万元,增幅高达 182.97%;农林、水利和气象行业获得的资金总额占专项资金总额的 6.54%,比 2011 年提高了 3.77 个百分点。

表 4 - 8　2011 和 2012 年度科研院所技术开发专项资金行业分布

序号	行业	2011 年		2012 年	
		经费总额(万元)	占比(%)	经费总额(万元)	占比(%)
1	地质/有色	2 603	10.41	2 897	9.66
2	铁路/交通	2 096	8.38	2 917	9.72
3	电子信息/自动化	1 601	6.40	2 095	6.98
4	建筑/建材	2 358	9.43	2 797	9.32
5	机械	5 096	20.38	5 476	18.25
6	医药/卫生/环保	752	3.01	2 212	7.37
7	冶金	1 927	7.71	1 621	5.40
8	煤炭/电力	2 611	10.44	2 776	9.25
9	轻工/纺织	2 287	9.15	2 206	7.35
10	农林/水利/气象	693	2.77	1 961	6.54
11	石油/石化/化工	2 976	11.90	3 042	10.14
12	合计	25 000	100.00	30 000	100.00

数据来源:根据中华人民共和国科学技术部发展计划司《国家科技计划年度报告 2012》和《国家科技计划年度报告 2013》整理,来自于中华人民共和国科学技术部网站 http://www.most.gov.cn/ndbg/。

(五)农业科技成果转化资金项目

农业科技进步是农业增长的第一要素。但是,我国的农业科技成果转化率目前还比较低。近 10 多年来,我国每年有 7 000 多项农业科技成果问世,但能够转化利用的只有 30% – 40%,远远低于发达国家 70% – 80% 的农业科技成果转化率①。较低的农业科技成果转化率,制约了农业技术对农业经济增长的促进作用的发挥。

2001 年,经国务院批准,科技部开始设立了"农业科技成果转化资金"专项。这是贯彻全国农业科技大会精神,落实农业科技发展纲要的重要举措,是中央政府增加农业科技成果转化的资源配置,提高农业研究成果创新性开发能力的有力措施,也是我国加入世贸组织之后,利用"绿箱"政策支持农业的有效手段之一。

农业科技成果转化资金专项坚持"转化一项成果,熟化一项技术;实施一个项目,创立一个品牌;提升一个企业,致富一方农民"的宗旨,目的是加快农业科技成果转化应用,提高农业的科技含量,增加农民收入,提高农村经济整体素质,增强农业的竞争力。

农业科技成果转化资金的来源为财政拨款,是一种政府引导性资金。通过吸引企业、科技开发机构和金融机构等渠道的资金投入,支持农业科技成果进入生产的前期性开发,逐步建立起适应社会主义市场经济,符合农业科技发展规律,有效支撑农业科技成果向现实生产力转化的新型农业科技投入保障体系。

农业科技成果转化资金支持有望达到批量生产和应用前的农业新品种、新技术和新产品的区域试验与示范、中间试验或生产性试验,为农业生产大面积应用和工业化生产提供成熟配套的技术与装备。支持重点包括:(1)动植物新品种(或品系)及良种选育、繁育技术成果转化;(2)农副产品贮藏加工及增值技术成果转化;(3)集约化、规模化种养殖技术成果转化;(4)农业环境保护、防沙治沙、水土保持技术成果转化;(5)农业资源高效利用技术成果转化;(6)现代农业装备技术成果转化。

转化资金支持对象主要为农业科技型企业,鼓励产学研结合,鼓励科技成果的持有单位以技术入股等多种形式参与成果转化和市场竞争,鼓励科研机构和大学通过创办企业的方式申报转化资金项目。以服务于农业、农村,以社会效益和生态效益为主、公益性强的转化资金项目,可由科研单位和大学承担。

在资助方式上,根据农业科技成果转化项目和项目承担单位的特点,分别以无偿资助、贷款贴息方式给予支持。(1)无偿资助。对具有较大社会和生态效益,或不易直接取得市场回报的农业科技成果的转化资金项目,采取无偿资助方式给予支持。转化资金资助总额 50 万 – 100 万元。申请无偿资助的转化资金项

---

① 蔡彦虹,李仕宝,饶智宏,姜鹏.我国农业科技成果转化存在的问题及对策[J].农业科技管理,2014,33,(6):8 – 10,84

目,申请单位应自筹相宜比例的自有资金作为投资的一部分。(2)贷款贴息。对已具备一定产业化能力,具有市场前景,有望形成一定规模、取得一定效益的转化项目,采取贷款贴息方式给予支持。项目阶段总投资一般在3 000万元以下,资金来源基本确定,投资结构合理。项目实施周期不超过三年。转化资金贴息金额原则上不超过第一年到位贷款所应支付银行利息的总额、最多不超过项目执行期间所应支付利息的总额,一般控制在50万–100万元。

2013年度,农业科技成果转化资金共立项691项。按照项目所属的技术领域,2013年度农业科技成果转化资金项目可以分为种植业、畜牧业等10个技术领域。其中种植业、农产品加工业、畜牧业三大领域项目数量分列前三,三个领域项目之和占到总项目64.54%。

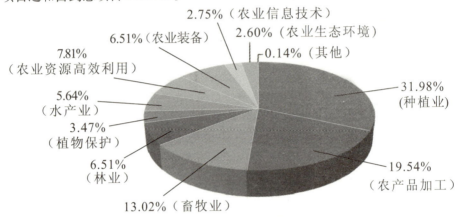

图4-2 按技术领域划分的2013年农业科技成果转化资金项目分布情况

2005年到2013年间,农业科技成果转化资金供立项5 202项,其中种植业供立项1 760项,畜牧业立项598项,林业立项355项,水产业立项294项,农产品加工业立项907项。

表4-9 2005–2013年度农业科技成果转化资金立项项目按技术领域分类表

(单位:项)

技术领域	2005	2006	2007	2008	2009	2010	2011	2012	2013	合计
种植业	158	159	160	186	175	234	230	237	221	1760
农产品加工	76	77	81	76	85	111	131	135	135	907
畜牧业	56	54	36	47	53	83	93	86	90	598
林业	29	38	33	35	41	44	43	47	45	355
植物保护	14	7	7	13	8	21	12	14	24	120

续表

技术领域	2005	2006	2007	2008	2009	2010	2011	2012	2013	合计
水产业	22	28	34	29	45	41	32	24	39	294
农业资源高效利用	20	33	36	31	40	45	58	48	54	365
农业装备	23	27	37	28	33	50	25	33	45	301
农业信息技术	17	13	16	9		17	23	14	19	128
农业生态环境	14	18	23	11	16	14	23	19	18	156
生物技术与产品	23	20	26	19	42	44	0	0	0	174
其他	1	3	0	6	16	5	6	6	1	44
合计	453	477	489	490	554	709	676	663	691	5202

数据来源:根据历年科技部发展计划司、财政部农业司《农业科技成果转化资金年度报告》整理。

专栏 4－4:2012－2015 年四川省重大农业科技成果转化工程重点任务

2012－2015 年,四川省重点组织实施农畜超级种及配套技术、优势特色现代农业产业、生物农业、现代中药产业、农村节能环保产业和国际科技合作 6 个方面的科技成果转化专项。

1.农畜超级种及配套技术科技成果转化专项

(1)重点领域。着力在水稻、玉米、油菜、小麦等突破性粮油作物新品种,生猪、肉鸡等主要畜禽水产新品种(配套系),以及果蔬、茶、桑等突破性经济作物新品种领域实现突破。

(2)重点成果。骨干亲本蜀恢 527 及重穗型杂交稻的选育与应用,高异交性优质香稻不育系川香 29A 的选育及应用,小麦重要育种目标性状基因的鉴定与利用,优质高配合力重穗型杂交水稻恢复系绵恢 725 的选育和应用,高配合力优质新质源水稻不育系 803A 的创制及应用,西南地区玉米杂交育种第四轮骨干自交系 18－599 与 08－641、温－热带种质玉米自交系 YA3237 与 YA3729 的选育与应用,超高产玉米新杂交种川单 418、川单 428、川单 189 的示范与应用,人工合成小麦优异基因发掘与川麦 42 的选育和推广,甘蓝型油菜新材料绵 7MB—1 与核三系育种方法的创制及应用,甘蓝型油菜 JA 系列不育系的创制与应用;大恒 699 肉鸡配套系,天府肉猪配套系,天府肉鹅配套系,凉山半细毛羊新品种,蜀宣花牛新品种,四川白獭兔新品系,优质风味黑猪配套系的选育与应用;优质蔬菜新品种选育和高效、安全生产技术,猕猴桃、柑橘、芒果等优良水果新品种选育及产业化,优质茶树、桑树、食用菌、核桃等优质新品种选育及应用,名贵花卉新品种选育,阿坝硬秆仲彬草、川引 3 号鸭草、阿坝燕麦、长江 2 号多花黑麦草、康巴垂穗披碱草等优质牧草新品种选育及应用等。

2.优势特色现代农业产业科技成果转化专项

（1）重点领域。着力在农产品精深加工、标准化种植、规模化健康养殖、设施农业、农业机械、现代物流等领域实现突破。

（2）重点成果。优质安全冷却保鲜肉加工及储运技术,现代肉类加工关键技术,优质牛肉加工及综合利用技术产业化,传统肉制品加工技术改造及产业化,直投式功能菌发酵泡菜关键技术集成与产业化,茶叶保绿增香加工技术,稻谷、油菜籽副产物综合利用关键技术及新产品开发,四川省畜产品质量安全保障模式及关键技术应用;母猪系统营养技术,仔猪动态营养调控及应用新技术,建立健康养殖的系统营养技术研究及其在淡水鱼上的应用,禽流感、鸡新城疫等重大禽病防治关键技术及产业化,禽粪污沼气化处理模式及技术体系研究与应用,生猪标准化养殖技术创新集成与示范,规模猪场健康养殖和清洁生产关键技术集成与应用,优质獭兔高效养殖技术集成及产业化,优质牧草新品种产业化示范,马铃薯多熟高效种植模式及关键技术,四川杂交中稻丰产高效技术集成与示范推广,四川省小麦条锈病菌源区综合治理技术应用,四川烟草主要病虫害的流行、预警及防控体系;桑蚕茧质量智能测试新技术及设备等。

3.生物农业科技成果转化专项

（1）重点领域。着力在动物疫苗、新型兽药、生物农药、生物肥料、生物饲料、生长调节剂等领域实现突破。

（2）重点成果。畜禽疫病防控体系无公害系列药品开发及产业化示范,草甘膦及S-诱抗素等生物农药开发及产业化应用,优质高效安全生物肥料开发及产业化,生物蛋白饲料、添加剂及生态药剂的开发与应用,非常规蛋白饲料高效利用技术研究及应用,主要粮经作物高效施肥技术研究及转化应用,生物抗旱、生物防控等技术的开发及应用等。

4.现代中药产业科技成果转化专项

（1）重点领域。着力在中药材规范化种植技术示范推广及成果转化,中药饮片、提取物及配方颗粒成果转化,中药新药、中药相关产品成果转化,中药加工炮制、质量控制、流通技术等成果转化领域实现突破。

（2）重点成果。中药材大品种,现代中药饮片,新型配方颗粒,治疗重大疾病、常见病、多发病的中药大品种,中药保健食品、中药兽药等相关产品,道地中药溯源系统、中药材网上交易平台、中药现代炮制技术及设备等。

5.农村节能环保产业科技成果转化专项

（1）重点领域。着力在农村生态环境治理、农业循环经济、农村环境综合治理、农业面源污染控制、退耕还林还草、天然林保护、生态药剂等领域突破。

（2）重点成果。MM—物理化学法污泥处理、新型微生物环保剂处理城乡生活垃圾等生态环境的修复和综合治理新技术开发及应用,农业面源污染控制的能源植物种质资源开发及应用,秸秆烧结生产新型墙体材料等农业废弃物综合利用关键技术应用,川西北草地沙化治理生态经济新模式研究与示范,四川省农村新能源类 CDM 相关数据库和碳汇类 CDM 监测评估方法体系建立及应用,农村生活排水处理技术研究与装置开发应用等。

6.国际科技合作成果转化专项

(1)重点领域。着力在主要农作物及畜禽突破性新品种选育、标准化种养殖、农产品精深加工、农业机械、精准农业等领域技术成果的引进和示范推广上实现突破。

(2)重点成果。名贵花卉、特色果蔬、食用菌、烤烟、大豆、棉花等特色经济作物新品种及配套技术的引进和应用,瘦肉型猪、奶牛、肉牛、蛋鸡、饲草等畜禽(饲草)新品种(配套系)及育种新材料的引进及应用,水稻、小麦、玉米、油菜等主要粮油作物育种新材料、突破性新品种的引进及应用,农产品质量安全检测及追溯系统的引进、开发及应用等。

摘自《四川省重大农业科技成果转化工程实施方案(2012－2015 年)》

(六)科技富民强县专项行动计划

为把"科教兴国"战略落实到基层,依靠科技促进农民增收致富和壮大县乡财政实力,推动县域经济健康持续发展,自 2005 年起,财政部、科技部共同启动了"科技富民强县专项行动计划"。该计划重点在中西部地区和东部欠发达地区,每年启动一批试点县(市),实施一批重点科技项目,集成推广先进适用技术,发挥示范引导作用,培育、壮大一批县域特色支柱产业,有效带动农民致富、财政增收,促进县(市)科技进步,促进县域经济健康持续发展,实现民富县强。

为把"科教兴国"战略切实落实到基层,依靠科技进步,培育、壮大一批具有较强区域带动性的特色支柱产业,有效带动农民致富和财政增收,促进建立富民强县的长效机制,实现民"富"、县"强";加快县(市)科技进步,强化县(市)科技公共服务能力,为县域经济社会的全面、协调、可持续发展提供有力的科技支撑,科技部和财政部启动于 2005 年启动了"科技富民强县专项行动计划"。

该计划重点在中西部地区和东部欠发达地区,每年启动一批试点县(市),实施一批重点科技项目,集成推广先进适用技术,以项目为载体,发挥示范引导作用,带动县域经济发展,依靠科技富民强县。

具体到试点县(市),应实现以下目标:(1)提高县(市)转化推广科技成果能力,为县域经济的快速发展提供先进适用的技术成果。(2)建立健全科技服务体系,提高科技公共服务能力,为基层提供有效的科技服务。(3)提高农民依靠科技增收致富的能力,提高专项行动重点科技项目辐射区农民人均纯收入的水平。(4)培育科技型的特色支柱产业,增强龙头企业科技实力和带动农民增收致富能力,壮大县域经济。

科技富民强县专项行动计划坚持"分级管理,地方为主;统一部署,分步实施;集成资源,突出重点;因地制宜,有效切入;财政引导,奖补结合"的原则,重点完成引进、推广、转化与应用先进适用技术成果,培育和壮大县域特色支柱产业,组织开展科技培训,加强科技信息网络建设和基层科技服务能力四大任务。

入选科技富民强县专项行动计划的重点科技项目,必须要与县域特色支柱产业和农民增收需求紧密结合,对其他县(市)有一定的示范带动作用,必须着眼于延长产业链,带动一定范围的农民增收致富,壮大县域经济,缓解县乡财政困难,必须具有良好的市场前景,能够调动和吸纳社会投入,并具有符合市场经济要求的项目运行机制,必须依托的技术先进成熟,并具有技术转移应用的人才保障和行之有效的成果推广和科技服务体系保障,同时科技项目的承担单位还要具备必需的工作基础和能力,能按要求完成任务。

自2005年科技富民强县专项行动计划设立十年来,每年支持的项目数量不断增加,2012 – 2014年间都维持在300项左右,其中2013年更是达到了301项;2014年共立项295项,较2005年增加了216项,立项数量增长了242.70%。在专项资金投入上,中央财政从2005年的1亿元投入逐年增加,2012年中央财政资金达到了5亿元,2013年和2014年也保持在5亿元的支持水平。2005年到2014年十年间,科技富民强县专项行动计划累计支持项目20 102项,中央财政累计投入资金34亿元。

表4 – 10 2005 – 2014年科技富民强县专项行动计划专项基金项目数量和投入

年份	项目数量(项)	中央财政资金(亿元)
2005	89	1
2006	134	2
2007	175	3
2008	194	3
2009	189	3
2010	192	3
2011	238	4
2012	295	5
2013	301	5
2014	295	5
合计	2102	34

数据来源:根据中华人民共和国科学技术部发展计划司历年《国家科技计划年度报告》整理,来自于科学技术部网站 http://www.most.gov.cn/ndbg/

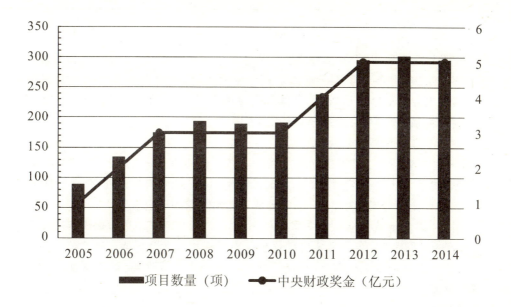

图 4 – 3　2005 – 2014 年科技富民强县专项行动计划专项基金项目数量和投入

专栏 4 – 5：简阳大耳羊产业化关键技术集成与示范项目

　　四川省简阳市人民政府承担的"简阳大耳羊产业化关键技术集成与示范"项目，按照"企业主体、高校为技术支撑、产业布局、工程模式、集成推进"的工作思路，以"优势互补、利益共享、风险共担、共同发展"为原则，以企业牵头，高校科研院所为技术支撑，建立了 1 个山羊产业工程技术中心，1 个企业技术创新中心和 2 个创新基地；组建了产业科技特派团，建立科技特派团工作站，开展农村创新创业；合作研发制约产业发展的关键技术，完善产业链技术体系。

　　通过项目实施，集成了 20 项单项技术，促进了简阳大耳羊新品种的审定；申报专利 24 项（授权 3 项）；完成 7 项技术标准起草；出版专著 3 部，发表论文41 篇。通过项目实施延长了产业链，建成有机羊肉生产基地 1 个，肉羊屠宰分割和精深加工基地 1 个，加工示范生产线 2 条，优质羊肉制品贮运保鲜物流链 1条；开发羊肉新产品 10 个，形成规模化生产产品 5 个，加工羊肉产品 5300 余吨，加工增加产值 4.87 亿元，新增利税 0.75 亿元。新建 1 个简阳大耳羊原种场，4 个简阳大耳羊示范养殖基地，使简阳大耳羊原种场养殖规模达到 3800只，发展规模养殖户 1600 余户，推广种羊 52 000 只，新增出栏优质山羊 300 万只。养殖环节新增 18.64 亿元，带动农民增收 2.18 亿元。

　　摘自《国家科技计划年度报告 2013》

专栏 4-6：国家科技富民强县专项行动计划助推四川省成果转化和灾后重建

　　2013 年度四川省"国家科技富民强县专项行动计划"项目注重选择助推科技成果转化和提升产业竞争能力效果显著的项目，通过加快农业科技成果转化，推动农业增效和农民增收，全省供获得国家科技富民强县专项行动计划立项支持 14 项，争取中央财政专项经费 1 540 万元。

　　"蜀宣花牛繁育推广及精深加工产业化开发"项目以推广应用我国南方地区第一个牛新品种、四川省畜禽新品种培育重大成果——"蜀宣花牛"新品种及配套技术为核心，计划投入资金 600 万元，预期建立肉牛养殖基地乡镇 15 个，年出栏优质蜀宣花牛 5 万头，带动实现新增产值 10 亿元。

　　同时，"甜樱桃安全生产关键技术、模式与产业化示范"、"低氟藏茶研发应用及产业化"等雅安芦山地震灾区项目也得到科技部立项支持。这些项目分别围绕地方特色农业支柱产业甜樱桃、茶叶的生产恢复与发展，以科技支撑助推灾后重建。

　　摘自科技部网站

(七)引进国际先进农业科学技术计划项目("948"计划)

　　为了尽快缩小我国农业科技与世界先进水平的差距，1994 年 8 月，经时任国务委员、国家科委主任宋健同志提议，国务院批准，从"九五"计划开始实施"引进国际先进农业科学技术计划"(简称"948"计划)，由农业部、水利部、国家林业局、财政部共同组织实施。引进国际先进农业科学技术计划是中国唯一以引进国际先进农业科学技术为内容的专项计划，自 1996 年正式开始实施。

　　"十二五"期间，引进国际先进农业科学技术计划主要围绕中国农业农村经济的中心任务和现代农业建设的重要目标，坚持技术引进与自主创新相结合，重点支持农业生物资源、重大产业转型技术、前瞻性高新技术、应对全球挑战技术和农业科研新理念新方法等五大领域的技术引进，力争经过五年努力，在水稻分子育种、转基因新技术等领域保持或赶超世界先进水平，在生物种业、低碳农业、生物质能源、应对全球气候变化等领域取得重要突破。

(八)国家现代农业产业技术体系项目

　　2007 年，农业部、财政部共同启动了现代农业产业技术体系建设，选择水稻、玉米、小麦、大豆、油菜、棉花、柑橘、苹果、生猪、奶牛 10 个产业开展技术体系建设试点，针对每个大宗农产品设立一个国家产业技术研发中心，并在主产区建立若干个国家产业技术综合试验站。

　　现代农业产业技术体系由产业技术研发中心和综合试验站二个层级构成。每一个农产品设置一个国家产业技术研发中心(由若干功能研究室组成)，研发中心设 1 名首席科学家和若干科学家岗位；在主产区设立若干综合试验站，每个综合试验站设 1 名站长。

　　现代农业产业技术体系按照优势农产品区域布局规划,依托具有创新优势的中央和地方科研资源,针对每一个大宗农产品设立一个国家产业技术研发中心(由若干功能研究室组成),并在主产区建立若干个国家产业技术综合试验站。主要职能是围绕产业发展需求,进行共性技术和关键技术研究、集成和示范;收集、分析农产品的产业及其技术发展动态与信息,为政府决策提供咨询,向社会提供信息服务,为用户开展技术示范和技术服务,为产业发展提供全面系统的技术支撑;推进产学研结合,提升农业区域创新能力,增强我国农业竞争力。在管理机制上,通过设立管理咨询委员会、执行专家组和监督评估委员会等,确保决策、执行和监督三个层面权责明晰、相互制约、相互协作。调整和完善优势农产品区域布局规划,明确以产业需求为导向的建设现代农业产业技术体系的基本思路。

第三节　当前我国农业科技项目立项存在的主要问题

一、农业科技项目与农业经济发展严重脱节

　　当前,我国农业科技成果转化率低,农业科技对农业发展的贡献率低,这是我国农业科技与农业经济发展的严重脱节的最终表现。农业科技项目缺乏产业导向,与市场需求脱节,是我国农业科技项目立项管理存在的首要问题。出现这一问题的原因,主要有体制原因、导向原因和机制原因[①]。

　　(一)管理体制上农业科研与转化应用脱节

　　当前我国农业类科研项目供给方,主要集中在各级科技管理部门(国家科技部、省科技厅等)和国家自然科学基金委,农业部直接管理的科技项目还很少;农业类科研项目承担方,主要是各类农业科研机构,主要集中在高等院校和农业科研院所;而农业科技成果的最终需求方,是农业部门。这三者之间,在体制上首先就是脱节的,科技管理部门与科研机构(团队)之间形成委托代理关系,与项目成果的最终需求方无关。科研机构和团队对项目供给方负责,而无需对项目成果的最终需求方承担任何义务和责任;而与此同时,科研管理机构作为项目供给方,虽然从理论上代表国家农业科研需求,但实际上由于部门之间的条块分割,农业部门的成果需求与科技部门项目管理的转换对接之间还存在诸多脱节,科技管理部门实际上也无需为农业部门承担任何义务和责任。因此,在体制上,农业科研与转化应用就已经脱节。

---

　　① 徐宝明.创新立项管理机制提高资源配置效率——对科技立项机制创新的思考[J].云南科技管理,2003,(4):7 - 9

(二)价值导向上科研成果与转化应用脱节

农业科研项目的承担者,是高等院校和农业科研院所,是其中的科研团队和科技人员。而长期以来,我国农业科技人员的绩效考评体制,都重研究轻应用,重论文奖项轻转化推广。对绝大部分科研人员而言,职称评定是其科研事业上关键环节,在某种程度上决定了其科研的价值导向。在目前的职称评价体系上,主要衡量的是科研人员的学术水平,而学术水平的表现形式又体现在其公开发表学术论文的数量和质量、学术专著、获得的各类奖励(特别是政府的科技成果奖)、通过审定的新品种数量、专利权等,而较少考虑了农业科技成果的转化、推广和应用业绩[1]。在这样的背景下,农业科研人员的价值导向将不可避免地被发表学术论文、出版学术专著、寻求科技成果奖励认同、争取新品种的审定等等所谓的学术导向所决定,而较少考虑最终的转化推广和应用。即使是应用型的研究,也大多采用学术性的评价标准。在这种情况下,科研人员重科技成果形式轻科技成果应用就不奇怪了。这也导致每年我们发表的学术论文数量不断增长而高质量论文却不多,审定的新品种很多但大部分品种推广面积很小,很多新品种之间表现类似的现象的原因。

(三)立项机制上项目选取与转化应用脱节

农业科技项目的立项过程,实质上是科研成果需求与供给的匹配过程。在这个过程中,需求与供给之间的不匹配,导致了项目选取与转化应用的脱节。

首先,在科研需求发布环节的脱节。由于预研的不充分[2],导致项目形成缺乏针对性,与现实社会需求结合不紧密。同时,在科研管理上,科研主管部门以经费项目为科研导向,受个人偏好和经费定向影响,有什么专款就发布什么专项,难以体现对产业发展的引领作用和对农业科研的导向作用[3]。近年来,有关科研管理部门也采取了向社会征集重大科研项目选题、方向的措施来增加项目形成的科学性和现实需求的关联性,但这种意见征求,实际上也在一定程度上受到了科研项目"路径依赖"的影响。通常而言,农业科研单位的研究方向是长期形成的,科研人员的研究方向也是长期形成了,一般都有一个研究基础的积累问题,因此这种意见征集,反馈回来的往往是科研单位和科研人员能做的课题或想做的课题,

① 当然,从一定程度上,职称评定标准的这种设置也是无奈之举。论文数量和质量可以用期刊和影响因子评判,学术专著可以用内容和出版社声誉来评价,科技成果奖励既是一种业绩也是一种官方认可,品种审定数量、专利权等也是由行业主管部门在进行官方认可,这几种评价元素都是相对偏硬的指标,而对于科技成果转化推广应用,目前缺乏科学的公认的评价体系,导致其评价结果成为一种相对偏软的指标。

② 邓国华,郭杰,张晓奇.科研项目立项评估机制研究[J].科研管理,2009,30,(3):49-55

③ 董文琦,张春锋,胡木强.农业科技创新的管理机制分析[J].农业科技管理,2015,34,(1):19-21,55

而不是社会需要的课题①。

其次,在科研成果供给上的脱节。项目指南发布后,科研团队和人员针对项目指南和申报要求,从中选取适宜的项目,组建合意的团队进行申报响应,形成科研成果的供给。正如前面所述,科研团队和科研人员的研究方向一般来说是长期形成的,科研上的"路径依赖"较为严重,一般是根据团队的研究基础和专业配置来申报项目,"能做什么就申请什么",在申报中也是根据资深团队的特点来提出项目任务,容易造成与需求的脱节。众所周知,科研团队和科研人员才是科研成果的供给者,项目管理者只是代表国家和社会公共利益②的需求方。由于科研成果的特殊性,或者说由于创新的不确定性和专业性,科研市场上的供给与需求的相互作用过程中,有时候供给的影响会很大。如果科研成果的供给不足或者说供给质量下降③,需求方影响是非常微弱的。尽管每年科研项目的申报竞争非常激烈,但这种科研人员科学研究"路径依赖"的影响仍然是非常巨大的,既有可能出现一些选题非常热门,也可能现一些选题鲜有问津,不同项目需求之间的竞争非常不均衡。再结合在科研项目选题征集过程中的"路径依赖",一旦在选题征集过程中的这种偏好与项目申报中的这种偏好互相强化,影响就更为严重。

二、立项过程的竞争性不足

项目立项过程中的竞争性不足,主要表现在三个方面:一是项目的提出与具体承担执行没有分开,二是"定向征集"限制竞争,三是招投标工作不够规范④。正如前面所言,一些项目的提出是基于既有的科研团队和人员,而这些项目的最终申报也是基于既有的科研团队和人员,极易形成项目的提出者和项目的承担者是同样的机构和团队,因人定项目,既可能导致社会需求与科研供给的脱节,又会导致项目立项申报中竞争不足,即使存在有限的竞争,也会形成对其他机构和团队的不正当竞争。在项目征集上,"公开征集"和"定向征集"各有优缺点,如果采取"定向征集",则会竞争不足,如果采取"公开征集",又存在工作量大、工作难度大、工作周期长、管理成本高等问题。在定向征集过程中,受人为因素的影响会非常大,部分领域研究团队少,部分领域容易出现项目经费集中在个别专家、团队的现象。近年来,部分科研项目开始采取招投标的方式进行,但部分招投标工作管理不规范,流于形式,对项目申报者的能力、信誉缺乏严格的审查,招投标评估过

---

① 董文琦,张春锋,胡木强.农业科技创新的管理机制分析[J].农业科技管理,2015,34,(1):19-21,55
② 我们假定科学研究的目标是为了国家和社会的发展。因此,科研成果的需求方是国家和社会,供给方是科技人员,科研项目管理者(发布方)代表国家和社会与科技人员订立科研合同。农业科学研究也不例外。
③ 供给质量下降也是一种供给不足。
④ 邓国华,郭杰,张晓奇.科研项目立项评估机制研究[J].科研管理,2009,30,(3):49-55

程还需进一步完善。

三、立项评估的科学性有待提高

目前,农业科研项目立项主要采取专家评估法。一般情况下,科研管理部门主要负责形式审查,而把内容审查的任务交给专家组。但在专家组评审过程中,可能出现专家评估过程随意性过强、专家类型单一、结构不合理等问题。对于评估专家,也缺乏相应的监督和约束机制。在一些专业领域,专家之间彼此非常熟悉,即使是采用匿名评审,也很容易看出项目申报人所在机构、团队甚至项目申报人本人,而这极有可能会影响专家的专业判断。

此外,部分科研项目实行限项申报,要求申报单位先进行内部审查和竞争。这样做固然可以减轻最后科研管理部门和项目评审专家的工作量,但也造成了实际上的不合理竞争。一方面,由于限项规定,指标的分配可能存在不公,指标数量并不能完全和申报单位的科研实力完全匹配,更不可能和每一年度申报单位的实际申报团队科研实力相匹配。在这种情况下,A 单位由于指标有限,竞争激烈,部分优质项目有可能因为指标所限而被直接淘汰,而 B 单位由于指标充足,竞争不足,甚至可能申报项目数量少于限项数量,申报项目都能过关。另一方面,在申报单位内部限项竞争中,由于评审专家大多来自内部,部分申报人本身是行政领导,人情因素、行政因素可能会对竞争结果产生不良影响,从而出现新的不公平,甚至影响优秀项目参与竞争。

第四节　完善立项机制促进农业科技创新

科学立项对于优化科技资源配置、确保科技成果的创新性和促进农业科技成果的转化推广具有十分重要的作用。针对当前我国农业科技项目立项中存在的科技项目与农业经济发展严重脱节、立项过程竞争性不足、立项评估的科学性不足等问题,要完善创新立项机制,竞争立项与委托立项相结合,建立需求导向的立项模式,加强农业科技立项查新,完善项目立项评估机制,从而确保立项的科学性,为农业科技创新打好立项基础。

一、竞争立项与委托立项相结合

竞争立项和委托立项各有其优缺点,在农业科技立项中,要根据具体的项目特点,采取不同的立项方式。对于研究团队较多、适应性较广的科研项目,适宜采用竞争立项的方式。而对于研究团对较少、适应性较窄的项目,可以采取委托立项的方式。对全国性重大共性技术项目,采取择优委托方式确定项目负责人和承担单位,由项目负责人和承担单位组建跨学科、跨领域的全国性团队,进行协同攻关,避免课题研究分散割裂,促进重大突破性、有价值和可转化成果的产出。对于竞争立项的项目,要重点解决立项效率问题;而对于委托立项的项目,要重点加强后期管理,防范因为竞争减弱而带来的项目执行道德风险问题。

二、建立需求导向的立项模式

立足现代农业发展需求,充分发挥产业部门在国家科技计划重大项目立项论证、项目组织和实施管理中的重要作用。强化农业科技项目立项中的产业导向机制,建立以产业发展需求和实际应用为导向的科研立项机制,注重发挥科研人员的积极性和自主性,引导其根据国家需求提出科研项目和研究方案。将项目立项与推广应用挂钩,与需求反馈结合,将推广部门、合作组织、基层农技人员和科技示范户纳入项目实施方,形成科技上中下游项目承担结合体,从源头上解决项目立项与生产需求脱节、项目实施与生产分离等问题。

三、加强农业科技立项查新

我国的科技查新工作始于20世纪80年代中期,其目的是配合科技管理部门规范管理工作程序,避免科研工作低水平重复,确保课题创新和成果质量。农业科技查新是指以农业科技文献为基础,采用计算机检索和手工检索相结合的手段,针对检索出的文献结果,运用综合分析和对比分析方法,为评价农业科研立项、成果鉴定、专利申请及技术咨询等的新颖性、先进性和实用性提供文献依据的一种情报咨询服务[①]。

农业科技查新对于农业科技项目的立项具有重要作用,为项目选题和研究方向提供保障。科技查新为科技创新活动提供了重要的信息支撑;在提高管理与决策的科学化、规范化水平,减少科研项目低水平重复,公共资源的有效配置,提高国家创新能力,加速培育高新技术产业等方面发挥了重要作用[②]。立项查新是科学研究的前期工作,只有通过立项查新,才能对项目选题的好坏和新颖性做到心中有数,保证课题申报的命中率,确保课题研究的新颖性[③]。立项查新的重点是帮助科研人员掌握国内外同专业相关情况、背景、依据、深度、可行性、技术路线、方法、价值、水平,避免低水平重复研究,从而提高科研人员文献情报的存储量,正确选题,而且有助于集中人力、物力创新关键技术,敏锐地把握当今科学技术发展的前沿趋势[④]。通过立项查新,可以为科研人员提供针对性的文献情报。任何一

① 张琴,马桂莲.影响农业科技查新检索工作质量的因素分析[J].上海农业科技,2006,(6):4-6
② 李贺南.对科技查新工作中的问题及对策的探讨[J].现代情报,2008,28,(1):137-138
③ 张莉,王坚,孙昌玲.立项查新服务于科技计划立项及管理的优化对策[J].甘肃科技,2010,26,(20):106-107
④ 李玲.关于自主创新与科技查新工作的几点思考[J].科技情报开发与经济,2007,7,(29):125-126

项科学研究都不是凭空臆想出来,总是要在总结吸取前人科学成果的基础上,经过潜心研究取得的,而科技查新对文献资源有针对性地大量搜集、整理、提炼,对于研究者扩展视野,借鉴最新成果,深化研究进展,提高科研效率具有不可估量的作用①。查新人员通过利用先进的查新手段,为科技工作者提供针对性的文献情报检索服务,为科研生产管理人员提供最新国内外信息,大大节省了科技人员盲目查找文献所花费的时间和精力。科研人员在立项前,通过查新咨询,可以了解所选课题在国内外是否属重复研究,前人做了哪些工作,已达到何种水平,有哪些问题还没有解决,发展前景等全面针对性的信息情报②。

从"十一五"和"十二五"期间,笔者所属课题组承担的四川省农作物育种攻关相关立项查新所受理课题来看,查重率为 20% 左右,这些重复课题大多来自市、县一级农作物育种科研人员的申报课题。通过立项查新后,及时否决了一部分低水平重复课题,使科研人员迅速调整研究方向,避免了科研项目盲目投资、重复浪费现象的发生。此外,通过立项查新对所检出的相同题目课题进行深入的剖析,逐一分析课题内容,对所采用的育种方法、手段,甚至对具体试验步骤都一一进行对照,将发现的一些具有研究价值和社会效益的查新结果及时与申请人沟通,帮助申请者全面了解课题的研究状况,明确课题发展前沿与趋势,有利于研究者对课题方向做出正确的取舍③。

因此,要将农业科技查新工作提前到项目预研阶段,通过科技查新,探寻相关领域的研究基础和突破点,增强科技项目的针对性,为科技创新提供路线指引。

四、完善项目立项评估机制

首先要建立科学合理的立项评估指标体系。建立起科研项目立项评估的指标体系,要重点从项目的必要性、科学性、可行性、合理性和预期效益等方面来设计评价指标。应该针对各类科研的具体取向、目标和管理特征,设置不同的评级指标体系。基础研究类项目应侧重于评估其理论性和科学性;应用研究类应侧重于评估其技术先进性和适用性;而成果转化及产业化类项目应侧重于评估其获得的经济效益和社会效益,具有公共平台性质的外部效应类项目则应侧重于评估其共享性和技术扩散能力④。

其次要优化科研项目立项评估方法和程序。目前,科研项目立项评估采用较

---

① 肖春生,张风林.关于科技查新在科技管理工作中的作用及发展趋势的探讨[J].科技信息(科学·教研),2008,(15):23-25

② 陈春燕,唐莎,李晓.农作物育种科技查新的方法研究[J].安徽农业科学,2012,40,(1):5881-5882+5924

③ 陈春燕,唐莎,李晓.农作物育种科技查新的方法研究[J].安徽农业科学,2012,40,(1):5881-5882+5924

④ 邓国华,郭杰,张晓奇.科研项目立项评估机制研究[J].科研管理,2009,30,(3):49-55

多的是专家评估法,一般来说包括三个基本程序,即项目初评、同行评议和领域评估。项目初评一般由科研管理部门完成,主要是对项目申报的形式审查,包括申报材料是否规范、申报主体是否合格、申报课题是否重复以及是否存在学术不端等。一般来说,在形式审查阶段,重点关注的是申报主体是否合格,如目前国家自然科学基金、国家社会科学基金以及教育部人文社会科学研究项目一般都要求申报主体同一年内不得同时申报,项目负责人不得申报多个项目、相关项目未结题不得申报新项目,不得直接以博士论文、博士后研究报告作为选题重复申报等,一些项目对申报人的年龄、学历、职称等有特殊要求。近年来,一些科研项目申报中还引入了学术不端检测,防止项目申报中出现重复申报、剽窃等学术不端行为,对于提高立项质量具有积极意义。以 2015 年国家自然科学基金项目申报为例,2015 年 3 月 2 日至 3 月 20 日项目申请集中接收期间,国家自然科学基金委员会共接收项目申请 165 598 项,经初步审查受理 162 433 项,有 3 165 项没有通过初步审查,占申报项目总数的 1.91%[1]。2015 年度教育部人文社会科学研究一般项目申报,规划基金、青年基金、自筹经费项目共申报 19 547 项,经审核,共有 502 项不符合申报要求和条件,被取消本年度申报资格,占申报项目总数的 2.57%;中国特色社会主义理论体系研究专项、高校思想政治工作专项、工程科技人才培养研究专项、教育廉政理论研究专项共申报 1942 项,经审核,共有 10 项不符合申报要求和条件,被取消本年度申报资格,占申报项目总数的 0.51%[2]。形式审查合格后,一般会进入同行评议阶段。为了保证同行评议阶段的公平性,同行评议一般采取双向匿名评议的方式,由科研管理部门根据申报项目的学科分类和研究领域、方向,邀请多名同行专家对项目申报材料进行匿名评审,重点考察选题是否具有理论价值和应用价值,是否具有创新性,研究方法和技术路线是否科学合理,是否具有研究的可行性等。同行评议阶段一是要注意双向匿名;二是要注意在不同评议专家的主观评判之间客观权衡,特别是在不同评议专家意见不一致的情况下,要避免一刀切。如果同行评议通过,则会进入领域评审,通常又叫"上会",进行会议评审。会议评审主要是对通过同行评议的项目,再次进行进一步筛选,最终确定立项项目。对于一些重大项目,可能还需要项目申报人进行现场答辩。会议评审阶段,要注意科学合理组建评审专家组,力求对申报项目进行科学评判和审核,确保立项项目选题有价值、学术有创新、实施有保障。

---

① 国家自然科学基金委员会《关于公布 2015 年度国家自然科学基金申请项目评审结果的通告》,http://www.nsfc.gov.cn/publish/portal0/tab38/info49905.htm

② 《教育部社科司关于公布 2015 年度教育部人文社会科学研究一般项目申报材料审核情况的通知》,http://www.sinoss.net/2015/0508/53937.html

第五章　农业科技创新的协同机制

协同创新是推进创新型国家建设的重大战略思想,推进协同创新是农业科技创新的发展方向和有效选择。长期以来,我国农业科技创新总体水平不高,究其原因是科研单位、高校、企业、政府几方面力量各成体系、各自为战的局面尚未真正扭转,分散、低效、缺乏协调仍是我国农业科技创新存在的最大问题,迫切需要实行协同创新,提高农业创新主体的整体合力。

第一节　农业科技协同机制的理论框架

一、农业科技协同创新的基本内涵

(一)农业科技协同创新的含义

《辞海》对协同的解释为谐调一致、和合共同,协助、会同,团结统一,互相配合。管理学认为,自然界和人类社会的各种事物普遍存在有序、无序的现象,在一定的条件下,有序与无序是相互转化的,从无序变为有序就是协同。协同是指不同要素在整体发展运行过程中的协调与合作,不同要素各自之间通过协调、协作形成拉动效应,以推动事物共同前进。对事物的不同构成要素而言,协同最终会使每个要素都获益,整体效应加强,实现共同发展。

由美国麻省理工学院斯隆中心的研究员彼得·葛洛最早对协同创新(Collaborative Innovation)给出定义,即"由自我激励的人员所组成的网络小组形成集体愿景,借助网络交流思路、信息及工作状况,合作实现共同的目标[①]"。协同创新的本质是通过构建各种创新平台打破学科阻隔、体系壁垒,促进人才、资本、信息等要素有效配置及充分共享,通过加强各个创新主体之间的多元协同,最大限度地实现全面创新[②]。协同创新活动包括了科学知识的发现、科学技术的发明以及各种知识和技术的传播与应用。在某种程度上,协同创新是解决科技资源分散和

---

① 张力.产学研协同创新的战略意义和政策走向[J].教育研究,2011,(7):18 - 21
② 陈劲,阳银娟.协同创新的驱动机理[J].技术经济,2012,(08):6 -11

科技创新实体间彼此封闭性的重要手段,是协调同步的,有着共同的创新愿景,有政策和资金的支持,有相互沟通的机制和信息共享的平台等。协同创新则是创新的一种形式,贯穿于原始创新、集成创新、引进消化吸收再创新的过程中,是开放式的创新形式,是一项更为复杂的创新组织方式。简而言之,协同创新,就是围绕创新的目标,多主体相互补充、共同协助、配合协作的创新行为,产生"1+1>2"的效果。

农业科技协同创新是协同创新在农业科技创新领域的具体表现。农业科技协同创新是在政府的引导和协调下,科研机构、高校、农业企业、新型农业经营主体等农业科技创新主体,以现代农业产业发展为需求,充分整合农业科技创新资源,加强多元主体间的合作与交流,进行产业共性、关键技术和前沿技术的研究集成和示范,产生协同创新增值效应,从而有效破解农业科技与经济脱节以及与产业链断链问题,实现和形成农业产业链与技术链双向融合、互相促进,提高农业科技创新能力。农业科技协同创新就是利用经济规律,制定符合农业科技发展的新政策,创造一个协同管理的农业科技创新体制和环境,改变农业科技创新存在的条块分割、各自为战的局面,使得各个主体相互配合衔接,,从而有促进农业科技的协同发展和创新。

从农业科技协同创新实现途径的不同,可将农业科技协同创新分为农业科技内部协同创新和农业科技外部协同创新两种。农业科技内部协同创新的主体是农业产业组织本身,其实现依赖于组织内在要素之间的互动;农业科技外部协同创新的实现主要取决于农业产业组织与其他相关主体之间的互动。农业科技协同创新可以表现为现代农业中的单项技术创新,也可以表现为一项科研成果生产运营的科技开发——成果转化——生产运营等环节的协同创新。

(二)农业科技协同创新的影响因素

农业科技协同创新是不同农业创新主体之间通过建立协同创新机制、构建协同创新平台,实现不同创新主体间的充分合作以及不同创新要素的有效聚合,从而打破地域、行业、部门、人员之间的界限,有效提高科技资源整合能力和科技活动组织能力,有效提高创新能力、创新效率、创新效果,从而实现部门内、区域性、全国性乃至国际性的协同创新,实现重大突破。

农业科技协同创新过程的影响因素很多,主要包括资源要素的互补度和制度的规范性。资源要素互补度是指不同农业科技协同创新主体所提供创新资源的互补程度,其决定了相互协调的难易程度。制度的规范性是指制度的健全程度和规范程度,是实现协调规范持久的基本条件。农业科技协同创新的资源包括农业创新主体所拥有的知识、技术、资金、设备以及政策等一系列要素,这些要素直接或间接地对创新组织的竞争优势及创新能力产生影响。在农业科技协同创新过程中,不同创新主体间的信任、人才政策、矛盾冲突解决都是十分重要的影响因素。

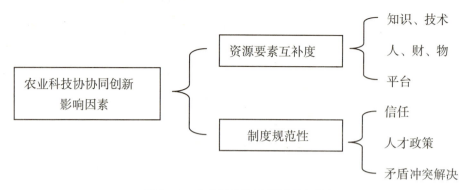

图 5 - 1 农业科技协同创新影响因素

（三）农业科技协同创新的重要意义

1. 从现代农业发展要求看，迫切需要充分发挥科技创新的核心驱动作用

现代农业是一个综合的、动态发展的概念，其核心内涵是通过不断应用现代先进科学技术改造传统农业，以提高生产过程的物质技术装备水平，不断提高农业的专业化、社会化分工水平，优化农业产业结构，以实现农业总要素生产率水平的不断提高和农业持续发展的过程。因此，农业现代化离不开农业科技创新。党的十八大报告中明确指出要实施创新驱动发展战略，要坚持走中国特色自主创新道路，以全球视野谋划和推动创新，提高原始创新、集成创新和引进消化吸收再创新能力，更加注重协同创新。目前，我国现代农业面临确保国家粮食安全和重要农产品有效供给，解决"谁来种地、怎么种地"问题，缓解资源环境压力、实现农业可持续发展，提升农业国际竞争力，都迫切需要农业科技实现新突破。农业科技协同创新有助于现代农业的发展，有利于产、学、研发挥各自主体的优势，通过合作将有助于降低现代农业相关资源的配置成本和提高农业产业的竞争水平，将有助于形成现代农业支柱产业和现代农业产业集群的发展。

2. 从我国农业科技自身发展现状看，迫切需要依靠深化改革激发创新活力、提高创新效率

在科学技术飞速发展的今天，任何重大创新都不是某个单一主体所能完成的，只有依靠多元主体共同参与，协同攻关，才能在原始创新、集成创新和引进消化吸收再创新上取得重大突破。随着世界科技的发展，交叉融合成为科技发展新的增长点。众多科技创新需要依靠多学科的联合攻关，以及综合多学科的思维体系，跨学科的协同合作是激活创新基因、寻找创新突破点的必然途径。现代农业科技协同创新作为一个系统工程，其系统整体性的协同度越高，互动性越强，反之则协同度越低，互动性也越低，整体功能性也越低。如何更好地利用内部研发的杠杆作用撬动和分享外部价值，提高整合内外创新资源的能力，正成为各类科技创新主体面临的迫切选择。

　　协同创新也是克服我国农业科技体制弊端、促进农业科技创新方式转变的重要途径。从我国农业科研管理体制来看,条块分割、各自为政,基础研究、应用研究、技术开发相互脱节,高等教育与科学研究分离的状况没有根本改观;从农业科技资源配置来看,农业科技资源缺乏有效整合,科技人员、科技团队无法充分共享资源,展开合作,一些重大、前沿科技问题往往难易形成合力,难以形成协同创新的合力;从农业科技投入渠道来看,缺乏统一规划和统筹安排,总体投入水平的基础上,又重复立项、多头申请、低水平重复现象比较严重;从农业科研组织方式来看,创新团队发展滞后且机制不完善,产学研合作与分工链条不健全,难以适应现代农业科技活动复杂化、交叉化、综合化的趋势。以上问题使得我国的农业科技资源使用效率低且难以提高,农业科技创新的整体效能难以增强,农业科技成果向现实生产力转化难以加快,严重阻滞了农业科技创新水平的快速提升。因此,推进农业协同创新,就成为克服科技体制弊端、促进创新方式转变的重要途径。

　　3. 从国际农业科技发展趋势看,迫切需要统筹协调、加快建立协同高效的农业科研组织模式

　　纵观全球,协同创新已经成为创新型国家和地区提高自主创新能力的重要组织模式,发达国家都非常重视协同创新。随着技术创新复杂性的增强、技术创新速度的加快以及全球一体化发展的发展趋势,当代科技创新模式已突破传统的线性和链式模式,呈现出非线性、网络化、多角色、开放性的特征,受到各国创新政策制定者的高度重视科技创新一条最重要的成功经验,就是打破领域、区域和国别的界限,演变为以多元主体协同互动为基础的协同创新模式,构建起庞大的创新网络,实现地区性及全球性的协同创新,实现创新要素最大限度的整合。

　　发达国家在协同创新的主要经验是[①]:一是根据科技与经济的发展,调整农业科研机构的设置、研究方向,优化公共部门农业科技创新资源的配置,减少机构设置的重复,以适应新学科、新技术的发展。农业部农业研究局系统重点进行农业基础理论和应用基础理论研究和开发以州立农业大学牵头的州农业试验站重点进行本州的农业应用研究和开发性研究,私人和企业研究机构系统重点从事有使用价值的农业开发性研究。二是对农业科技创新活动主体的分工基本明确,同时强调国家农业科研机构与高等院校、农业生产与加工企业的密切合作,保证了科技与经济的紧密结合。三是加强知识产权的创造、保护及利用,成为国外科技立法的热点问题,通过加强知识产权的创造、保护及利用,使各国的科学技术优势转变为产品优势、产业优势。四是在农业科技创新投资、农业高新技术及其产业化发展战略制定、农业科技创新机构、研究人员队伍和研究课题设置等重大问题上有明确的规划和分工。五是通过财政支持、税收、金融等政策引导私营企业开

---

　　① 张晨,赵志辉等.外国经验对上海农业科技协同创新的启示[J].上海农村经济,2014,(7):24－27

展农业科技创新。以美国为例,为促进协同创新,美国农业部于2010年发布了科学路线图(A Roadmap for USDA Science),其目的之一旨在加强农业部内部机构之间合作,加强农业部与外部研究机构之间的合作,并发挥各自在科技创新上的优势。

表5-1　各个国家农业技术协同创新体系比较①

国家	农业技术协同创新主体合作形式	农业技术创新推广主体	农业技术创新市场机制维护机制	特点
美国	1. 地方政府与农户协作进行推广 2. 私人机构为农业企业提供资金,进行基础研究和应用研究	国家农业研究所,私人农业研究所	市场发展成熟,拥有立法保护	1. 主体分工明确 2. 公共私人占绝对主体 3. 机制地方特色明显
日本	1. 政府向大学与企业研发机构提供资金 2. 地方机构提供农民技术支持 3. 大学为农业企业提供应用研究和基础研究成果	中央和地方共同参与,体系庞大	市场发展成熟,拥有立法保护	1. 政府主体地位突出 2. 整套机制完善 3. 着重培养农民
法国	1. 地方政府与中央政府进行合作 2. 科研机构接受地方政府,私人企业的委托进行研发 3. 农民与农业高校进行协作,农民接受培训	INRA,全国行会,地方农会	市场发展成熟,拥有立法保护	1. 政府和私人占绝对主体 2. 农业科技研究尊崇市场配置,科研与生产紧密结合 3. 着重发展推广网络

二、农业科技协同创新的框架

从农业科技协同创新的过程和影响要素来看,农业科技协同创新需要从以动力协同、路径协同、知识协同、目标协同和组织协同5个方面,来实现协同创新。

(一)动力协同

科技、市场、文化是农业科技协同创新的三种驱动力。科学与技术的融合推动了高校、科研院所及企业三者之间的合作,技术的多元性又有利于促使企业家实现创新、增加市场需求、促进经济发展。在市场驱动方面,市场运作机制是协同创新的前提条件,同时是促进创新主体合作的外在动力。农业科技协同创新不仅需要科技、市场的外部驱动,而且需要文化的内部驱动。文化是一种无形的、软的驱动力,影响着各个合作主体能否进行深层面的合作。各个创新主体对协同文化

---

① 熊华怡.西部农业科技协同创新能力提升研究[D],重庆工商大学,2014

的共同认可是合作的精神内核,缺少精神内核的协同创新必将是貌合神离、形是而神不似,很难形成长久的共生发展机制①。

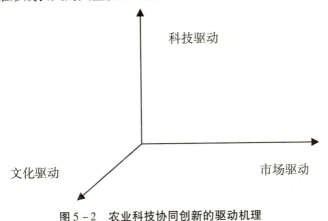

科技驱动

文化驱动　　　　　　　　　市场驱动

图 5－2　农业科技协同创新的驱动机理

(二)路径协同

传统农业科技创新模式一般遵循两种路径,一是正向线性创新模式,强调从科学研究发现出发,开发出新产品及工艺;二是逆向线性创新模式,强调从生产实际出发,利用科学研究解决实际问题,反过来促进科学研究。农业科技协同创新大力推进农业科技大联合大协作,面向生产一线,面向市场需求,面向广大涉农企业、农业经济合作组织和新型农业经营主体,研究确定科技创新的方向和技术路径。形成科技与生产紧密衔接,跨部门、跨学科、跨领域联合攻关的组织机制,上中下游紧密衔接、产学研用深度融合的实施机制,不同区域和不同学科专家协同创新的农业科技发展格局。

(三)知识协同

知识协同是协同创新的核心,它承载了产学研主体协同创新的知识增值与应用,更强调合作各方间知识的相互作用。协同创新的知识协同是指在产学研各主体在知识创造协同的基础上,进一步将知识与各创新主体实际对接。知识协同更强调企业与科研单位等合作各方间的相互作用,使产学研方在知识资源共享、信息及时沟通、新知识应用等方面紧密合作,从本质上提升了合作创新能力。

(四)目标协同

农业科技协同创新要求合作各方找准自己在创新链中的角色定位,厘清各自的关注点和资源优势,对合作关系中各自的分工进行战略部署,实现学科链和产业链的有机衔接。企业、科研院所、高校由于在创新过程中的定位、资源和能力、发展目标上存在着差异,形成了不同甚至是潜在对立的组织文化和行为准则;科研单位和高校则是科研导向,考虑合作是否有利于学术研究;企业通常具有明显

① 陈劲,阳银娟.协同创新的驱动机理[J].技术经济,2012,(08):6－11

的利润导向,注重合作带来的经济价值。因而,战略目标一致,共同的战略意图、战略目标和利益诉求,是保证农业科技协同创新有序、高效运行的关键。

(五)组织协同

农业科技协同创新涉及到不同利益目标的创新主体,是一种独特的混合型跨组织关系,单个组织无法取得合作的全部控制权,需要有新的管理技能和组织设计能力,因此要高度重视组织的结构协同和过程协同,成立协同创新委员会等专门机构管理产学研合作过程①。在现代农业科技发展的过程中,所构建的农业创新系统的所产生的协同效应,不会因为创新主体的各方利益的存在的差异而自动生成,其需要通过现代农业科技发展的各方主体所利用的组织机制来保障现代农业科技协同创新各方利益的均衡,从而实现组成创新主体各主体之间的多赢。

第二节　农业科技协同创新机制的主要内容

农业科技协同创新,应从三个方面进行协同。一是在宏观层面加强协同,即加强农业科技协同创新的顶层设计,强化产学研协同创新;二是在农业科技创新的微观层面协同,主要包括农业科技创新主体内部的协同创新和农业科技创新团队的建设;三是在具体执行层面的协同,主要包括农业科技创新项目协同以及农业科技协同创新文化的建设。

一、农业科技协同创新的顶层设计

农业科技协同创新的宏观战略思考要付诸实施,首先要进行方案的顶层设计,制定具有前瞻性、可持续性、可操作性的发展规划和实施方案。顶层设计的目的在于,由于农业科技协同创新主体分别属于不同的管理系统,牵涉到不同的利益关系,需要建立超越不同农业科技协同创新主体的统一组织协调机制,跨越各创新主体的组织内外部边界,以打破部门的小团体意识以及条块分割的体制壁垒,协调好各农业科技创新主体的利益与矛盾,促进资源尽可能在农业科技创新体系内无障碍的流动。

在现代农业科技发展的过程中,所构建的创新系统所产生的协同效应不会因为不同创新主体的各方利益的存在的差异而自动生成,它需要通过现代农业科技发展的各方主体所利用的组织机制来保障现代农业科技协同创新各方利益的均衡,从而实现组成创新主体各主体之间的多赢。不同的农业创新主体对协同创新的认知存在差异,协同创新知易行难,必须形成农业创新主体对农业科技创新的

---

① 何郁冰.产学研协同创新的理论模式[J].科学学研究,2012,(02):165-173

共同追求,是实现农业科技协同创新的必要条件。因此,必须要着眼于协同和引领,加强农业科技协同创新方案的顶层设计。

2012 年中央 1 号文件中提出,要完善农业科技创新机制,打破部门、学科、区域界限,有效整合科技资源,建立协同创新机制,推动产学研、农科教紧密结合。

一是建立农业科技管理的宏观统筹协调机制,对国家农业发展战略和农业科技总体规划、重大农业科技计划和农业科技项目的决策与实施、国家科研经费的分配与使用等进行统筹协调。必须自上而下,通过对各科技管理部门自身管理职能与方式的改革,形成协调一致的农业科技管理格局,为农业科技创新营造更好的宏观环境。按照统一、精简、效能的原则以及决策、执行、监督相协调的要求,大力推进政府农业科技管理机构改革,合理设置机构,梳理各部门科技管理职能,防止交叉,切实解决科技管理层次过多,职能交叉,权责脱节等问题。完善与强化宏观科技协调机制,加强国务院科教领导小组对农业科技工作的领导,在农业科技发展战略与规划、农业科技政策和重大科技计划的制定与实施等方面更多发挥统筹协调作用。强化科技部的农业科技统筹协调职能,赋予更多职责。建立科技部门联席会议机制,共同研究协商解决农业重大科技问题。要深化农业科技管理、科技经费分配机制等方面的改革和创新,建立公开、公平、公正、高效的农业科技管理模式。深化农业科技管理改革,既要符合市场规律,又要符合农业科技活动自身特点;既要保证国家农业科技规划和农业科技发展战略目标的实现,又要保证农业科研项目实施单位科研自主权,使其具有自主创新的主动性、积极性。

二是政府还要做好协调组织各方面的工作,政府各级部门应该启动相关的资金与政策激励,构建科研院所、高校、企业的知识、资源与行为集成的创新平台,形成以市场经济的发展作为导向,涉农高等院校、涉农科研院所、涉农企业共同集成的、服务于我国现代农业科技协同发展的一个创新平台。要明确参与协同创新的各个单位和部门的利益范围与责任边界,制定风险分担和利益分配机制,使各个参与主体都能够在协同创新中受益。

三是加大包括对协同创新组织的资金投入和支持力度,从而建立一批具有农业特点鲜明、运行机制灵活、能够解决国家及农民、农村、农业方面的重大问题的协同创新中心。同时,各级政府还应该积极发挥政府在现代农业发展过程中的相关的采购等职能,启动一批能够调动现代农业科技协同创新参与各方积极性的重大协同创新项目,从而激发现代农业科技协同创新各方参与农业经济发展协同创新的积极性。

四是明确各创新主体的职能作用。其中,政府管理部门负责制订各项政策、设计规划方案并各类机构进行统筹协调,并为各类创新主体创造良好的合作环境。科研院所与高校为知识创新和技术推广的聚集地,肩负着原始创新、技术推广应用的重要任务。企业负责知识与技术的吸收及成果的转化,主要负责知识创新与技术推广任务的衔接。近几年兴起的产业技术创新联盟和高校协同创新中心就是未来农业科技协同创新的一种合作趋势。

二、农业科技产学研协同创新

产学研是农业科技协同创新的一种重要形式,是解决我国农业科技创新市场化不足的一个重要手段。产学研即企业、科研机构、学校等相互配合,发挥各自比较优势,形成研究、开发、生产一体化的科技创新系统并在运行过程中体现出综合优势。产学研合作是指企业与科研院所、高校之间的共同合作,通常企业为技术的主要需求方与转化方,以科研院所与高校为技术的提供方,其实质是促进农业科技创新所需各种生产要素的有效组合。从世界农业科技发展规律来看,技术的创新主体愈发多样化,使创新资源分别掌握在不同的创新主体手中。任何一个创新主体都不能够控制技术创新活动所需的全部资源,必须依靠其他的主体提供支持,才能有效利用其他资源,形成协同效应、达到目的。一个单独的创新主体要完成一项技术创新和成果应用,往往需要多机构、多部门、多企业等的协作配合方可实现。因此,创新不是一个主体或机构就能够解决的。就现阶段情况来说,要实现农业关键技术和核心技术的突破,需要企业、科研院所、高校、政府部门以及科技服务机构等之间的上下联动和横向互动,才能实现创新目标。所以,要善于运用利益驱动机制,凝聚所有创新主体的力量,调动各个创新主体的积极性,促使创新主体自觉围绕创新目标,产生合力,协同推进。

表5-2　全面协同的五个阶段①

阶段	特征	作用	典型行为与特征
1	接触、沟通	协同的前提,交流与共享部分信息	定期研发－营销－制造部门联席会议
2	竞争、冲突	不同要素、部门、职能、人员间不同利益而产生竞争,并有可能冲突	新产品开发中市场导向与技术导向间的冲突
3	合作	为共同目标而协作配合、共享信息与知识资源	组建跨职能团队
4	整合	围绕共同目标实现各部分一致性、一体化	设产品经理、型号经理
5	协同	实现各部分单独无法实现的效果,整体最优化	新产品开发速度加快

一是不同农业科技创新主体之间的协调。就是瞄准现代农业产业发展关键,合力打造创新目标聚焦、创新任务明确、创新资源优化、创新力量协作、创新团队

---

① 郑刚,梁欣如.全面协同:创新致胜之道——技术与非技术要素全面协同机制研究.科学学研究[J].2006,(24):268-273

协同、创新平台共享,构建多学科集成的"一体化"农业科技综合解决方案,形成"科研——生产——科研"的良性循环合作研发机制。

二是要实现产学研深度合作,必须要积极推进农业科技协同创新战略联盟。技术联盟是战略联盟的一种形式,是以技术创新合作为主要目的战略联盟。我国近年来兴起的各类创新联盟,就是围绕特定的技术或产业,由各相关合作组织领域的专家和机构组成某种紧密型或松散型的混合组织,以实现不同类型创新主体之间的协调。如我国 2014 年 12 月 22 日成立的国家农业科技创新联盟就是此种形式,该联盟是国家级、省级和地市级三级农(牧)业、农垦科学院共同参与的全国科技创新协作平台,是我国农业科技创新的主体力量。国家农业科技创新联盟的目标定位是搭建分工协作的"一盘棋"农业科研工作新格局,创建覆盖上中下游的"一条龙"农业科研组织模式,构建多学科集成的"一体化"农业科技综合解决方案,通过体制创新充分凝聚全国农业科研力量,着力提升农业科技创新效率。国家农业科技创新联盟主要有四个方面重点任务:加强基础性长期性科技工作,夯实农业学科发展基础;加强农业核心关键技术攻关,突破制约发展的技术瓶颈;加强农业学科前沿与基础研究,抢占战略制高点;加强不同生态区重大科技工程技术研发,促进区域农业转型升级和可持续发展。同时,组织开展农业科技发展重大问题调研,提出重大战略咨询报告和政策建议。

农业科技协同创新战略联盟要形成良好地运转,核心在于利益协调,政府和产学研各方均须确认利益范围和责任边界,设定风险分担和利益分配机制,并辅以一定风险投资机制。目前,农业科研院所、高校和企业之间基于利益驱动的协同创新尚未成型,需要政府的引导调控,制定各类科技资源的标准规范,建立促进科技资源共享的政策法规体系。同时,还要加快农业科技技术成果交易市场建设。农业技术转移市场的建立,可降低技术成果的交易成本,缓解信息不对称,缩短交易时间。与研究人员个人或团体的单独转化相比,相比更加专业化,寻找潜在买家的费用也较低。

三是产学研创新联盟持续健康的发展需要关注[①]:(1)组织管理机制问题,即要协调产业集群与学科集群间的对接、管理等,政府层面进行引导、支持和统筹,对具备建立协同创新联盟条件的大学、科研院所和企业,建立协同创新中心,启动协同创新项目,加强试点和推广工作。(2)权益分配机制问题,设定风险分担和利益分配机制,政府和产学研各方需事先确认各自利益范围与责任边界,并辅以一定的风险投资机制。(3)资源共享问题,关注农业科技各创新主体如何实现优势互补。(4)协同创新组织的绩效评价问题,需要明确农业科技协同创新的方向和目标,建立科学的评价制度,改革人事管理制度,探索与国际接轨的人事聘用和

---

① 叶仕满. 协同创新:高校提升创新能力的战略选择[J]. 中国高校科技 ,2012,03:16 – 19

分配制度,形成促进产学研协同创新的激励机制和约束机制。(5)信息沟通机制问题,强调各创新实体在市场信息、科技信息、生产信息、融资信息方面,如何建立流畅的沟通与交流。

三、农业科技创新主体内部的协同创新

各农业科技创新主体内部的各组成部分间共同利益体的形成对于农业科技协同创新的实现也至关重要。内部协同创新的主体是产业组织本身,其实现依赖于组织内在要素之间的互动,形成组织内部的知识、资源、专业技能、技术、人才的分享机制。目前,不过是科研单位还是高校,其组织机构之间界限分明,专业与专业之间、学科与学科之间、部门与部门之间有着清晰的边界,彼此之间难以做到资源共享,不能相互支撑相互渗透,更谈不上形成跨学科、跨专业的资源人才共享平台。

以农业科研单位为例,目前大部分农业科研单位的研究都偏向于在自己的学科领域进行的小科学研究,不同学科或不同内部所之间存在壁垒,"单位小群体"、"各立独户"、"单打独斗"的现象仍十分普遍。不同部门对于自我利益的追求远远大于对于科研创新本身的追求,所谓跨单位合作仍然更多的是应景式的形式合作,并非基于攻克某个重大问题前提下进行的各学科的通力合作,项目负责人简单地将资金分配给不同学科的项目成员,结题时也只是将各学科的成果进行简单汇总,这样的运作方式一般很难有大的成果产生。

一是要进一步加强单位科研资源的优化配置、高效利用和开放共享,加大内部科技资源整合力度,着力解决科技资源分散、专业交叉重叠和技术重复开发、设备闲置或利用率不高等问题,以学科创新来完善创新链条,实现现有科技力量的有效协同。要建立科研管理平台,将人员、单位、项目、成果等管理有机结合,实现对单位科研项目、论文、著作等科研相关信息的电子化管理、存储及利用。提高协同创新管理的水平和效果。

加强科研仪器设备的统一协调,是创新主体内部统筹、协同创新的重要手段。以四川省农业科学院为例,为加强大型仪器设备的管理,提高使用效率,促进科研资源高效利用,避免大型仪器设备重复购置和闲置,加快人才队伍培养,提升全院科研水平,实现科研资源共享和开放的目的,建立大型仪器设备共享平台该院制定了《四川省农业科学院大型仪器设备共享管理办法(试行)》,平台主要针对大型仪器设备性能信息、运行状态、预约使用和共享服务等进行综合管理。平台收集的大型仪器设备是指国家和省级财政资金购置列入单位固定资产管理,单台(套)价值在人民币10万元(含10万元)以上并能正常使用的科学仪器设备。

在平台管理上,成立院大型仪器设备平台管理服务中心,具体负责平台信息的建设、运行、管理工作。管理服务中心负责将仪器设备的相关信息及时在平台上更新,包括设备名称、型号规格、主要技术指标、使用功能和应用范围、主要附件及性能、生产厂家、生产日期、设备价格、购置日期、所属单位、专(兼)职设备管理

员、联系电话、E-mail、收费标准(本院按成本价)、设备状态、计量检定状态和实物照片等。各所(中心)负责对本单位用户注册信息的审核和管理。为保证平台安全有效运行,用户需完成注册并通过实名认证。使用者直接向仪器设备管理人员预约,并建立详细的使用记录,及时更新设备的使用状态,并在平台上公布相关信息。

在平台运行使用上,该平台具有用户管理功能和数据维护功能,通过后台维护系统实现对新增用户和仪器设备进行权限设置和管理,同时在后台实现对数据的查询统计。凡在平台注册成功的用户,完成登录操作后,有权对所需仪器设备相关信息进行检索查询和预约使用。大型仪器设备由管理单位配备具有实验室管理经验和仪器设备操作技能的专(兼)职设备管理员并在平台上公布其联系方式。大型仪器设备的所有技术资料(使用说明书、性能简介等)原件由专(兼)职设备管理员及时归档,并按院档案管理办法进行管理,方便用户使用时查阅。用户可对所需仪器设备填报需求申请,等待专(兼)职设备管理员进行审核,审核通过的可预约试验时间及地点等相关事宜。各所(中心)应保证公布的仪器设备信息真实可靠,若无正当理由,不得拒绝用户的技术服务需求。用户使用设备前必须先仔细阅读操作规程,并在专(兼)职设备管理员指导下严格按照操作规程使用或委托专(兼)职设备管理员操作。因操作不当或其他原因造成仪器设备损坏的,当事人要及时向管理员汇报,并报条财处登记备案。

在平台评估考核上,专(兼)职设备管理员应配合中心按时按质完成相关数据统计,包括仪器设备共享使用频率、用户使用评价和服务实效等信息。采用数据统计和用户评议相结合的方式对仪器设备进行考核,对年度共享使用频率高、服务实效好的仪器设备进行补贴并优先支持该仪器设备的升级、改造等。对长期闲置不用或使用率低、服务实效差、实验数据不准确的仪器设备进行调整。利用仪器设备所做的实验结论或测试数据而发表的学术论文,鼓励将专(兼)职设备管理员纳入论文作者之一。对违反承诺拒不提供技术服务和对仪器设备使用数据弄虚作假,骗取使用补贴的单位或个人,一经查实,将收回补贴并上报单位。

二是推行实行项目化运作,由创新团队领军者将战略目标分解成一系列创新任务,组织团队成员开展科研项目攻关。项目团队所依托的单位,应协助创新团队完善团队的管理机制,帮助团队做好"外联"与"内调"。对外联络,即积极与上级部门、有关行政主管部门以及企业沟通信息,了解各方面需求信息,为团队在知识和技能的跨单位、跨部门交流牵线搭桥。对内组织协调就是完善创新团队的管理机制,明确团队的日常行政事务由团队所在单位负责管理,协调单位内部创新团队与内部部门的协调沟通,协商解决交叉事务。积极加强对本部门人才的发现和挖掘,及时向科技创新人员提供各类信息;同时,改变传统的经费、项目和成果管理模式,建立相应的人才管理制度,根据内部创新人员的能力、水平、意愿和外部需求,组织跨学科、跨部门的创新团队。

三是抓好农业科技基础条件平台建设。专业型研发平台的搭建和运行将是解决资源分散利用、重复建设的最重要的方法,平台的定位就是整合分散在政府、科研机构、教学机构、企业的各类资源,促进"协作、共用、服务"的保障体系。一方面,利用信息化手段,逐步建立科技资源共享网络,包括专业数据库网络、科研教学机构网络、人才队伍网络、科学数据网络等;另一方面,鼓励科学数据和科技资源对外开放,扩大开放机制,以促进区域内外农业科技资源的共享。

四、农业科技创新团队的建设

科技创新团队指在共同的科技研发目标下,以科技领军人才为核心,以团队协作为基础,依托一定平台和项目,在科学技术领域进行持续创新创造的科技人才团队。随着科学技术的发展和边缘学科的出现,学科交叉现象日益严重,科学研究越来越多地需要以合作或团队方式进行,光靠单一从事专业研究人员的创新还不够,还需要应用和管理方面的创新人才。关于诺贝尔奖的一项统计数据指出,20 世纪诺贝尔奖获奖者中,超过 40% 获奖者的发现是在多学科的交叉领域,尤其在 20 世纪最后 25 年,自然科学领域的诺贝尔奖中授予在交叉学科领域做出贡献的科学家超过了 50%[①]。现代农业科技有一个显著的特点,需要多学科的团队横跨传统专业一起工作,绝大部分重大科研项目和需要解决的实际问题都依靠于社会和科学因素来共同解决,因此多学科团队进行协同创新非常重要。

2007 年,为加快现代农业产业技术体系建设步伐,提升国家、区域创新能力和农业科技自主创新能力,农业部、财政部共同启动了现代农业产业技术体系建设,选择玉米、水稻、小麦、大豆、油菜、棉花、苹果、柑橘、生猪、奶牛 10 个产业开展技术体系建设试点,并且对每个大宗农产品设立一个国家产业技术研发中心,并在各个产业的主产区建立若干个国家产业技术综合试验站。应当说,现代农业产业技术体系是我国农业科技创新团队一个重大突破。但是当前,依托科研院所和高校的农业科技创新团队主要存在以下问题:一是单学科、单部门的团队多,跨学科、跨部门的团队少,多是以学科组为基础自发形成的单学科、单部门的团队。二是短期团队多,而长寿团队少。随着资助期的结束,团队也就基本处于解体状态,真正获得持续资助的不多。三是团队凝聚力差,许多团队都是项目负责人根据项目申请的需要,是项目导向型团队,属于临时"拉郎配"组建,更多的是注重短期行为。随着团队的解散,创新团队的各种资源包括团队文化也就此消失,造成极大的资源浪费。

创新团队已经成为促进农业科技创新的重要组织形式。以现代农业产业技术体系四川马铃薯创新团队为例,2008 年创新团队成立以来,到 2012 年,团队成

---

① 叶仕满.协同创新:高校提升创新能力的战略选择[J].中国高校科技 ,2012,(03):16 – 19

员 15 人,共选育新品种 19 个,研究推广共性技术 16 项,原原种生产能力达到 2 300 万粒/年,培训农业技术人员 15 464 人次,推广新模式、新品种、新技术 568 万亩,增产 111 万吨;在人才培养方面,培养博士后 1 人,硕士 4 人,推广研究员 5 人,副研究员 2 人,高级农艺师 2 人①。创新团队主要针对四川马铃薯产业发展中存在的主要问题,提出在不与大宗粮食作物争地的前提下,以马铃薯多季高效种植新模式和周年生产体系构建为核心,扩大秋冬马铃薯种植面积,大幅度提高各季马铃薯单产和效益,通过实施"种植模式创新、品种创新、关键技术创新",形成了春秋冬马铃薯三季增产全年增效的周年生产、周年供应产业发展格局,为四川马铃薯产业发展提供了坚实的科技支撑。在团队工作机制上,找准薯类产业发展技术难点,加强技术创新链的重点攻关;以重点示范县集成示范为核心,加强创新技术在全省推广;通过农科教用紧密结合,加强高素质薯类创新团队的建设;以增强优势产业竞争力为目标加强创新团队整体运作管理。在团队整体运行上,将团队总体任务分解落实到团队内每位岗位专家,首席专家加强对岗位专家重点工作的指导,经常性了解岗位专家的工作,共同研究解决工作中的思路、技术难点,经常性的了解岗位专家工作进展;加强创新团队的集体活动,经常开展创新团队集体科研活动,做到了每季度集体活动一次,关键生产时期现场专家小组活动;同时严格按四川省农业厅制定的创新团队考核管理办法进行内部考核,将考核结果上报农业厅主管部门。团队不断创新示范推广机制,加强顶层设计,以产业提升为目标,提出"特色、专用、优质、高效"八字方针,"特色"即品种上突出紫色薯和特色薯,生产技术突出有机绿色产品,种植制度突出周年生产供给,农机突出中小型全程机械化,机制突出新型农业主体结合;"专用"即专用型品种、专用化技术、专用型农机、专用化加工;"优质"即优质安全生产技术,提质增效栽培技术,三代脱毒优良种薯,优质健康加工产品;"高效"即效益持续增长,面积、总产、产业效益全国第一。

在创新团队绩效考核上,四川省根据《国家现代农业产业技术体系四川创新团队建设管理办法(试行)》,制定了《国家现代农业产业技术体系四川创新团队绩效考核办法(试行)》,主要是对创新团队贡献和组织管理、个人和团队的综合评价。在考核对象上,实行考核创新团队、创新团队首席专家考核岗位专家、专家团队考核科技示范县的分级考核机制,实行项目年度考核和终期考核相结合的绩效评价办法,以科学、准确地考核创新团队工作业绩和成效。绩效考核根据《国家现代农业技术体系四川创新团队绩效考核评分表》的考核结果,结合创新团队建设、持续创新能力、支撑作用及产学研结合等创新团队资源整合、建设及运行等情况进行综合评价。绩效考核结果分为优秀、合格和不合格三等,团队中只要有一个岗位专家考核不合格即不能评定为优秀。考核结果将作为团队组建、岗位调整

---

① 资料来源. 现代农业产业技术体系四川马铃薯创新团队. 2008－2014 年年度总结。

和资金分配的重要依据。根据考核结果,建立开放、竞争、流动机制,及时调整首席专家和岗位专家。绩效考核分为年度考核和终期考核。每年 12 月 20 日以前进行年度考核,第五年进行终期考核。根据绩效考核结果,建立奖惩结合的激励竞争机制。对年度考核优秀的团队和专家给予表彰和奖励,对首次年度考核不合格的团队、专家提出警告,对连续两年考核不合格的团队进行调整,对连续两年考核不合格的专家取消资格。

表 5-3　国家现代农业产业技术体系四川创新团队绩效考核评分表

评分类别	评分内容及评价标准			得分
	评分内容	满分	评分参考	
组织体系 15	组织机构情况	5	组织机构健全程度 0-5	
	领导重视情况	5	领导重视程度 0-5	
	组织措施与制度建设	5	组织措施与制度完善程度 0-5	
目标任务 25	合同目标完成情况	25	全面超额完成 25 全面完成、部分超额完成 21-24 全面完成 16-20 未全面完成 0-15	
示范推广与培训 25	示范推广完成情况	15	超额完成 15 全面完成 10-14 未全面完成 0-9	
	培训计划完成情况	10	超额完成 10 全面完成 7-9 未全面完成 0-6	
资金管理 20	项目资金管理情况	20	资金使用严格按批准计划开支 20 有挪用等不规范开支 0-19	
绩效与创新 15	关键技术示范推广面积,示范效果,技术集成情况	5	关键技术示范推广面积 1-2 示范效果 1-2 技术集成 0-1	
	获奖情况	5	获得部省一等奖 5 获得部省二等奖 4 获得部省三等奖 3	
	撰写调研报告、生产建议情况	5	省领导批示 3 省厅级领导批示 1 农业、科技简报刊登 0.5	
综合得分				
绩效考核等级				

注:综合得分在 85 分以上绩效考核等级为优秀,综合得分在 60-84 分之间绩效考核等级为合格,综合得分在 60 以下绩效考核等位为不合格。

加快农业科技创新团队建设，是农业协调创新的关键。

一是合理配置农业科技创新团队成员结构。团队带头人必须具有良好的素质和能力。创新团队成员要注重老中青的合理搭配，形成有合理的年龄梯队，以便更好地发挥团队的师承作用，保持团队创新的持续性。团队成员不一定都有较深的学术造诣较深，关键是志同道合，研究方向一致、能够形成知识和智力的合力，在整体上形成优势，以利于保持团队结构的竞争性和稳定性。团队成员要有合理的学科结构，以实现多学科、跨学科的彼此互补和强强联合，以有利于团队集团优势的发挥。加强对团队成员的学习、进修，对团队成员而言，都必须不断地对己在课题组还是新进人员进行培训开发，以促进知识的更新和知识的创新。

二是建立良好的管理激励机制。建立一套能够有效协调组内各个成员的利益激励机制，包括团队运行和管理机制，如分工、议事、推荐、分配、培养、论文署名制度等，充分发挥每个团队成员积极性。实行分类评价，针对偏重基础研究的科技创新团队，主要评价原则是学术创新价值为主，潜在经济价值为辅；针对偏重应用研究的科技创新团队，其评价标准是学术与经济评价相结合；针对偏重试验开发研究的科技创新团队，其评价基准是以经济效益为主，学术创新价值为辅[1]。

三是搭建农业科技创新平台。农业科技创新平台是加强农业科团队建设的基础，创新团队建设与相关学科的创新平台建设应紧密结合。密切结合单位的优势学科和新兴交叉学科，以国家和省（市）级重点学科、研究所（中心）、重点实验室为依托，通过整合学科资源，优化科技资源配置，凝练学科方向，确立相对集中的研究方向，组建高水平的农业科技创新平台，构建在国内领先或特色鲜明的农业科技创新团队。建立跨学科、跨部门、跨地域的开放式科技创新团队，在建设创新团队的同时，利用团队已有的实验室、设施和基地建立相应科技创新平台，使创新团队以不同的创新平台为桥梁，实现人才资源和科研资源的共享。创新平台的建设和团队的建设不是孤立的，不同的创新平台又通过创新团队的发展，而共同发展，是创新平台和创新团队相辅相成，相得益彰。

五、农业科技创新项目协同

凝练协同创新项目，是农业科技协同创新的抓手，也是农业科技协同创新的突破口。只有凝练出大项目，才能创造大成果，才能取得大突破。通过体制机制创新和政策项目引导，鼓励高校同科研机构、企业开展深度合作，联合开展重大科研项目攻关，才能促进资源共享，才能在关键领域取得实质性成果。凝练科技协同创新项目，一要能满足国家战略需求；二要能解决经济建设、产业发展和生态环境改善中的重大科技问题；三要可以世界一流水平成果。因为农业科技创新具有

① 柳洲，陈士俊.我国科技创新团队建设的问题与对策[J].科学管理研究,2006,(4):92-95

投入大、周期长、风险性高等特点,所以,农业科技协同创新项目需要长期稳定的支持。

农业科技项目是农业科技创新的一个基本形式。从全国层面看,我国农业科技项目主要分为以下几类。一是核心专项,如973计划中面向农业基础研究的项目、转基因生物新品种培育等面向国家农业发展核心问题的重大专项、国家科技支撑计划及国家自然科学基金中的农业类项目;二是面向农业科研条件建设的项目,如国家重点实验室建设、科研条件建设、科普、软科学等。三是农业科技产业化环境建设项目,如星火计划、国家富民强县项目、农业科技成果转化项目和农业科技园区建设等。以上项目的选择与实施效果基本上决定了农业科技成果供给。因此,加强项目协同,对农业科技创新非常重要。

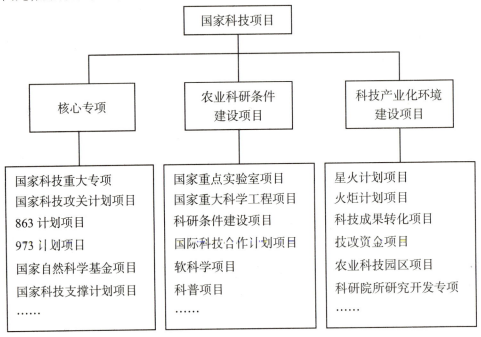

图5-3 我国农业科技项目主要来源构成

由于农业科技创新管理主体不清晰以及缺乏协调的多头管理,导致了农业科技政策相互打架、农业科技项目建设低水平重复,使得有限的农业科技资源,特别是人力和科技投入的效率受到很大制约。目前,农业科技项目申报主要有973计划、863计划、重点实验室建设计划、攻关计划、星火计划、新成果推广计划、工程研究中心计划、产学研合作计划、知识创新工程、仪器设备专项、技术改造与基本建设投资、出版专项等。众多的项目渠道,使科研人员为适应不同渠道的要求以获得不同渠道的支持,经常不得不将同一实质内容的材料不断改头换面,既降低了科研人员的工作效率也加大了管理部门的负担,同时还造成了科研经费的分散投资和重复投资。目前,一个普遍的现象是,一个研究组(或课题组)包括学生通常在 10 到 20 人之间,手里大都有 10 个左右大大小小不同的项目。由于一个项目有许多人分享,分到每个人的数目就不大了,因此只要有机会就一定要去争,而每个项目都需要走完全套的程序,所以,浪费在因多头管理、部门分割而造成的资源重复配置上的时间,实在是太多了①。

以四川省农作物育种攻关为例,农作物育种是四川省影响最大,投入最多的农业攻关项目。自"六五"开展育种攻关以来,省委、省政府领导一直高度关注这项工作,给予了极大支持。"十二五"期间,育种攻关取得了显著成效②:一是成果质量持续提升,推动了农业结构调整。育成 400 多个新品种,创制近 1 000 份新材料。川优 6203、宜香优 2115、旌优 127 等 11 个二级稻终结了"蜀中无好米"的时代,川单 418、川麦 104、蜀麦 969 等成为西南地区主导玉米、小麦品种;川藏黑猪、天府肉猪、蜀宣花牛、简州大耳羊、大恒肉鸡等正在打破外来畜禽品种一统天下的格局;作物与畜禽新品种省内累计推广分别达 2.1 亿亩、210 万头以上,有力支撑了四川农业产业结构优化调整。二是创新能力持续提升,推动了品种更新换代。获国家科技进步二等奖、省科技进步一等奖近 30 项,建立了 29 个创新团队,获授权专利 113 项、品种权 33 项,比全国提前两年多开展第 4 次杂交水稻、第 4 次杂交玉米和第 5 次小麦品种更新换代。三是企业作用持续提升,推动了川种发展壮大。增设 8 个种子企业为项目副主持单位,种子企业参与品种选育面达 80% 以上。四川杂交水稻已覆盖南方稻区 16 个省市,省际调剂量占全国的 35% – 40%,出口量占全国的 50% 以上,位列全国第一;杂交玉米省际间调剂量和出口量均稳居西南第一;大恒肉鸡、简州大耳羊等已销往 20 余个省市,有力支撑了"川种"发展。

四川省农作物育种攻关组织实施的总体思路是:整体设计、优势集成、重心前移、重点突破、动态管理。整体设计:针对我省优质超高产多抗专用的突破性动植物育种研究与开发需要解决的重大关键问题,强调新品种选育、种子扩繁配套技术和产业化开发相结合,统一设置,从根本上解决新品种选育研究、示范推广与产业化开发脱节的问题。优势集成:集成优势专家、优势科研机构、优势企业,建立学科结构合理、人员精干高效、产学研紧密结合的育种攻关创新团队。重心前移:加强基因资源发掘利用和优异新种质创制、骨干亲本材料创造、育种新方法研究,提高种业的自主创新能力。重点突破:坚持有所为、有所不为,选择具有一定基础和优势,关系食物安全、农村经济发展和农业生态环境改善的若干重点领域,集中力量培育一批突破性动植物新品种,实现良种良法配套,推进良种产业化。动态管理:严格按照合同目标任务,在年度考察、中期评估、区试、良种产业化等环节,

---

① 四位科技界知名人士建言——下决心深化科技体制改革[N].人民日报,2010.08.16
② 四川"十二五"育种攻关实现"三提升三推动",技术与市场,2015,(04):1

按照合同计划进度加强过程监督,实行全程跟踪和绩效考核,实行有进有出、奖惩逗硬。

四川省农作物育种攻关的主要经验如下。

一是攻关目标明确。育种攻关始终围绕农业增效、农民增收的难点和热点,瞄准不同时期农业生产需求和市场需求,不断提供品种支撑和技术服务,这是育种攻关始终充满活力的前提。我省农作物育种攻关是根据四川农业和农村经济发展及全省科技规划的要求,每个五年计划都根据上一个五年计划的技术基础和当时生产需求,按不同作物、不同时间确定攻关目标,主要集中在高产、优质、多抗、高效这四个目标上。"十一五"的总体目标是围绕保障国家粮食安全、生态安全、食品安全和农民增收,以调整农业结构、改善生态环境、提高农业国际竞争力、促进种业技术升级为目标,在新品种培育、种子繁育技术以及新品种的产业化等方面进行重点突破和创新。形成种子产业良性循环的运行机制,为四川省农业结构调整、农民收入增长和农产品市场竞争力提高提供技术支撑。全面构筑我省育种技术体系,培育优质多抗超高产专用的突破性新品种,强力提升我省育种整体水平。

二是四川省本级经费投入稳定,同时拓宽经费渠道。长期稳定的经费支撑是育种攻关不断取得新成绩的基础。省财政安排用于省农作物育种攻关的年度经费从"六五"刚起步的 60 万元,增加到目前的 1 730 万元,同时各承担单位积极争取国家重大专项、863 计划、科技支撑计划、产业技术体系等投入 1 亿元以上。由于经费稳定增加,为拓宽研究领域,进一步提高育种攻关水平,培育四川省农作物育种攻关团队,改善科研设施和条件等方面起了关键的性的作用。

三是协同攻关。在项目组织上实行强强联合,开展跨学科、跨单位、跨地区联合攻关。研究内容、目标任务与市场相结合,与地方政府支持相结合;育种资源交换、信息交流与人才培养相结合,与国际科技合作交流相结合,形成了全省育种力量的协作攻关机制。长期以来,来自不同单位的专家们默契配合,充分发挥各自优势,形成了一种"团结协作、开拓创新"的育种攻关精神,这种精神支撑着育种攻关全体人员不断取得新的成就。此外,省级有关部门充分发挥各自职能,通力配合,形成了共同推进的大气候。

四是不断完善管理和运行机制。实行"政府引导、企业参与、产学研相结合"的协作攻关机制;采取"开放、流动、竞争、协作"的运行方式;实施育种攻关项目"3+2"动态管理模式;实行"重点评估、目标管理、动态调整"的绩效考核办法;实行首席专家负责制、课题负责制、招投标制。充分发挥专家咨询组的作用,在立项、年度考察、中期评估、区试等环节加强过程监督。根据课题研究和管理情况实施动态调整的运行管理机制,做到有进有出,优胜劣汰。

应该从以下三个方面加强农业科技创新的项目协同。

第一,建立科学、合理的项目选择导向。科研项目在设置上面对的不仅是本国的市场,而是考虑、评价新技术应用对未来国内、国际市场需求所造成的影响和即将带来的变化,要由科学问题导向向产业需求导向转变,由强调论文和评奖向强调解决实际问题转变,要更加注重科技对产业的直接支撑和分类评价。在组织模式上,加强创新团队建设,由单兵作战向联合协同转变,更加注重对农业科技创新人员、资源和条件的整合。在支持方式上,由竞争为主向稳定为主转变,更加注重对农业科技工作自身规律的把握。

第二,完善"课题制"管理。建立与课题制相适应的人事制度和管理制度,科研人员按照课题进行定岗、定编的动态管理。在课题立项制度和经费投入方式,改变项目小而全、多而重复的状况,应根据新阶段农业发展的需要和农业科技创新的要求,尤其是对关系国计民生的重大项目,应集中相应的经费,组织跨部门、跨行业、跨学科的协作攻关,争取重点突破。同时改变某些项目过于集中在少数大专家手中的状况,建立公平、公正的运行机制。

第三,完善项目招标制度。实行竞争性招标和有限竞争性招标相结合,建立农业科技项目公开招标制,引入竞争机制。对重点农业科技项目实施竞争性招标,项目经专家论证后向全社会公开招标,不论任何组织机构都可以投标,在专家评审的基础上,择优确定项目承担单位。对一些针对性较强的项目,如国家重大科技专项,实施有限竞争性招标,以降低项目运作费用,提高效率。

六、农业科技协同创新文化的建设

创新文化是指与创新相关的能激励创新的文化。创新文化包括与创新有关的价值观、信念、态度等人文精神的创新观念文化和有助于创新的制度、规范等人文环境的创新制度文化。创新观念文化包括以创新为荣的价值观、开放协作的竞争观、不畏失败的风险意识、理性的批判精神和允许失败的宽容精神。创新制度文化体现为一种激励创新的"精神家园"。创新文化既作为环境因素,影响或制约创新过程,又作为一种渗透到创新主体的潜在因素,影响创新者的思想和行为。以价值观念、道德品格为核心的观念是创新文化建设的核心内涵,以经济社会环境为表现形式的创新制度文化是遵循创新文化内涵的评价体系,而由制度文化和观念文化交织而形成的环境是创新文化的具体载体。一个团队的文化,同科技创新有着相互促进、相互激励的密切关系。建设创新型团队,必须发展创新文化,努力培育创新精神。创新文化孕育创新事业,创新事业激励创新文化。要大力提倡敢于创新、敢为人先、敢冒风险的精神;形成勇于竞争和宽容失败的氛围,完善创新机制,创造鼓励科技人员创新、支持科技人员实现创新的有利条件。

从另一个角度看,团队文化是团队成员在相互合作的过程中,为实现各自的人生目标,同时为完成团队共同目标而形成的一种潜意识的文化,包含价值观、最高目标、行为准则、管理制度、道德风尚等内容。良好的团队文化是农业科技协同创新可持续发展的内在影响因素。一个协同创新团队要真正形成一个有战斗力的团队精神,必须要崇高的使命感和社会责任感,成员之间相互尊重、相互宽容,不为蝇头小利,形成一种自由、宽容、互相尊重的团队文化,使成员找到实现自身价值,整个协同创新体才能真正在一起攻坚克难。

团队创新氛围对团队创新绩效具有决定作用,良好的团队气氛对于建立具有高度凝聚力的团队来说是至关重要的。农业科技创新团队文化建设与团队负责人的个人魅力、领导风格和管理方式成显著相关。要依靠团队负责人对团队文化的缔造和积极倡导,一个好的团队带头人可以使课题团队效好氛围好,其团队带头人的品德素质影响和带动着一班人,团队带头人的能力和水平凝聚着一班人。反之,团队文化营造不足,造成团队成员之间产生矛盾,或是团队成员团队协作不够、沟通交流不够。建立团队内部的沟通机制,促进团队思想方面的交流与碰撞,进行有效的沟通。可以不定期地开展一些团队内部聚会、活动等,让团队成员有机会相互交流,并真诚地对待提出的意见和建议。由于科技人员在专业知识上相当丰富,但往往对与人交往、沟通匮乏,需要加强研究人员之间的沟通技术的培训,实现有效沟通与有效管理,缓解团队内部冲突。

第三节　协同创新的案例研究

当前制约我国科技创新的一些棘手问题是原始创新能力不足,关键技术自给率低,企业作为技术创新的主体地位没有确立,高校、科研院所和企业之间的关系没有理顺,产学研用结合得不够紧密,各创新单元组合在一起以后的整体效能需要提高。当前日益激烈的市场竞争已经上升到产业链竞争层面,谁掌握着产业链的关键环节,在市场上就更有发言权。由此不难看出,问题的症结很大程度出在创新源系统特别是创新源内部系统未能很好地协同起来。基于此,需要科技链与产业链协调发展。四川省"现代农业科技创新产业链示范工程"作为政府牵头推动引导实施的重大科技创新探索工程,是农业科技协同创先的典范,具有较好的研究价值。

一、四川省现代农业科技创新产业链示范工程概况

近年来,四川省积极探索农业科技创新的新模式、新机制。针对农业科技创新涉及的部门多、层次多,农业科技创新资源分散,农业科研成果产品化、商品化和产业化严重不足,农业技术推广缺位、错位现象突出,农业产业链条短、农产品附加值低等问题。2009 年启动实施了"现代农业科技创新产业链示范工程",在整体规划的 20 个优势特色农业产业链中,选取了生猪、食(药)用菌、柑橘等省内八大优势特色农业产业进行先期示范。

(一)围绕优势特色农业,构建农业科技创新产业链

近年来,四川面向产业基地和龙头企业,依托优势产学研单位,按照"攻克核心技术,培育特色产品,壮大龙头企业,带动产业链发展"的思路,在马铃薯、茶叶、柑桔、油菜、蔬菜及食用菌、蚕桑、特色水果、中药材、花卉、烟叶等十大特色产业,系统构建了一批"良种繁育技术—标准化种养殖技术—精深加工技术—副产物综合利用技术—废弃物循环利用技术—农产品储运"技术链,解决了当前本省农产品附加值低、产业化开发不够等问题,支撑了农业产业链的延伸。自 2009 年来,四川实施了生猪、泡菜等 15 个科技创新产业链示范工程项目,目前已集成应用新品种、新技术和新模式 240 余个(项、种),开发新产品 310 多个,项目龙头企业新增销售收入约 23 亿元,项目区农民年人均增收达 1 200 多元,带动县域优势特色农业产业实现年产值 300 多亿元。农业科技产业链为当地特色农业发展提供了坚实的科技支撑。

(二)全面整合科技资源,实现产业与科技的双向融合

四川在实施科技创新产业链示范工程中,以产业链为单位,大力整合产业前、中、后三链条环节上的产学研优势力量,全面集聚人才、资金、技术、项目等创新要素,建立健全协同创新机制,有效地促进创新、转化、应用一体化,实现技术链与产业链深度融合。

同时,还从整个产业链出发,大胆借鉴工业商品生产、经营管理、市场营销等方面的经验,系统谋划了从原料到种子、从标准化种养到精深加工、从市场营销到现代物流配送等关键技术和共性技术的创新、转化、推广,以及相关团队和平台的建设,使技术与产业发展更加紧密结合。

据统计,自科技创新产业链示范工程实施以来,四川已在 20 个优势特色产业领域,整合省内外优势科研单位 40 多家、龙头企业 30 家、各领域专家 400 多名,建立了 30 多个工程技术研究中心、产业技术创新战略联盟,推动了人才技术等创新要素向生产基地、企业、产业集聚。

(三)全力创新机制体制,构建新型农业科技服务模式

农业科技创新产业链示范工程,在思路设计上,以示范项目为载体,以完整产业链为服务对象,突出技术集成;在团队建设上,各项目均建立了产业技术创新联盟和技术专家团队,形成了跨领域、多学科的人才和技术大联合;在机制创新上,设立首席专家,实行生产与科技双方共同管理,企业担纲负责组织实施,首席专家负责项目运行。通过"创新团队——龙头企业——示范基地——合作农户"四位一体的方式,将创新成果直接在龙头企业推广应用,并通过建立新品种、新技术、新基地,进一步向全省辐射推广;龙头企业向上游延伸,建立原料基地,带动周边农户发展;建立企业、专家、农户三方的利益机制,实现产学研融合发展长效机制。工程实施以来,四川先后示范推广涵盖产前、产中、产后的科技成果 800 余项,组建科技特派员工作站、专家大院 60 个,选派科技特派员 1 400 多名,建立科技示范基地三十余个,核心示范区面积 15 万亩以上。

整体来看,四川省"现代农业科技创新产业链示范工程"以科技体制机制改革创新为突破口,立足产业链与技术链整合,强调创新与转化、技术与产业、管理与绩效的有机结合。一是在设计思路上,工程各示范项目以整条产业链为对象,强调产业链创新,注重产业链与技术链的协同整合。二是在团队组织上,建立了产业技术创新联盟和多学科、跨领域、跨部门的技术专家团队,参与人员包括了相关领域最优秀的专家、涉农企业、高校、科研机构、专家大院、行业协会等创新主体,强调产学研协调创新的集团式攻关。三是在组织管理上,采用项目主持企业和业内首席专家相结合的双方共同管理机制,其中主持单位必须是企业,来源于产业链环节,首席专家则来自于技术链环节,主要负责项目协调,整合各项创新资源,通过加强产业、研究两块对接,最大限度地提高农业科技的有效供应效率。四是在管理体制上,改变了项目立项机制,跳出了原先政府指南发布、自由申报、专家评审、择优立项的科技的小循环,转变为企业出题、政府认可、专家解题、定向组织的科技大循环。转变了应用目标研究导向,突出了支撑产业发展和产品开发技术应用效益的比,因而营造出一个宽松竞争有序的科技创新环境。

二、四川省现代农业科技创新产业链示范工程存在的问题

四川省农业科技创新产业链示范工程实施以来,取得了显著成效,但在实施过程中,存在以下问题:一是有效的利益联结机制尚未完全建立,项目可能面临"项目一结题,团队就散伙"的困扰。示范链工程对权、责、利界定不清,对资金的投入和管理、取得成果产权分配等重要利益问题约定不明确,一旦出现纠纷往往缺乏协商解决的依据。如具体的科技协同创新利益分配,有的简单化地平均分配,有的仅按投入比例分配,而忽略了创造性贡献等重要因素,严重挫伤了各参与主体进行协同合作的积极性。二是共同投入的机制建设不到位,各方承诺的资金、设备、人才等相关创新资源,往往难以顺利落实,有些合作因投入不到位难以为继。

三、对策建议

(一)加强对产业链示范工程的统筹谋划

为更好地促进创新链和产业链的融合,首先,要绘制产业技术路线图。产业技术路线图是促进创新链和产业链融合的手段和工具,因此,必须高度重视做好路线图的绘制工作。围绕产业链,不断更新完善已有的技术路线图,加快完成正在制定的技术路线图,着手启动制定一批新的技术路线图。在针对产业链上的技术节点进行产学研合作,开展关键技术和共性技术攻关的时候,必须做好统筹协调,注重项目之间的协同工作,力争达到项目与项目之间充分配合和互动这样一种理想效果。

(二)加强产业链、价值链、创新链的融合上升

要拉长农业产业链,提升科技创新链,提高价值链,促进加强产业链、价值链、创新链的融合上升。围绕现代农业产业链部署创新链,突破一批核心、关键和共性技术。要以创新链为基础,产业链为支撑,紧紧围绕现代农业产业链部署创新链,消除农业科技创新中的"孤岛现象",提升现代农业核心竞争力。不断完善科技成果转化平台建设,要以产业链为基础,深入产学研合作,实现科技成果有效转换;要加快农业科技成果信息服务平台建设,将农业科技创新平台建设与农业发展、产业转型升级等有效结合起来,加速科技成果转化。要大力推动农业科技服务业的发展,构建完备的农业科技服务支撑体系。以产业链部署创新链建设为出发点,积极推进知识产权服务、中介咨询等科技服务机构和组织建设,形成研发到产业化的有效衔接,从而实现技术的扩散、转移和推广,使创新链的整体功能作用得到充分发挥。

(三)强化不同协同主体的自身功能,提升主体的支撑程度

一是明确产业链各参与主体的功能定位。尽管各参与主体的位置不同,功能有所区别,但各个主体的行为是相互衔接,紧密配合的,存在较强的关联性,共同构成了农业科技协同创新的有机体系。促使企业成为技术创新的主体,切实发挥高校和科研机构作为知识创新主体的作用,正确定位政府角色,使其成为创新协同网络的维护者,整合创新资源,营造创新环境。充分发挥中介服务机构在创新要素流动、扩散和溢出过程中的"桥梁"作用。准确把握和发挥各参与主体的优势资源,建立高效合理的管理、分工、协作机制有利于参与主体发挥各自的比较优势,实现各成员的"共赢"。

二是完善利益链接模式。推动企业、科研机构和高校以重大项目或协议方式为纽带,运用市场机制,建立多种形式的产学研模式,包括技术转让、委托研究、联合攻关、内部一体化、共建科研联合体、组建研发实体、产业技术联盟等多种模式,全方位地开展各种形式的协同合作。尤其是要鼓励高校、科研机构和大企业参与跨地区、跨学科、跨企业联合承担重大科技项目。强化企业与高校、科研机构的互动联系。一方面,引导高校和科研机构调整科技布局,加强对外合作;另一方面,鼓励大学和研究机构建立技术转移机构和技术交易转让市场,通过市场来引导和评估高校和研究机构的知识创造,建立双方的创新利润分享机制,完善区域性技术转移网络,促进技术转移与扩散。

(四)不断完善产业链技术链融合发展的政策环境

落实好促进产业链技术链融合发展的现有政策,包括强化促进科技成果转化政策落实的监督,切实保护产业链技术链融合发展中成果完成人和推广人的经济利益。针对产业链技术链融合发展的特点和需要,研究制定促进产业链技术链融合发展中的税收优惠政策,对参与产业链技术链创新企业按照项目投入进行一定的税收减免。调整和完善政府对高校和科研机构的分类评价考核政策,引导其建

立鼓励成果转化和产业链技术链融合发展的内部评价考核体系。开展知识产权质押试点工作,建立多层次的资本市场体系和风险投资退出机制,使产业链技术链融合发展获得稳定的、系统的金融支持。构建面向产业链技术链融合发展的公共服务平台。建立产业链技术链融合发展信息平台,促进人才、技术、资金、设备等信息的有效对接,解决信息参与各方不对称的问题。

第六章　农业科技创新的投入机制

农业科技投入是农业科技创新的中心环节。对农业科技的投入水平是衡量一个国家和地区农业科技活动状况的重要指标,也是判断一个国家和地区农业科技创新的重要依据。我国历来重视农业科技投入,但由于我国农业基础薄弱,财力有限,对农业科技投入长期不足,对农业科技创新产生了重大的负面影响,导致我国农业科技发展水平不高、农产品附加值低,农业科技支撑能力弱,农产品缺乏国际竞争力。因此,如何提高我国农业科技投入的数量和质量十分重要。本章重点对农业科技能力建设中的科技投入的总体现状、存在的问题和影响因素进行分析和探讨,提出了要通过建立农业科技投入的刚性投入机制、协调机制、激励机制和管理机制,加快农业科技创新。

第一节　农业科技投入的界定与构成

一、农业科技投入的界定

农业科技投入是指一个国家或地区在一定时期内用于农业科研、转化和推广的总支出,包括科技资金投入、人力投入、物资投入、政策投入和管理投入等。农业科技投入主要包括两个方面:农业科研方面的投入和农业科技成果转化推广方面的投入。

由于农业科技经费的投入不但包括资金投入,还包括政策、管理与技术等软投入,因政策和管理等科技投入难以量化,收集整理统计数据有一定的难度,不利于开展定量研究。因此,为了便于收集整理统计数据,进行农业科技投入的动态分析和区域之间的横向比较,本章中的农业科技投入数据主要指狭义上的农业科技投入,即单纯的农业科技经费的投入,不包括政策、管理等软投入。

二、农业科技投入的构成

(一)按农业科技投入主体划分

按投入主体的不同,可以将农业科技投入体系划分为政府投入和非政府投入。政府投入主要包括科学事业费、科技基建费和部门事业费中科技服务费等。非政府投入包括企业、银行、其他社会团体和农民等的投入。

(二)按农业科技投入客体划分

农业科技投入的客体是指农业科技投入资金的使用者。从我国当前的实际情况来看,农业科技投入资金的客体即农业科研机构、农技推广部门和企业三个部分。其中,农业科研机构主要指各类农业科研院所、农业高校、各科研院所中的涉农部门和各综合性高校中的涉农院系。农业技术推广部门主要包括各级农业科技推广站、农业科技服务中心等,是专门从事农业科技的推广应用和传播的各级机构。企业则是指从事农业创新活动的涉农企业。

(三)按农业科技投入的用途划分

按农业科技投入资金的用途不同,农业科技投入可以划分为农业科技研究开发的投入、农业科技成果转化推广等方面的投入,即对基础研究、应用研究、成果转化等几个阶段的投入。根据中国科技统计年鉴上的定义,基础研究是指为了获得关于现象和可观察事实的基本原理的新知识(揭示客观事物的本质、运动规律,获得新发现、新学说)而进行的实验性或理论性研究,它不以任何专门或特定的应用或使用为目的,其成果以科学论文和科学著作为主要形式。应用研究是指为获得新知识而进行的创造性研究,主要针对某一特定的目的或目标。应用研究是为了确定基础研究成果可能的用途,或是为达到预定的目标探索应采取的新方法(原理性)或新途径,其成果形式以科学论文、专著、原理性模型或发明专利为主。成果转化是指为提高生产力水平而对科学研究与技术开发所产生的具有实用价值的科技成果所进行的后续试验、开发、应用、推广直至形成新产品、新工艺、新材料,发展新产业等活动。

(四)按农业科技投入的领域划分

按照农业科技投入的农业产业领域划分,大致上划分为种植业投入、养殖业投入和农产品加工业、物流等方面的投入。

(五)按农业科技投入的要素划分

按照农业科技投入的要素划分,包括资金投入、人员投入和政策投入等方面。

第二节 农业科技投入对农业科技创新的作用

一、增加农业科技投入是农业科技创新的前提和基础

科技投入是进行科学研究和技术创新活动的物质基础,只有加大农业科技创新资金的投入,才能促进农业科技创新。农业科技创新能力无论是从事基础性研究还是应用性研究,除科技本身的先进性外,主要受制于科研投资总量、经费运作

效率的影响。科技投入的最终效果常常体现在经济增长上,农业科技投入是产生先进适用的科学技术的基础,先进适用的科技创新成果才能产生巨大的社会生产力,国内外学者的研究也表明,农业科研投资收益率一般为 30% – 50%。同时,面对经济全球化趋势和来自市场的竞争、农业生产要素等各方面带来的压力,决定了今后只有加快农业科技创新,而要实现这些,必须要进一步加强农业科技投入,依靠农业科技进步来提高农业市场竞争力。

二、稳定的农业科技投入机制是加快农业科技创新的中心环节

农业生产具有季节性和周期性特点,这就决定了农业科研的复杂性和出成果的周期不确定性,并且即使在取得了一些成果之后,将科研成果转换成生产成果也需要相当长的时间。加之农业科研具有较强的公益性,决定了农业科技创新必须要有稳定的科技投入。由于农业基础薄弱,财力有限,导致我国农业科技投入长期不足,农业科技创新能力与世界发达国家相比仍有较大差距。这也是我国农业科技始终在低水平层次上徘徊,农产品缺乏国际竞争力的主要原因之一。农业科技投入不足已经严重影响到我国正常的农业生产活动,只有建立稳定的农业科技投入增长机制,才能加快解决农业科技创新能力不足的问题。

第三节　农业科技创新的投入主体

一、政府

(一)政府在农业科技创新投入中的必要性

政府在农业科技投入中处于主体地位,这是由农业科技的属性决定的。社会产品按竞争性与排他性可分为私人产品和公共产品,公共产品又可以区分为纯公共产品和准公共产品。纯公共产品不具备消费或使用的竞争性和非排他性,任何人增加对这些商品的消费都不会减少其他人所可能得到的消费水平,即具有不可分割的外部消费效果,且无法排除一些人"搭便车"的现状,这将导致公共产品供给不足。准公共产品具有竞争非排他性或者是排他非竞争性两种特性中的一种。农业技术易于复制,使用者众多,产权边界难以有效界定,如种质资源、病虫害防治技术等,在使用上具有非竞争性和非排他性。由于农业科技总体上具有公共品的特性,存在明显的公益性、非排他性、非竞争性和外溢性等显著特征,农业科技的供给存在"市场失灵",而市场失灵的领域正是政府发挥作用的领域。因此,政府应该成为农业科技提供的主体,农业科技创新其资金投入机制应以政府投资为主体,政府进行农业及农业科技投资的行为动机是谋求宏观及长远的经济利益与社会效益,保障人民生活需要及国民经济的发展,加大对农业科技创新的投入符

合政府的长远目标。为此,我国《农业法》第三十八条规定:各级政府财政每年对农业投入的增幅应高于财政经常性收入的增幅;农业科研教育和农业技术推广应成为各级财政优先支持的范畴,即各级政府财政每年对农业科技投入的增幅更应高于其财政经常性收入的增幅。

政府农业科技投入则是指在特定时期内由各级政府依据法定筹资手段,通过国民收入初次分配和再分配集中的、可供支配的财政收入,并以专门的预、决算科目和明确的政策指向、拨款方式,支持农业科技活动为宗旨的全部经费拨款数额,包括政府补助和承担政府项目等。政府对农业科研的投入主要是中央与地方政府对农业科研机构和农林院校的财政拨款、农业科研机构和农林院校开发创收收入中用于农业科研活动的投资;对农业科技成果转化的投入主要是中央与地方各级政府对农业技术推广活动及其推广基本条件的财政投入①。具体来看,政府农业科技投入包括科学事业费、科技三项费、科研基建费、科学基金、教育等部门事业费中计划用于科技活动的经费以及政府部门预算外资金中计划用于科技活动的经费等。其中,科学事业费:是拨给政府部门属研究与开发机构及高等学校属科研机构的科研行政费和业务费;科技三项费:新产品试制费、中间试制费、重要科学研究补助费及其专项费,由国家根据科研项目拨给相关单位。

(二)影响政府对农业科技创新投入的因素

政府对农业科技创新的财政投入是类似于公共选择的过程,在这一过程中受多种因素的影响。

1. 经济因素

农业科技投入是以经济发展为基础的,无论是政府投入还是企业和农户投入。在目前的农业科技投入中,政府投入还占据着绝大部分份额,而政府投入是以政府的财政收入为基础的,财政收入的增长又是以经济的发展为前提的。因此,经济增长是农业科技投入增长的基础,也是影响政府农业科技投入的重要因素。在相对有限的财政资源中,虽然农业科研的平均收益高,但风险太大,政府对农业科技的投入力度要与无数其他潜在的更受支持的政府计划相竞。农业科研的外部性等特征使得项目投资的收益分配不可能达到最优水平,基础性农业科研投入的时序分配往往得不到政府计划的优先安排。目前我国政府在宏观经济调控政策上加大了对农业的财政投入力度,加大了对农业的财政性支持,但是相对于我国农业发展的需要而言,其力度和规模仍然受到政府财力的限制。

2. 经济发展方式

经济发展方式的不同也会影响政府对农业科技的投入。国家和地区经济的增长有粗放式增长和集约式增长两种不同的增长方式。粗放式增长主要指在生

---

① 张立冬,姜长云.农业科技投入国内外研究动态述评[J].中国农村观察,2007,(6)

产要素质量、结构和利用效率不变的前提下,通过大量增加生产要素的数量来实现经济增长;而集约式增长主要指经济的增长主要通过提高生产要素的质量和利用水平,通过生产要素的优化配置来实现。一般来讲,在经济发展初期,经济的增长方式以粗放式增长为主;当经济发展到一定阶段时,经济增长方式会由粗放式增长向集约式增长转变。农业集约式是以农业科学技术的强力支撑为条件和基础的,通过农业科技的发展来提高各类农业生产要素的质量,提高农业生产要素的利用效益,进一步改进农业生产要素的结合方式。

3. 政策因素

政府对农业科技创新的投入既要受到可以调动的资金资源的限制,还要受到宏观经济调控政策的限制。目前,世界上许多发达国家的财政支出中,用于农业的投入占了相当大的比重,而在许多发展中国家,城乡关系是城市偏向的,与发达的市场经济国家所发生的农业和农民受保护的情况恰恰相反。改革开放前,我国在生产力水平十份低下的基础上实施的以优先发展重工业的赶超型发展战略,我国的国民收入分配表现为农业偏向工业、农村偏向城市,为了保证这种政策实现,国家采取一种所谓"剪刀差"的做法,即通过政府扭曲产品价格和生产要素价格,创造一种不利于农业、农村和农民的政策环境。我国长期的计划经济体制决定了政府农业科技投资行为存在着"政府偏好"、"工业偏好"的二元经济和计划经济特征,这不仅造成了农业生产长期低速增长,而且也大大削弱了农业资本积累、技术革新的实力,制约了农业的发展后劲。改革开放后,随着社会主义市场经济体制的不断完善,我国农业科技投入初步形成了投资主体多元化、投资方式多样化、投资来源多渠道、项目建设市场化的新格局。但是,由于长期受计划经济的影响,我国农业科技创新能力就建设的投入体制改革进展缓慢,原有的科技创新和投资模式已不能适应经济发展的需要。

二、企业

(一)企业在农业科技创新投入的作用

企业对农业科技创新的投入主要包括从自有资金中提取或接受其他企业委托的资金以及科研院所和高校等事业单位接受企业委托获得的,计划用于科研和技术开发的投入。国际经验表明,随着农业科技创新成果的不断物化,以及知识产权保护体系的不断完善,企业在农业科技创新中发挥的作用日益重要。企业作为农业科技创新的重要主体,意味着企业可根据市场需求变化和市场竞争格局,自主地选择适合企业发展目标的农业科技创新项目,自主地进行筹资、融资和投资、承担相应风险,政府管理部门应不加干预。随着农业科研体制市场化改革,越来越多的企业涉足农业科技创新领域,建立起了企业自己的农业科技研发中心,开展了技术创新活动,农业产业化龙头企业开始成为我国农业科技创新活动中的一支生力军。2006 年农业部科教司和农业产业化办公室联合对全国 29 个省

(市、区)187家龙头企业技术创新现状进行的抽样调查结果显示,企业在我国农业科技创新中已成为重要的力量。

(二)影响企业对农业科技创新投入的因素

1. 企业的综合实力

同经济发展水平决定政府对农业科技创新的投入一样,企业的综合实力,尤其是企业的财力,决定了企业对农业科技的投入能力。其中,企业的研发能力是企业综合实力的重要表现。企业研发能力是企业在科技创新过程中,充分发挥其所拥有的各种资源的作用,获得创新收益的实力和可能性,也是对现有技术和引进技术吸收、消化和进一步创新的能力保障。企业综合实力的提高,意味着企业可以有更多的资金用于农业科技创新投入,促进企业农业科技创新能力的提高。

2. 企业的价值取向

企业进行科技创新的动力除了市场竞争外,一个重要来源就是企业负责人和职工对科技创新的追求,这种追求是基于他们对科技创新的一种主观价值判断,表现为创新精神和创新偏好,正是这种创新精神和创新偏好激发或诱导他们的创新行为,从而进行创新实践。目前我国农业企业科技创新能力建设面临的一个重要问题是企业决策层的思想观念中对科技创新重要性认识不足,不愿意对科技创新能力建设进行投入。只有管理层、企业职工对科技创新能力建设的重要性达成共识,即产生企业组织的协同效果,技术创新才能有一个良好的内部环境。

3. 政策与法制环境

企业科技创新能力建设需要有良好的政策环境、法制环境,比如政策扶持、技术改造资金投入、税收优惠等问题。目前,企业进行科技创新遇到的最大困难,就是缺少技术创新和创新成果产业化的资金支持和深入研究开发的财力投入,企业在银行贷款、吸收风险投资公司的资本以及通过股票市场向社会融资方面遇到种种困难,这是制约企业进行科技创新的主要瓶颈之一。由于存在着市场、技术、制造等不确定性所造成的风险,因此,企业科技创新需要政府高度重视,营造科技创新的环境,才能使企业顺利地开展科技创新活动。

三、农 户

(一)农户对农业科技创新投入的影响

农户是我国农业生产的最基本单位,是农业科技创新成果的应用主体,应是现代农业技术的直接受益者,自然是投资主体之一,其对科技投入的积极性,将直接影响到科技创新能力建设的成效。农户的技术选择行为,直接关系到农户购买或采用新技术资金投入的决定,因此,农户行为在农业科技创新资金投入中至关重要。随着农民生活水平的提高、农村经济的发展和各种农业生产要素的稀缺程度的变化,我国农民的技术选择行为发生了较为显著的变化,对农业的技术需求由原来温饱型的高产技术选择逐渐转向小康型的优质技术,劳动力密集型技术逐渐转向劳动力替代型技术。由于长期以来农业及农民弱化的积累效益,农民科技投入能力极为低下,制约了农业科技创新成果的采用。

(二)影响农户对农业科技创新投入的因素

1. 生产经营规模

土地分散经营制度阻碍农户采用新技术的积极性。我国农业的生产特点是以户为单位,人多地少,我国人均耕地面积只有1.4亩,土地规模小,农户家庭基本上是农业生产的基本生产单元。但由于耕地面积狭小,农民无法形成规模经营,不仅使得投入成本高,无法取得规模收益,而且也充分发挥机械化生产的优势,难以形成农业技术进步的有效需求,客观上排斥了现代农业技术的推广普及,成为阻碍农业科技创新成果应用的重要因素[1]。

2. 科学文化素质

农民是技术创新过程的末端,是成果应用的主体,农民的文化水平是接受新技术、应用新成果的基本条件。尤其是现阶段我国经济增长方式的改变,农业技术已由数量型向优质高产、高效发展,传统技术向高新技术发展的背景下,作为现代农业发展的主体,农民存在文化水平低,整体素质不高的问题。全国农民平均受教育年限为8.48年,农民文化水平的低下是掌握和应用高新技术的瓶颈,影响了农业科技成果的供给与需求[2]。据中国农村统计年鉴提供的农村居民家庭劳动力文化状况数据,2012年,5.3%的农村劳动力不识字或识字很少,26.07%的劳动力仅有小学文化程度,53.03的农村劳动力为初中文化程度,10.01%的农村劳动力为高中文化程度,2.66%的农村劳动力为中专文化程度,2.93%的农村劳动力为大专及以上文化程度。另据中国人口和就业统计年鉴2012公布的数据,2011年全国在农林牧渔业就业人员受教育程度为:未上过学的占4.3%,小学为35.5%,初中53.3%,高中为6.3%,大专0.5%,本科0.11%,没有研究生及以上学历者,从事农林牧副渔的人员中小学及以下学历人员接近四成,高中及以上学历的农村居民基本离开农村和农业生产。在此情况下,农村劳动力大量外出务工经商,尤其是农村精英的大量外流,留在农村的劳动力平均受教育年限短、文化水平低、种养业技能低,农业经营理念和能力低,且年龄大,导致社会主义新农村建设主力军大量缺失。

3. 农民收入水平

农民收入水平的高低也是制约科技投入的重要因素。近年来,我国农民收入虽然增长很快,但总体水平依然不高,制约了农民的再生产投入能力。2012年,全国农民人均纯收入是8 895.9元,而总支出为9 605.53元,制约了农户的再生产投入能力。

---

① 刘辉.基于技术进步视角的中国农业发展60年[J].湖南社会科学,2009,(5):105 - 109

② 马波.武汉市农业科研专项资金投入问题的对策研究[D].武汉:华中农业大学,2007

表6-1　2012年全国农村居民平均每人年支出

	总支出	家庭经营费用支出	购置生产性固定资产	税费支出	生活消费支出	财产性支出	转移性支出
单位(元)	9605.53	2626.00	272.61	10.04	5908.02	9.86	778.99
占总支出比重	100.00%	27.34%	2.84%	0.10%	61.51%	0.10%	8.11%

资料来源:中国统计年鉴2014。

四、金融部门

(一)金融部门在农业科技创新投入的作用

金融部门对农业科技的投入主要指从各类金融机构用于科技活动的贷款。大力提升农业科技创新能力,加速农业科技产业化进程,培育具有国际、国内领先水平和强大竞争力的农业科技企业,需要有强有力的资金支持为前提,而作为主要从事资金融通职能的金融部门可以较好地满足这一要求。金融部门可以为农业科技创新提供全方位、多角度的金融服务和资金支持,保证农业科技创新有稳定的资金来源。金融部门通过调整投入重点和投入布局,可以扩大农业科技的研究面,使有限的科技资源得到合理的配置,促进学科结构的优化整合。目前,金融部门对农业科技创新的投入主要包括三个方面:一是科技开发贷款,如星火计划、火炬计划专门贷款和其他科技开发贷款,这类贷款的期限一般比较长,一般为在1-5年;二是委托贷款,由掌握资金的部门或单位委托金融部门贷给指定对象或者由掌握资金的单位把款交给金融部门之后,由金融部门选定对象发放贷款并承担风险;三是融资租赁,即金融部门购买仪器设备给使用单位,使用单位在还清仪器设备款之前,该仪器设备所有权属金融部门,仪器设备款付清后,所有权转划归科研机构[①]。

(二)影响金融部门对农业科技创新投入的因素

金融部门的经营机制是自担风险、自我约束、自负盈亏、自主经营,因此,金融信贷资金对农业科技的投放要受到安全性、效益性等商业经营原则的限制,其投入要求农业科技创新具有经济价值。在农业科技研究成果中,有些具有经济价值,有些虽具有科学价值但不具有经济价值,因而农业科技的经济价值是金融支持农业科技创新必须要识别清楚的问题。但是,在我国目前的金融体系中,为农业科技发展提供融资服务的支持体系还需进一步完善,通过创新农业金融支持体系来解决农业运转和发展所需要的资金也不会一蹴而就。因此,面对目前我国进行农业科技创新所需的大量资金,金融投入的方式具有局限性,还有赖于政府

① 宋慧婷.我国农业科技投入现状及对策研究[D].济南:山东师范大学,2009,12

的财政投入。

第四节　我国农业科技创新投入现状与存在的问题

农业科技投入是提高农业科技创新的重要推动因素之一。近年来,我国对农业科技投入的总量虽然逐年增加,但从总体上看,我国农业科技投入总量不足、投入强度不高、科研经费增长速度较缓慢、资金来源结构与投向有待优化等问题。具体来说,主要表现在以下几个方面。

一、农业科技创新投入强度严重不足

目前,世界上多数国家都存在着农业科技投入不足的问题,造成这个问题的原因是政府的政策偏好。Oehmke and Xinabin Yao(1990)利用政策偏好函数的角度进行分析,认为政府一般会选择既能改善社会福利,又可以从利益群体获得尽可能多的支持的政策集合,并力求通过选择对公共农业科研和其他公共支出项目的财政支持,以使其政策偏好函数达到最大[1]。一个国家在投资政策上依然偏向于那些见效快的部门,因此,往往造成农业科技的财政资助难以达到最优水平,即一般表现为对农业科技的投入不足。从世界范围内来看,农业科研投入强度(指农业科研投入占农业 GDP 的比重)在 1971 – 1985 年间呈普遍上升的趋势;其中,亚太地区(不包括中国)的科研投入增长最快,年平均增长 6.7%,发达国家科研投入的年增长率虽然只有 4.0% 左右,但其基数相当大[2]。20 世纪 90 年代中期,日本的政府科研投资强度保持在 2.8% – 2.9%,而农业科技的政府投资强度高达 3.4%;法国、德国和美国两者则基本相当,都保持在 2% – 2.5% 左右。而同期我国农业科研政府投资强度不到 0.2%。与发展中国家相比,近年来我国农业政府科研投资强度也处于较低的水平。例如 1996 年我国农业政府科研投资强度约为 0.1%,而同期泰国、马来西亚、印度和巴基斯坦的农业科研投资强度分别为 1.40%、1.06%、0.52% 和 0.47%[3]。同时,在逐年增加的农业科研投入中,政府投入增长较快,而企业等的农业科研投入相对增长较慢,农业科研投入增长结构不合理。2000 – 2005 年期间,我国农业科研经费总收入的年均增长速度达 11.1%,其中政府拨款经费收入的年均增长速度高达 15.8%,这说明绝大部分经

---

① Oehmke, James F and Xiaobin Yao. A Policy Preference Function for Government Interventiong in the U. S. Wheat Market, American Journal of Agricultural Economics 1990,(72)

② Julian M. Alston, Philip G. Pardey and Johannes Roseboom. Financing Agricultural Research: International Investment Patterns and Policy Perspectives, World Development, Vol26,1998

③ 刘旭,王秀东. 完善投入体制和机制　推进农业科技自主创新能力建设[J]. 农业经济问题,2007,(3):24 – 30

费增长是来自政府的拨款,社会投入不足,详见表6-2。

表6-2 2000-2005年中国农业科研经费总收入和政府拨款①

年份	经费总收入(亿元)		政府拨款(亿元)	
	现价	不变价	现价	不变价
2000	79	83	53	56
2001	82	85	57	59
2002	105	108	77	80
2003	118	123	88	92
2004	117	120	93	97
2005	130	130	108	108
年均增长(%)	11.1	10.3	15.8	15

从表6-2可见,如此小的农业科技投资力度,如此低的农业科技投资增长率,与我国作为一个农业大国的经济发展明显不相称,与当前我国加强农业基础地位和产业结构战略调整显然不一致,势必会引起农业科技成果的增长、转化和推广乏力。长期以来,我国农业科技总体投入力度不足,无论是在总量上,还是在相对水平上,都严重不足。可以从以下几个方面进行分析。

(一)对研究与开发机构的农业科研投入

我国研究与开发机构的农业科研投入从1990年的16.9亿元增加到2008年的145.7亿元(现价),增长了7.6倍,其增长趋势为一条逐步向上增长的曲线。从图6-1上可以看出,研究与开发机构的农业科研投入总量从2005年起进入快速增长期。

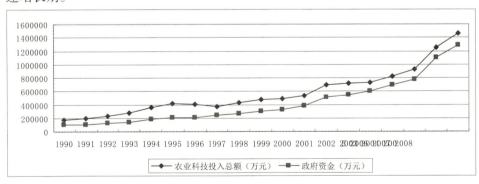

图6-1 1990-2008年研究与开发机构的农业科研投入情况

① 胡瑞法,黄季焜等.中国农业科研投资变化及其与国际比较[J].中国软科学,2007,(2):53-65

在对研究与开发机构的农业科技投入中,政府投资所占比重逐年加大,2008年达到了88.4%,说明我国的农业科研投资的主要来源还是以政府为主;与此同时,非政府投入逐年降低,到2008年下降为11.6%。对研究与开发机构的农业科技科研情况见表6-3。

表6-3　1990-2008年研究与开发机构的农业科研投入来源情况

年份	农业科技投入总额(万元)	政府资金(万元)	金融机构贷款(万元)	非政府投入(万元)	政府投资比重(%)	非政府投入比重(%)
1990	168 988.3	105 719.7	9 361.8	53 906.8	62.6	31.9
1991	196 797.3	108 681.2	10 148.8	77 967.3	55.2	39.6
1992	232 639.7	126 553.1	15 314.8	90 771.8	54.4	39.0
1993	277 626.8	136 928.9	23 205.1	117 492.8	49.3	42.3
1994	362 982.3	189 047.6	26 633.2	147 301.5	52.1	40.6
1995	411 843.2	213 074	31 503.6	167 265.6	51.7	40.6
1996	411 373.9	211 251	24 831.8	175 291.1	51.4	42.6
1997	375 104.2	245 507.2	23 312.3	106 284.7	65.5	28.3
1998	431 028.7	269 595.7	40 423.7	121 009.3	62.5	28.1
1999	478 012.3	296 598.7	31 314	150 099.6	62.0	31.4
2000	488 702.4	32 8414.1	20 699.3	139 589	67.2	28.6
2001	535 777	377 426	14 989	143 362	70.4	26.8
2002	693 252	515 670	17 904	159 678	74.4	23.0
2003	721 704	548 312	14 389	159 003	76.0	22.0
2004	735 416	601 109	2 273	132 034	81.7	18.0
2005	820 182	699 734	835	119 613	85.3	14.6
2006	928 290	782 319	869	145 102	84.3	15.6
2007	1 256 632	1 105 632	643	150 357	88.0	12.0
2008	1456 578	1 287 299	375	168 904	88.4	11.6

数据来源:中国科技统计年鉴(1991-2009),1995年之前的科技投入包括农林牧渔水利业。非政府投入为农业科技投入总额减去政府资金和金融机构贷款部分。

从投入强度看,1990-2008年的18年间我国农业科研投资强度(农业科研政府投入占农业生产总值的比重)为0.23%,其中,政府农业科技投资0.16%,从1997年开始,基本上保持逐年增长的态势,但是与发展中国家1%的平均水平还有很大的差距(本处我国农业科研投资强度略微低于实际水平,因此处的农业科研投入仅为研究与开发机构的投入,不包括企业和高效的投入)。

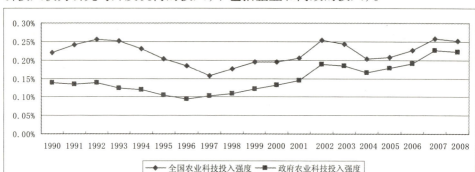

图6-2　1990-2008年研究与开发机构的农业科技投入强度情况

(二)农业科技三项费用

目前,我国农业科研经费主要是靠政府的财政拨款,尽管我国政府对科研经费的财政拨款在不断增长,但是随着我国经济发展的加速,农业科研经费总额增长并不高。改革开放以来,我国农业科技三项费占财政支农支出的比重始终低于国家科技三项费占国家财政总支出的比重,说明农业产业在争夺科研资源时仍然处于弱势地位。在国家财政对农业的支出中,主要用于支农支出和农业基本建设支出。尽管农业科技三项费用逐年增加,但是农业科技三项费用占用于农业支出的比重从1990年的1%下降为2006年的0.68%。我国农业科技三项费用具体情况见表6-4。

表6-4　1990-2006年国家财政用于农业的支出情况

年　份	合计（亿元）	其中:					用于农业支出占财政支出的比重（％）
		支农支出	农业基本建设支出	农业科技三项费用	农村救济费	其他	
1990	307.84	221.76	66.71	3.11	16.26		9.98
1991	347.57	243.55	75.49	2.93	25.60		10.26
1992	376.02	269.04	85.00	3.00	18.98		10.05
1993	440.45	323.42	95.00	3.00	19.03		9.49
1994	532.98	399.70	107.00	3.00	23.28		9.20
1995	574.93	430.22	110	3.00	31.71		8.43
1996	700.43	510.07	141.51	4.94	43.91		8.82
1997	766.39	560.77	159.78	5.48	40.36		8.30
1998	1 154.76	626.02	460.70	9.14	58.90		10.69
1999	1 085.76	677.46	357.00	9.13	42.17		8.23

续表

年　份	合计（亿元）	其中：					用于农业支出占财政支出的比重（%）
		支农支出	农业基本建设支出	农业科技三项费用	农村救济费	其他	
2000	1 231.54	766.89	414.46	9.78	40.41		7.75
2001	1 456.73	917.96	480.81	10.28	47.68		7.71
2002	1 580.76	1 102.70	423.80	9.88	44.38		7.17
2003	1 754.45	1 134.86	527.36	12.43	79.80		7.12
2004	2 337.63	1 693.79	542.36	15.61	85.87		9.67
2005	2 450.31	1 792.40	512.63	19.90	125.38		7.22
2006	3 172.97	2 161.35	504.28	21.42	182.04	303.88	7.85

资料来源：中国统计年鉴（2007 年）。

（三）农业技术推广投入

在农业技术推广投入强度方面，我国农业科技推广投入的强度高于农业科研投入强度。这一比较结果与国内外有关研究结果和推测是一致的，即发展中国家对基础研究投入相对薄弱，而比较重视应用研究和技术推广。在 20 世纪 80 年代，工业化国家的农业技术推广投入强度达到了 0.6% 以上，低收入国家在 0.44% 以上。而我国的农业科技推广投入强度，其总体上仍处于比较低的水平，且在下降中徘徊，以 1986－1995 年为例，在长达 10 年的时间内，一直处于微降徘徊的状态，始终未能超过 1986 年的投入水平（0.46%），其中 1990 年降到了最低点（0.35%），随后虽有所上升，但上升的幅度不大[①]。20 世纪 90 年代末期以来，我国的农业技术推广投资强度开始进入稳步的增长期，由 2000 年的 0.42% 上升到 2006 年的 0.59%，但这一比例与发达国家相比，仍然处于极低的水平。

（四）地方农业科技投入不足

在国家财政农业科技投入的基础上，国家同时也要求地方各级政府投入部分财政资金以支持本地农业科技发展。但由于我国实行的是中央和地方两级预算，而地方自留可支配财政资金并不多，所以各级地方政府对于需要大量资金投入且效果并不明显、对 GDP 增长贡献不高、见效期长的农业科技的热情自然不高。以财政支农资金为例，中央财政支农专项资金一般都要求地方提供一定比例的配套资金。从实际的执行情况来看，地方配套投资到位率低，已经成为影响政策顺利实施的重要问题。目前，地方财政尤其是地（市）、县级以下财政大多吃饭财政，相当一部分地区靠财政补贴维持运转，自身财力连"吃饭"都不能保证，很难在向

---

① 胡瑞法，黄季焜. 中国农业技术推广投资的现状及影响[J]. 农业技术推广，2001，（3）

经济效益相对较低的农业追加投入。资料表明,1991 – 2009 年,地方财政总支出由 2295 亿元增加到 30431 亿元,增长了 12.3 倍,而地方财政农业支出由 220.74 亿元增长到 1967 亿元,增长了 7.9 倍,地方财政农业支出比重呈逐年下降趋势。

表 6 – 5　近年来地方财政支农支出

年份	地方财政支农支出 (亿元)	地方财政总支出 (亿元)	支农支出占地方财政支出的比重 (%)
1991	220.74	2 295.8	9.6
1992	241.52	2 571.76	9.4
1993	291.1	3 330.24	8.7
1994	354.74	4 038.19	8.8
1995	383.82	4 828.33	7.9
1996	455.12	5 786.28	7.9
1997	504.65	6 701.06	7.5
1998	557.23	7 672.58	7.3
1999	608.82	9 035.34	6.7
2000	689.47	10 366.65	6.6
2001	818.87	13 134.56	6.2
2002	982.96	15 281.45	6.4
2003	992.27	17 229.85	5.8
2004	1 551.99	20 592.81	7.5
2005	1 644.87	25 154.31	6.5
2006	1 966.96	30 431.33	6.5

注:支农支出主要指农、林、水利和气象支出和农业综合开发支出。数据来源:《中国统计年鉴(1992 – 2007)》。

二、科研经费分配结构不合理

(一)科研经费投入结构

从科研经费投入结构来看,分为基础研究、应用研究和开发研究投入。据《中国科技统计年鉴》相关数据显示,2012 年我国研究与开发机构 R&D 经费支出中,用于农业科技的支出为 1 060 115 万元,其中,基础研究支出为 97 493 万元,应用研究支出为 201 059 万元,试验发展支出为 761 564 万元,基础研究、应用研究和试验发展的比例约为 1∶2.06∶7.81,农业科研课题的经费支出大部分用于应用研究和试验发展,使基础研究经费在科研总经费中占的比例极低,本来极为有限的农业科研经费大部分被投入到科技含量不高的应用研究和试验发展活动中去了。而在发达国家,农业科技投入中,用于基础研究、应用研究和试验发展的比例约为1:2:5。基础研究投入不足,这将会导致我国农业创新的后劲不足,造成一些高科技没有研究实力,无法取得科技突破,难以取得有重大意义的进步原创性科学研究,制约了农业科技创新能力的提高。过去20多年来,我国再没有出现过向杂交水稻这样的原创性农业科研成果就是证明之一。因此,就政府的农业科技投入来说,应当更多地集中于与食物安全、现代农业发展、消除贫困、边远地区和国际贸易相关的战略产品的基础研究中。

以美国农业部2009财年的经费安排为例①,美国农业部对科技创新活动的主要安排分为两个部分:一部分是联邦研究机构的研究开发活动,由美国农业部所属农业研究局承担;另一部分是与各州的合作研发活动以及技术推广活动,由合作研究、教育和推广局与各州具体协商实施。在2009年美国农业部所属农业研究局的研究领域绝大部分都属于基础性、前沿性农业科学研究,研究重点主要集中在:农产品质量以及农产品增值开发,利用遗传、染色体、生物信息学等技术促进作物生产,利用生物技术促进家畜生产,食品安全研究,动植物疾病防治,环境保护研究和人类营养研究。在与各州的合作研发活动以及技术推广部分中,2009财年研究与教育经费为5.40亿美元,占该部分经费的53%左右,主要用于本州经济有影响的科研领域或实用技术开发以及进行推广;而另有4.30亿美元(约占该部分经费43%左右)用于各州农业试验站、大学等合作推广系统开展科技成果推广。

表6-6 全国研究与开发机构农业R&D经费内部支出结构

年份	科研机构农业R&D经费内部支出(万元)	经费支出构成			
		基础研究	应用研究	试验发展	基础研究:应用研究:试验发展
2008	531 628	37 048	117 553	377 028	1:3.17:10.18
2009	701 503	40 144	169 057	492 303	1:4.21:12.26
2010	810 574	44 721	173 073	592 780	1:3.87:13.26
2011	883 664	63 748	217 247	602 670	1:3.41:9.45
2012	1 060 115	97 493	201 059	761 564	1:2.06:7.81

数据来源:中国科技统计年鉴(2009-2013)。

(二)科研经费投入领域

从研究与开发机构农业科研投入的领域来看,2012年对农业,林业,畜牧业,

① 刘娅,王玲.部分国家的政府农业科技投入政策分析[J].安徽农业科学,2008,(36):11549-11552

125

渔业,农、林、牧、渔服务业的科研投入分别人601 861万元,95 480万元,75 571万元,62 518万元和224 686万元,所占比重为56.77:9.01:7.13:5.90:21.19。全国农业科研经费的绝大部分用于种植业研究,比例大约为56.77%;农、林、牧、渔服务业的经费处于第二位,但只占总经费的21.09%,而对畜牧业的投入仅占7.13%,国家对畜牧业科研的投入强度一直处于较低水平,这与畜牧业的产值占农林牧的产值的低位不相符。这表明,政府在农业内部各部门的科研投入中,农业科技投入分领域变化不是很大,仍然维持了长时间以来形成的领域分配格局,忽视了随着经济的发展和人民生活水平的提高,居民对食物的需求由传统的粮食作物为主向植物产品与动物产品并重的方向转移,投入结构与产业结构调整的相关度不是很高,这应该引起重视。

表6-7　全国研究与开发机构农业R&D经费内部支出投入领域情况

年份	科研机构农业R&D经费内部支出(万元)	经费支出投入领域				
		农业	林业	畜牧业	渔业	农、林、牧、渔服务业
2008	531 628	306 578	49 244	34 615	30 081	111 111
2009	701 503	434 344.5	54 163.8	51 733.1	40 732.8	120 529.2
2010	810 574	508 692	61 199	55 638	51 063	133 982
2011	883 664	521 334	70 614	71 961	56 557	163 199
2012	1 060 115	601 861	95 480	75 571	62 518	224 686

数据来源:中国科技统计年鉴(2009-2013)。

三、农业科技投入的管理体制尚未完善

农业科技的政府财政投入对行政依附性比较突出。目前我国农业科技体制的组织框架仍然沿袭着计划经济体制下封闭的行政条块分割体制,农业科技投入的管理部门多头,加之我国财政预算科目设置不尽合理,经费来源渠道过多,农业科技经费没有实现最优配置,造成农业科技经费渠道过于分散,以及农业科技投资的强度下降等问题。从管理部门来看,在国家层面上有农业部、科技部、发改委、教育部、财政部、水利部、国家林业局等部门安排农业科技资金,由于渠道分散,无法实行统筹安排。中央和地方政府之间、不同部委之间、不同部门(地方政府)之间以及同一地区内的不同研究所之间的行政隶属问题和科研优先领域设置的相似性极易导致有限科研资源的低效使用。从农业科研体系来看,我国并行农业大学和农科院所两大农业科研体系,在大部分省份,既有国家部委设置的农业科研院所,又有省属农业科研院所,高校也是如此;各级农业科研单位和高校专业设置重复、各自为政,不仅造成了仪器、设备的严重浪费和使用率不足,同时也造

成了农业科技人才和农业科技经费的巨大浪费。

在科技投入的具体操作层面上,我国现在普遍实行的是课题制。从项目申报和立项过程看,研究经费过度竞争。我国目前的农业科研项目经费,几乎都是竞争性的,科研机构、院校、企业必须在竞争的基础上得到科研项目资金的资助。据一项针对国家、地方两级一线科研人员工作现状的专项调查显示,有超过50%的人认为目前一线农业科研人员真正用于科研的时间和精力不足25%,大部分时间和主要精力被大量的其他杂务所占用。特别是项目主持人、学科带头人、拔尖人才为组织申请新课题、应付各类检查、参加无关会议等所消耗的时间和精力更多。这种情况已经直接影响到了我国农业科技创新。在项目期限设置与实际研究周期不一致。农业科技创新的周期一般都比较长,例如,育成一个玉米杂交种,自交系选育7-8个世代,约需4年时间(包括南繁加代,否则需8年时间);配制的杂交种经过初比、复比、网点、预试、区试到审定大约需要6年时间,从自交系选育至品种审定最快需要10年时间。而农业科研课题周期设置以1-3年期的居多,其中一些基础性研究课题研究周期最长也不过5年,由此造成周期长的农业基础研究不能得到长期稳定的支持或常常投入过少。

四、企业科技创新投入能力发展滞后

目前,虽然政府对农业科技公共投入不足,但仍然是农业科技投入的主体,市场机制的作用没有得到充分的发挥,企业在农业科技领域的投资所占的比重不高,没有成为农业科技投资的主体,政府主导农业科技投入的格局没有彻底改观。由于体制的原因,特别是农业科技投入的收益分配机制、利益补偿机制尚未建立,农业知识产权很难得到有效的保护,企业对农业科技投入积极性不高。农业科技活动所需资金规模庞大,企业无法从农业科研活动中得到应有的回报,在很大程度上制约了私人企业对农业科技的投资,尤其是在资源环境、农作制度、气候气象研究等领域表现更为突出。我国农业龙头企业大多数处在企业成长的初期,受制于企业的规模和经营实力,企业科技研发投入占企业销售收入的比例很低。2006年,农业部科教司和农业产业化办公室联合对全国29个省(市、区)187家龙头企业技术创新现状进行的抽样调查显示,在被调查的187家样本企业中,达到国际科技企业标准的只有8家,不足样本总量的5%。从技术绝对实力看,技术力量明显不足,缺少高素质的研究人员。187家样本企业的研发人员构成中,博士的比例不足3%,硕士以上的比例刚刚超过10%。由于缺乏技术创新的骨干力量,直接影响科研创新活动的水平。企业科技创新投入不足还表现在农产品加工企业的设备和技术水平都相对落后,80%处于发达国家20世纪70-80年代的水平,15%处于20世纪90年代水平,只有5%左右达到目前国际先进水平。多数农产品加工企业缺乏产品自主开发能力,新工艺、新材料、新技术的应用程度十分低。

五、农业科技创新的金融支持不足

目前,我国金融部门对农业和农村的支持不足,正规金融供给不足,并伴随严重资金外流,在农业科技创新方面表现更为明显。作为我国唯一的农业政策性金融机构,农业发展银行没有真正承担中国农村政策性金融的重任,目前只承担国有粮棉油流通环节的信贷业务,没有从事农业开发、农业科技创新等支农事业。近年来,包括农业银行在内的国有商业银行进行商业化改革,机构网点大量从县域农村撤出,资金集中投向热点行业和垄断性行业,流向中心城市和经济发达地区,农贷资金日益萎缩。农村信用社几乎成了唯一服务于"三农"的正规金融机构,出于其自身考虑,为赢利通过"农转非"把资金更多地投向获利机会较大的非农领域,并以缴纳存款准备金、转存中央银行、购买国债和金融债券等方式转移资金,引起农村资金流失超过 1 000 亿元/年;2005 年农村信用社为防范风险撤并了所有村级信用代办站,进一步加剧了农村金融服务不足的矛盾。邮政储蓄银行以"贴水"揽储方式抽取了大量的农村资金,通过转存央行从农村流入城市,加剧了农村资金外流。各商业保险开办存款性的保险业务,抽走了部分农村资金,集中调往城市使用,加剧了农业资本的稀缺。由于我国法制环境欠佳,银行为了保护自身的权益,往往设置较高的贷款门槛,信用担保体系发展缓慢,致使农业科技创新贷款限制多,贷款难。

六、农业知识产权保护体系不健全

农业知识产权是对在农业领域的智力活动创造的成果及经营管理活动中的标记、信誉依法享有的权利。农业知识产权包括植物新品种权、农业专利权、农业成果权、农业商标权、农业著作权、农业商业秘密权和农业地理标志等。农业科技的公共产品属性,决定了要增加科技投入尤其是非政府主体的投入就必须从制度上排除搭便车现象,使科研投入主体能拥有科技成果产权,能获得排他性收益。在市场竞争日益激烈的环境下,对农业知识产权的保护力度不够,将会降低农业科技创造者们的积极性,各国都出台了相关的法律法规,尤其是出台了知识产权法,以保护科技投入者的合法权益,调动个人和企业投资农业科研的积极性。农业知识产权区别于工业知识产权,并具有自身独有的特征,例如易扩散性、价值标准的不确定性和不易保护性等。所以,加强农业科技的创新,加强农业知识产权的保护是其必然选择。

目前,我国农业知识产权保护的法制环境建设尚不健全,现有的知识产权保护制度主要是针对工业企业和其他相关产业,而对农业知识产权保护的法规及制度建设还很薄弱。国内大多数农业科研单位没有专设的知识产权管理部门和知识产权管理制度,没有制定本单位的知识产权具体管理办法,造成假冒、侵权和技术违约现象严重。我国对农业技术产权界定不清、农业科技成果产权收益标准比较低,通过专利制度、品种权制度等使科技人员所获得的经济收益不高,对鼓励科技人员发明创造的作用不大①。长期以来,科研人员形成重论文、轻专利的评价和奖励机制,加之我国申请农业知识产权的程序较为复杂,受理申请的机构也很少,繁琐的程序和申请的不便,极大地限制了农业科研人员申请专利的积极性。农业知识产权的排他性拒绝了非权利人免费使用科技成果的权利,面对农民普遍农业科技知识缺乏、技能欠缺的情况,加强对农业科技知识和科技成果的普及和掌握又成为了当务之急。因此,在考虑加强农业知识产权保护的同时又不得不考虑农业科技推广,造成了农业知识产权保护与农业科技推广的矛盾。

第五节　加强科技投入促进农业科技创新

一、思路与目标

我国农业科技创新投入的思路是以提高农业科技创新能力、增强农业市场竞争力为目标,紧密结合农业生产发展的实际需要,积极稳定和拓展农业科技投入渠道,建立多元投入、分工明确、结构优化和管理完善为特征的农业科技投入体系。在政府投入稳定增长的基础上,充分调动企业、金融部门和农户的积极性,不断扩大企业投入比重,建立农业科技创新投入的多层次、多渠道的投资格局,使社会各主体能够共同参与农业科技创新。进一步调整农业科技经费的使用方式,优化对农业科技创新项目的支持方式和结构,理顺农业科研体制,提高政府农业科技的管理水平,使我国农业科技投入达到一个较高的水平。根据我国的国情,通过 10 – 15 年的努力,使我国农业科技投入强度提高到 2% 以上,基本达到发达国家农业科技投入的平均水平。

二、建立加强科技投入促进农业科技创新的长效机制

(一)刚性增长机制

农业科技创新是一项周期长、投入大、风险大的活动。要以法律的形式确定中央和地方各级确定农业科技投入年增长率的最低限度(如不得低于农业总产值的增长速度),建立起符合农业科技活动特点的滚动投入机制和刚性增长机制,稳步提高对农业科研、农业技术推广、农民教育与技术培训等方面的投入强度,在较短的时间内,使我国农业科技投入达到一个较高的水平。

(二)利益驱动机制

加强财政投资的导向功能,以经济利益为调控主要手段,构建市场诱致型投

---

① 陈惠云. 我国农业知识产权保护的现状、问题及对策[J]. 安徽农学通报,2008,14,(23):21 – 22.

入机制,建立以市场需求为中心的"市场 – 立项 – 成果 – 市场"农业科技创新投入模式。政府以市场需求为依据、为弥补市场机制不足而进行科技投入,采取市场激励、目标激励、报酬激励和奉献社会激励等方式,支持产业科技投入活动,引导农业科技的主体与客体增加资金投入。

(三)分类投入机制

政府投入应主要用于具有公共产品或准公共产品属性的农业科技创新成果的科研开发和成果推广上,逐渐加强在基础研究,应用研究以及知识产权不易得到保护、技术难以物化、社会效益高于经济效益的应用基础和应用研究以及农业科技发展战略和政策的研究等方面的投入。非政府投入主要用于具有私人物品属性或准公共产品和农业科技创新成果的科研和推广上,主要集中在知识产权容易受到保护、产品市场开放程度高、市场潜力大、以产前和产后农业技术为主的应用性研究等方面的投入。

(四)协调机制

科学的协调农业科技创新活动全过程中所涉及到的农业科技管理部门、研究部门、推广部门、应用部门之间的利益关系,重新配置农业科技资源,协调好各个组织内部人员之间及组织之间的利益关系,充分调动各方面科技创新积极性。

三、途径与措施

(一)增加政府财政投入

1. 政府要承担起当前农业科技创新投入主体的角色

在我国现有国情下,政府必须成为承担农业科研投资的主角。由于农业科技成果大部分是"公共产品"和"公共服务",农业科技活动是一项风险性极大的探索性活动,使得投资者难以完全占有其投入所带来的经济利益,单纯依靠企业或其他科技创新主体难以解决投入问题,决定了政府在农业科技投资一定要起一个相当重要的作用。更重要的是农业科研成果的受益者不仅是生产者,还包括消费者以及国家的社会政治稳定。从各国的经验来看,单靠市场和企业并不能充分及时地提供对科技的完备的支持。目前,企业成为我国农业科技创新体系的主体的条件目前尚未成熟。因此,在目前或今后一个较长的阶段,政府应成为农业科技创新的主要投资者。

2. 增加对农业和农村的总体投入

由于长期的二元经济社会结构,我国对"三农"投入严重不足,农业和农村发展相对缓慢,对农业科技的需求拉动能力不强。因此,政府通过制定相应的财政政策,调控财政收支规模与结构,达到国民经济与社会全面协调发展的目的。在农业发展新阶段,中国政府需加大财政对农业的投入力度,并按照 WTO 农业协议,优化财政农业投入结构,政府财政农业投入的重点应从围绕农产品数量增加、改善农业基础设施建设和农业生产条件上,向改善农产品质量、农业科技、农业可持续发展、农产品市场建设建立等方面转变。逐渐压缩竞争性项目的投入,扩大公益性、服务性项目的投入。

3. 增加对农业科技创新的财政投入力度

政府应加大财政对农业科技创新的投入力度,切实地改变政府在科技投入上存在的非农偏好倾向,通过立法保证国家对农业科技投入的逐年增加,建立起符合农业科技特点的滚动投入机制,实现对重大农业科技创新的滚动支持。在稳定现有各项农业科技投入的基础上,新增财政支出要切实向农业倾斜,保证财政对农业科技的投入增长幅度高于财政科技投入的增长幅度;要明确规定农业科技资金投入占国民生产总值或农业总产值的比例、农业科技三项费占全部科技三项费的比例,保证农业科技投入每年都有相应的增长速度。在根据各地的经济实力、财政收入、农业科技水平和农业发展状况,应规定各级财政对农业科技投入总额的一个最低的基数。在此基础上,再根据财政收入增长幅度和财政用于农业支出增长幅度确定财政对农业科技投入的增长幅度。在财政支农投入中,目前需将财政对农业科技三项费用的投入比例由现在占财政农业投入总额的0.8%左右提高到2%以上。为了确保国家对农业科技投入资金达到这个比例,可以考虑建立单独的部门预算。对农业重大建设项目,如防沙治沙、农业综合开发、农产品基地建设、养殖业良种工程、生态建设工程、种子工程、菜篮子工程等,在预算中列入3%以上的科技专项费,用于解决重大项目建设中的科技难题和相应的技术进步与开发工作。地方政府可从种子销售等收入中提取一定比例的资金用于农业科技投入。我国农业技术推广部门所面临的是经营规模极小的千家万户、专业化程度低、农民总收入中农业生产收入的比重在显著下降,这些加大了技术推广的难度和成本,因此,要把农业技术推广投资强度从目前0.4%提高到0.8%以上。

(二)优化财政农业科技投入结构

1. 明确政府投入和非政府投入的领域

政府投资与非政府投资具有很强的互补性,政府投资主要从事基础研究和准应用技术研究;而非政府投资主要从事实用性技术开发。对各种农业技术类型、公益性程度、技术产权在市场上可保护程度、技术发展潜力和投资经济社会回报情况进行分类,根据农业及科技产品特性确定不同的投资政策。对于农业基础性研究、应用基础性研究、重大高新技术研究、重大关键性或共性技术研究以及对全国或跨区域农村经济结构调整有较大影响的先导性技术研究以及处于产业链前端的技术,应由政府投入为主,企业等非政府投入为辅。对于可明确界定产权和产权主体,易于进入市场交易的一般实用型技术、科研项目、科技成果,如农作物杂交种子、食品加工、农业机械和农业化学品等,应由非政府投入为主,即企业、科研机构、科技中介机构等;政府工作的重点是培育市场供给机制,创造相应的政策环境。非政府资本在农业科技投入中的作用日益重要,政府应该从政策上鼓励和优惠民间资金的进入,对于一些社会效益明显、关系国计民生的且知识产权不易保护的农业科技成果、专利,采取政府收购、有偿征用或委托研发的供给方式,发挥政府政策和政府投资对私人投资的引导和支撑作用。

为确保农业科技的持续创新,政府应该成为公益性农业科研成果的主体投资者,确保服务被提供。政府可以通过采取更多样化的、更多组合的干预方式,保证具有公益性农业科研成果的充分提供:(1)政府直接供给。对于公益性农业科技成果的产品与服务,政府可以通过直接提供经费,通过农业科技发展战略、科技规划、科技计划等形式体现政府的社会需求,以保证特定服务的充分提供,实现直接供给。(2)政府付费购买。政府可以选择资助特定服务的提供。在对服务付费的情况下,政府也可选择不同的付费方式,如通过向其提供者付费的供给方资助方式,或者政府通过预算安排和政策安排,或将资金交给消费者并允许他们在提供者中进行选择的需求方资助方式,使非盈利机构和私人部门参与公益性农业科研活动。(3)政府通过管制市场供给。在满足私人部门(企业)经济利益的前提下,发挥市场优势,促进社会资源的优化配置,提高农业科技资源的整体利用效率。在某种意义上,这是干预最少、成本最低的一种选择,政府将服务的提供让给了市场,但必须对科技成果提供者制定行为规范和激励措施。

2. 合理调节基础研究、应用研究和开发研究三者的比例

由于我国农业基础研究所占的比重过低,致使基础科研储备不足,直接导致应用科研和开发科研的发展缺乏后劲。应该增强科技投入的合理性,加强农业基础性研究的投入力度,逐渐加强在基础研究、应用研究以及知识产权不易得到保护的、技术难以物化的、社会效益高于经济效益的应用基础和应用研究以及农业发展战略和政策的研究。对于重点领域的重点项目适当的资金倾斜,加大农业技术推广的费用和科技事业费的比重,提高科研资金的使用效率。根据各地区不同的社会经济发展状况、各自资源分布、产业结构等地域因素的不同,在不同地区的基础研究、应用研究和开发研究三者投入的侧重点可以不同。

3. 优化农业科技创新投入的领域

我国农业科技投入的行业结构要与农业总产值的行业结构一致,要与大农业中农、林、牧、副、渔各行业之间相协调,在生产过程方面要逐步向产前和产后倾斜,应将畜牧业和水产业作为科研投资的重点,而经济作物尤其是园艺作物应成为种植业内部的投资重点。侧重于培育优质、高效农牧业生产品种,研制高效低毒的化肥、农药,研发低残留的兽药等农业生产产前投入品和发展农产品产后加工、存储、运输、包装等技术;在品种结构方面,要向水果、蔬菜、肉、蛋、奶等农产品的系列化优质、高效生产技术研究倾斜。根据短边约束的原理,农业科技投入应该与我国人多地少的禀赋特征结合起来,重点加强替代土地要素方面的农业技术创新研究,加强节水农业技术的科研,以及大力加强农村教育。按照《国家中长期科学和技术发展规划纲要(2006 - 2020)》的要求,我国农业科技创新资金应主要投入以下几个方面。

（1）高新技术。重点开展生物技术应用研究，加强农业技术集成和配套，突破主要农作物育种和高效生产、畜牧水产育种及健康养殖和疫病控制关键技术，发展农业多种经营和复合经营，在确保持续增加产量的同时，提高农产品质量。

（2）延长农业产业链技术。重点发展农产品精深加工、产后减损和绿色供应链产业化关键技术，开发农产品加工先进技术装备及安全监测技术，发展以健康食品为主导的农产品加工业和现代流通业。

（3）综合开发农林生态技术，保障农林生态安全。重点开发环保型肥料、农药创制技术及精准作业技术装备，发展农林剩余物资源化利用技术，以及农业环境综合整治技术，促进农业新兴产业发展，提高农林生态环境质量。

（4）工厂化农业。重点研究农业环境调控、超高产高效栽培等设施农业技术，开发现代多功能复式农业机械，加快农业信息技术集成应用。

其中，国家财政资金和省级财政资金应优先投入以下几个方面。

（1）种质资源发掘、保存和创新与新品种定向培育

重点研究开发主要农作物、林草、畜禽与水产优良种质资源发掘与构建技术，种质资源分子评价技术，动植物分子育种技术和定向杂交育种技术，规模化制种、繁育技术和种子综合加工技术。

（2）畜禽水产健康养殖与疫病防控

重点研究开发安全优质高效饲料和规模化健康养殖技术及设施，创制高效特异性疫苗、高效安全型兽药及器械，开发动物疫病及动物源性人畜共患病的流行病学预警监测、检疫诊断、免疫防治、区域净化与根除技术，突破近海滩涂、浅海水域养殖和淡水养殖技术，发展远洋渔业和海上贮藏加工技术与设备。

（3）农产品精深加工与现代储运

重点研究开发主要农产品和农林特产资源精深及清洁生态型加工技术与设备，粮油产后减损及绿色储运技术与设施，鲜活农产品保鲜与物流配送及相应的冷链运输系统技术。

（4）农林生物质综合开发利用

重点研究开发高效、低成本、大规模农林生物质的培育、收集与转化关键技术，沼气、固化与液化燃料等生物质能以及生物基新材料和化工产品等生产关键技术，农村垃圾和污水资源化利用技术，开发具有自主知识产权的沼气电站设备、生物基新材料装备等。

（5）农林生态安全与现代林业

重点研究开发农林生态系统构建技术，林草生态系统综合调控技术，森林与草原火灾、农林病虫害特别是外来生物入侵等生态灾害及气象灾害的监测与防治技术，生态型林产经济可持续经营技术，人工草地高效建植技术和优质草生产技术，开发环保型竹木基复合材料技术。

（6）环保型肥料、农药创制和生态农业

重点研究开发环保型肥料、农药创制关键技术,专用复(混)型缓释、控释肥料及施肥技术与相关设备,综合、高效、持久、安全的有害生物综合防治技术,建立有害生物检测预警及防范外来有害生物入侵体系;发展以提高土壤肥力,减少土壤污染、水土流失和退化草场功能恢复为主的生态农业技术。

(7)多功能农业装备与设施

重点研究开发适合我国农业特点的多功能作业关键装备,经济型农林动力机械,定位变量作业智能机械和健康养殖设施技术与装备,保护性耕作机械和技术,温室设施及配套技术装备。

(8)农业精准作业与信息化

重点研究开发动植物生长和生态环境信息数字化采集技术,实时土壤水肥光热探测技术,精准作业和管理技术系统,农村远程数字化、可视化信息服务技术及设备,农林生态系统监测技术及虚拟农业技术。

(9)现代奶业

重点研究开发优质种公牛培育与奶牛胚胎产业化快繁技术,奶牛专用饲料、牧草种植与高效利用、疾病防治及规模化饲养管理技术,开发奶制品深加工技术与设备。

4. 中央和地方农业科技创新投入的领域要有所侧重

加大财政对农业科技的投入,除了依靠中央财政,更重要的是要调动各级政府参与农业投入的积极性。针对地方财政农业投入工作弱化的实际情况,应明确各级政府对农业投入的责、权、利,按照受益原则和效率原则,合理划分各级财政农业投入的范围。中央农业科技投入主要用于关系全国经济发展全局,属于全国范围或跨地区、地方无力承担或不适宜由地方承担的支出,支持全国性和跨区域性、研究周期长、结果不确定、研究成果市场化程度低的农业基础性科研,保证对解决农业现代化中具有全局性、方向性、基础性的重大农业科技项目的投入,起到弥补市场缺陷的作用。同时,中央财政投入应该引导全国性的农业科技投资活动,使不同项目、不同规模、不同区位的农业科技投入能够相互协调,防止不合理的重复投资和低效率投资现象。地方各级农业科技投入根据地方产业发展方向进行规划和决策,制定地方农业科技投资政策与发展战略,着重支持应用研究和开发研究,适当安排一些基础研究工作,着重解决本地区农业现代化中关键性技术问题。

5. 设立自主研究经费

从国际上知名科研机构的管理经验来看,它们的研究经费主要是自主研究经费。设立农业科技机构自主研究经费,在中央财政科技投入中设立基本科研业务费,主要用于支持公益性科研机构等的优秀人才或团队开展自主选题研究。减少竞争性的科研项目的比例,使科研人员更多地把时间花在科研和提高学术水平上,而非申请项目上。

(三)积极吸引社会投入

农业科技创新需要大量稳定的资金投入,仅仅依靠国家有限的财政资金投放是远远不够的。近年来,随着农业企业,尤其是农业农产业龙头企业、农民专合组织的发展和壮大,非政府部门农业科技投资在农业科技投资中所占的份额不断上升,农业科技投资主体多元化趋势明显。许多国家尤其是发达国家政府在增加对农业科技投资的同时,私人在农业科技上的投资数量及所占的份额明显增长。因此,农业科技的有效供给,必须形成以政府为主导的多渠道供给格局,实现农业科技供给主体的多元化。各级政府在大幅度增加对农业科技投入的同时,还要调动企业、个人等社会力量投入农业科技,从根本上改变农业科技投入严重不足的状况。可以采取如下措施扩大非政府主体的农业科技投入:通过依靠公平、充分竞争的市场机制形成市场激励;以先进的、具有挑战性、能使得多方的创新活动参与者共赢的创新目标,充分调动创新活动参与者的积极性和创造性,形成目标激励;通过对企业、研发机构和创新人员采取奖励、产权等多方面的收益,对创新的参与者进行报酬激励;拓展投融资渠道,适当降低科技企业贷款及上市融资的门槛,设立科技投资风险基金,建立完善农业科技的风险投资机制。以此逐步形成以国家投资为主体,社会投入为补充的多元化、多渠道投融资体系,是加大我国农业科技投入的必由之路。

1. 制定优惠的税收、价格政策

目前,私人投资仍然主要集中在知识产权容易受到保护、市场潜力大、产品市场开放程度高、以产前和产后农业技术为主的应用研究上。因此,采取税收优惠、财政补贴等方式,鼓励各种投资主体参与农业科技的研究开发、示范推广和农民培训。引导农业企业、科技企业将经营收入的一定比例用于研究开发工作,农业企业研究开发新产品、新技术、新工艺所发生的各项费用,可不受比例限制,可按实际发生额计入生产成本。允许企业个人捐资成立农业科技基金,专门支持农业科技研究、开发、推广工作,奖励农业科技人员。政府对企业、个人投资开发的农业科研成果可采用政府收购或补贴的办法,充分发挥少量财政资金的杠杆作用,吸引商业资本进入农业科技领域。建立农业科技项目风险基金,用于化解高、精尖技术科学实验、研究开发、推广使用中的风险,以鼓励社会资金更多地投入到农业科技中去。科研单位和农业高等院校可以通过开展技术服务、成果转让、兴办科研生产实体和出售新科技产品等多种途径增加收入,并从创收中取出一定的比例用于科研。加速资金在农业科研、开发、推广过程的流动,使资金在流动过程中增值,再投入到农业科研活动中去。

2. 构建多层次科技金融支持体系

充分发挥科技贷款的作用,构建多层次科技金融支持体系。建立和改善金融生态环境的正向激励机制,金融机构要适当降低对农业企业和农民的贷款要求,将抽取的农村资金通过贷款业务向农村回流。对农业科技信贷实行优惠政策,如政府可采取利息补贴、贷款担保、税收减免等优惠政策加以鼓励和引导,从而使更多的信贷资金能够投入到农业科技创新中,为农业科技创新提供金融支持。扩展农业发展银行等政策性银行业务范围,开办农业综合开发、农村基础设施建设、农业科技和扶贫等贷款业务,增加支持农业和农村发展的中长期贷款等开发性金融业务。要根据国家的宏观政策制定相应的信贷政策来确保农业贷款的投向并提高投资评估的科学性,建立完整的风险监控、补偿和转移机制,规避农业贷款风险。建立农业贷款的政策保障机制,即建立向农业倾斜的信贷激励机制。国家对积极支持农业发展而使经营效益受到影响的农业金融部门给予必要的补偿,从利益上鼓励农业金融部门增加农业信贷投入,以增加农业信贷投入的有效供给。

3. 增强企业的科技创新活动能力

不断扩大农业上市公司的规模,充分利用资本市场的融资手段来快速提升涉农企业的国际竞争力。借鉴国外经验,积极发展农业科技创新风险投资基金,让风险投资在农业科技创新中发挥积极的作用,改变目前企业科技创新主要依靠自筹和国家计划贷款的局面。在提供技术中介服务方面,政府应当利用现代信息技术、加强科技成果转化服务平台的建设,定期举办农业科技成果展示交流会,建立高技术的市场转让机制,实现科技资源共享。鼓励农业企业与大专院校、科研院所共建实验室、研究中心,农业企业应成为大专院校、科研院所科研成果的中试基地、产业化基地、教育培训基地。通过建立企业产权制度、分配激励制度和内部组织制度的完善,推动企业的技术创新。引导和鼓励研究人员将创新成果与龙头企业合作开发,鼓励以技术参股形式投资,形成产业化开发生产规模和竞争优势,其利益坚持互利互惠的分配制度,使科研成果迅速转化为生产力。

4. 积极利用外资

鼓励国外资金进入农业科技投资领域,继续用好世行借款项目,促进农业科技创新的发展。积极开展国际农业科研合作,要在积极鼓励广大科研人员和科研单位申请国际性基金项目的同时,及时完善国内政策措施体系,创造良好的国际资金筹集环境,积极引进外资,建立多种形式的农业科研基金会,促进国际资金进入农业科研领域。还要积极鼓励农业科研机构与高等院校采取技术开发、转让与服务等方式进入国际市场,参与国际和国内的竞争。

(四)增加农户对科技的有效需求

目前,我国农业生产规模普遍较小,受传统习惯和惧怕风险的阻碍,农民对采用新技术而增加物质投入的能力有限,对采用新技术的积极性远没有发达国家的农民高。从国际比较分析来看,各发达国家由于农业生产经营的规模较大,从事农业生产的劳动力少且有较高的科技素质,因而他们往往有意愿、有能力加大投资以促进农业科技成果的转化,从而在一定程度上减少了政府对农业技术推广的投入。

1. 加快农村土地流转

在进一步明晰和稳定农村土地产权关系的基础上,按照依法、自愿、有偿的原则,积极探索建立土地使用权流转新机制,加快农村土地流转。农村内部土地流转应重点支持土地股份合作制发展,重点创新和完善土地业主租赁、股份合作制等经营方式,使土地向种养殖能手集中,果园、堰塘、水库和四荒地向专业户集中,实现土地的规模化经营,引导农民致富增收。全面推进集体林权制度改革,加快林地、林木流转制度建设,尽快建立健全林权交易平台。发育规范的农村土地租赁市场和土地产权市场,建立省、市(州)、县(市、区)、乡(镇)四级农村土地流转服务中心。探索农户以土地承包经营权、宅基地使用权、林权、房产所有权等进行股权投资、作为有效担保抵押物的办法措施,研究具体政策,明晰产权,逐步形成完善的农村产权市场。

2. 加强对职业农民的培训

充分认识培育和建设一支懂技术、会经营管理的职业农民的重要性、紧迫性。因此,要利用各种机会和资金组织职业农民进行培训,将农民素质的提高列入农村工作的重要内容。继续办好农广校,加大农技校、农业中专以及农业技术学院的建设力度,扩大招生比例,定向培养职业农民。要促进农科教紧密结合,提高农民的科学文化知识水平和应用农业科技的能力,大力培养和稳定具有各种技能的农业技术推广人员。加大对农民的农业技能和农经的培训力度,比照农村劳动力转移培训的政策、措施、办法,积极开展对农民的农业技能和农经的培训。大力发展职业技术教育,办好农业广播电视及函授教育、农业中等教育和农业职业中学,农村普通中学要积极创造条件增设农业劳动技术课程。农业高等院校要调整专业结构和内容,采取扩大定向招生措施,制定相应的政策,使培养的人才流向农村。

(五)优化农业科技创新投入的环境

1. 深化农业科技投入管理体制改革

加强和改善农业科技投入首先应该理顺农业科技投入体系。目前,我国农业科研单位机构相互交叉重叠,分工界定不清,机构重复建设和科技成果质量低的现象仍存在,部门之间的行政隶属和指挥服从关系突出,这不但降低政府管理服务的效率和质量,而且影响农业科技创新的绩效。国家(中央)级科研机构以及一些综合性大学,应该主要承担基础理论研究(包括应用基础理论研究)和一些具有普遍意义的问题的研究。省级农业科研机构主要针对本省、市的生态特性,研究适宜于本地区条件的技术,由于这些技术在本地区范围产生效益,所需研究资源应由本省、市提供,本省、市独立承担有困难,可由国家给予必要的经费支援。地区农业科研机构则在地区一级开展适宜本地条件的技术开发和推广工作。政府在制定宏观政策时,要克服农业科技创新资金投入中受不同利益主体制约因素的影响,保证农业科技创新投入的合理性。

积极采用项目制的科技资金投入模式,必须建立合理的农业科技项目决策机制。对农业科技创新课题的立项,坚持公开、公平、公正的原则,允许并鼓励外部力量来参与,一起进行竞争性选择。多学科、多部门的协同攻关,打破地区间的封闭,克服科研资源平均分配的格局,组织多学科、多部门、多地区的协同攻关,突出重点,提高科研投资绩效。要依靠专家,建立合理农业科研投入决策机制,使农业科技专家充分参与到决策中,发挥他们专业技术方面的优势,从科技发展规律的角度来规划农业科技未来研究的主要方向,推动我国的农业科技自主创新能力建设。

2. 加强知识产权保护

随着知识产权法的全球化,国际条约保护范围和保护水平不断提升,在发达国家,推行知识产权保护已经转化为一种经济竞争手段。知识产权保护制度的建立对于多渠道筹集资金、弥补我国农业科技投入不足将有重要意义。目前,我国的知识产权保护体系已经基本建立起来,因此,今后我国要加强对农业科学技术领域的知识产权保护力度,以加强农业科技创新的投入。完善知识产权保护制度,优化科技创新环境,按照"谁投资、谁受益"的原则,完善合理的产权机制,在不影响农业科技进步和发展的前提下,加大对农业科技产权的保护力度,促进农业科技的产权化、市场化。搭建知识产权运用平台,建立知识产权评估制度,对知识产权进行合理定价。对科研单位人员分流利用本单位知识产权组建的实体,将技术评估后的专利或成果合理作价,作为投入或转让。用自主知识产权来吸引市场关注,为成果的转让或许可实施寻找合适平台,提高知识产权交易的效益。进一步规范市场秩序,加强对侵犯知识产权案件的打击。在加强对授权人员专业化要求的同时,还要增加农业知识产权受理机构,由政府安排相应的专业人员专门负责农业科研人员从事农业知识产权的申请工作,满足人们申请农业知识产权便利的需求。

3. 完善农业科技投入监督体系

加强农业科技经费监督和管理的主要目标是建立完善的经费监督体系,使科技经费监管制度化、规范化,用完善的制度、健全的体制、规范的运作、严密的程序来保证农业科技经费管理和使用的公开、公平、并提高其效率。要坚持专款专用的原则,实行专人、专账、专户管理,让财政投入直接进入使用单位,减少中间环节,避免资金被截流、挪用挤占现象。要加强对财政投入资金使用情况定期检查,监督经费是否真正用在科研开发活动中,是否存在资金挪用等问题。除对一般项目进行监督外,重点跟踪那些资助额度比较大的项目,确保每一笔资金的使用都要做到科学评估和追踪调查。委托具有资质的中介评估机构对项目进行科学评估,评价项目的科研目标是否实现、研究内容是否完成、研究结果是否可靠等,确保项目评价不走过场,实现预期的目标。

第七章　农业科技创新的激励机制

第一节　农业科技创新激励机制理论框架

一、激励理论和激励机制

(一)激励的定义

在汉语词典中,激励的同义词为勉励,它既是一个心理学名词,又是一个管理学术语。作为心理学名词,它的意愿是促动、驱使人们行动的各类动力的组合,既包括内在动力也包括外在动力。作为管理学名词,激励是指针对员工的行为特性和规律,对员工行为施加影响的各种活动的总和,其目的是调动员工的积极性,是个行为和组织行为目标相一致。也就是说,要用各种有效的方法去调动员工的积极性和创造性,使员工努力去完成组织的任务,实现组织的目标。

(二)激励理论

激励理论起源于从20世纪20－30年代,近百年来,学者们提出了许多激励理论。按照研究层面的不同,激励理论可以分为内容型激励理论和过程型激励理论两大类。内容型激励理论,又称为需求理论,该理论主要是研究认得需要以及满足其需要的问题,典型代表有马斯洛的需要层次理论、赫茨伯格的激励—保健理论以及麦克莱兰的后天需要理论等理论。过程型激励理论主要研究从动机产生到行动开始的一个心理过程,典型代表主要有弗鲁姆的"期望理论"、豪斯的"激励力量理论"、洛克的"目标激励理论"和亚当斯的"公平理论"等。

(三)激励机制

激励机制的名词定义按照全国科学技术名词审定委员会的审定,是指管理者依据法律法规、价值取向和文化环境等,对管理对象之行为从物质、精神等方面进行激发和鼓励以使其行为继续发展的机制。激励机制的经济学含义是指组织者为了使组织成员的行为与其目标相容,并充分发挥每个成员的潜能而执行的一种制度框架,它通过一系列具体的组织行为规范和根据成员的生存与发展需要、价值观而设计的奖罚制度来运转①。

二、农业科技创新激励机制框架

本书以相关激励机制理论为基础,从运行机理出发,结合农业科技创新特点,提出农业科技创新激励机制框架。根据激励主体和客体的不同,将激励机制分为外部激励机制和内部激励机制。详见表7-1。

表7-1　农业科技创新激励机制框架

激励类型	主要内容	激励主体	激励客体
外部激励机制	包括市场激励和政府激励	市场和政府	科研单位、企业、专业组织等创新主体
内部激励机制	包括物质激励、精神文化激励、内部制度、人才激励等	科研单位、企业以及专合组织	科研人员

从激励的层次来看,农业科技创新激励机制又分为宏观激励机制和微观激励机制。

宏观激励机制:主要从改善外部环境出发,是创新主体从事科技创新的有效保障,包括人才激励、政策激励、投入激励等激励手段。

微观激励机制:主要是从微观目标的激励出发,主要目的是激发创新主体的创新激情,包括产业激励、管理激励、文化激励和目标激励等激励手段。

第二节　农业科技创新市场激励机制

一、市场激励原理和作用分析

市场是创新的重要推动力之一。有学者认为,市场的最大功能,在于能自发地培育创新,即市场过程是一个对技术创新进行自组织的过程②。美国著名经济学家施穆克勒(1996)提出了著名的市场需求拉动模式。该模式认为,科技创新深受市场需求的影响,市场需求是技术创新的出发点,通过市场反馈,激励去进行创新活动,创造符合需求的产品。其创新市场拉动模式路线详见图7-1。

根据技术创新的机场需求拉动模式,结合农业科技的特点,我们认为市场对农业科技的激励作用主要如下。

1.市场能按照交易原则科学公平的给予农业科技创新组织及个人的收益。

---

① 柳卸林. 技术创新经济学[M].北京:中国经济出版社,1993
② 傅家骥. 技术创新学(M).北京:清华大学出版社,1998

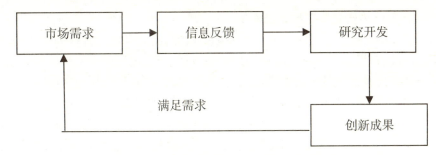

图7-1　农业科技创新市场激励原理示意图

在一个完善的市场经济条件下,农业科技创新者得到的收益与其创新成果的市场接受程度密切相关,这就激励农业科技创造者不断进行研发和创新,并通过知识产权保护,获得市场垄断优势和市场核心竞争优势,从而得到合理的回报。

2.市场通过正当竞争迫使农业科技创新者不断创新。农业创新主体,无论是科研单位,还是龙头企业或者合作组织要想在激烈的市场竞争中立于不败之地,必须要不断进行创新。

二、我国农业科技创新市场激励机制的内涵和现状

(一)市场激励机制的内涵

农业科技创新激励机制是农业科研制度创新的重要内容之一,是通过市场机制促使农业科技创新主体实现科技创新目标的一种制度安排。在欧洲、美国等成熟的市场经济国家,农业科技创新的市场激励机制是其国家农业科技创新的主要激励机制。在市场经济充分竞争条件下,企业是农业科研创新的主体,因此,农业科技创新市场激励机制是在遵循价值规律的基础上,由农业科技的供给和需求机制作用而成的一种市场行为。

笔者认为,农业科技创新的市场激励主要包括两种形式。

一是直接的市场激励。在市场经济环境中,每一项农业科技创新成果本质上也是一种技术商品,遵循价值规律,其价值由农业科技创新主体凝聚在该项成果中的劳动机制和供求关系决定。农业科技创新能够获得的市场激励就是指农业科技成果作为特殊商品的价值。直接的市场激励主要通过市场交易激励和市场竞争激励两个方面体现出来。

二是间接的市场激励。在市场经济条件下,无论是科研单位、高校还是企业内部科研人员,都是拿薪酬的工作人员。尽管从表面上看,其薪酬是由国家财政、企业决定和支付,但是从本质上看,其薪酬的多少则是取决于农业科研人员自己的劳动价值,同样应符合价值规律。因此,对农业科技创新主体内部人员的激励主要通过工资和奖励两种形式构成,工资主要是由其劳动价值决定,而奖励主要由供需决定。间接的市场激励主要通过专利、成果等产权制度激励体现出来。

(二)农业科技成果交易激励机制

通过市场交易获得理想的农业科技创新收益,是激发农业科技创新活动的根本动力。目前,我国农业科技成果交易主要包括两个方面。

一是科技型企业自己从事科技创新,直接将自主知识产权的农业新技术通过生产转化,以产品销售的形式获得利润,达到激励企业内部科技人员创新的目的。目前,由于我国农业企业普遍规模较小,技术研发能力较弱,加之农业产业的公益性和外部性的制约,除种业、农化等少数企业外,其通过农业科技创新,成果转化、商品化生产,很难获得垄断优势和利润,使得企业从事科技创新的动力显得不足。

二是农业科研单位、高等院校等科研单位从事农业科技创新活动,将创新成果以合理的价格转让给企业和经营团体,由其进行成果转化和生产,这是我国目前农业科技成果交易的主要形式。良好的农业技术成果交易市场制度和市场环境是激励农业科技创新主体的关键。

(三)农业科技创新产权制度激励机制

1. 产权制度的作用

产权制度设计是市场激励机制的核心,其特征是对科研创新成果个人所有权的法律承认和法律保护。农业科技创新成果既然可以作为一种特殊的商品,具有商品属性,就必须认可创新者本人对它的产权。和其他商品的产权制度一样,农业科技创新商品的所有权本质上就是一种产权报酬的索取权。新制度经济学的观点认为,产权制度越是具有排他性,就越是具有激励性。相反,产权制度如果缺乏排他性,就几乎没有激励效果。如果实现产权的排他性,最大化的保障创新主体的利益成为产权制度激励的主要研究内容。

从全世界来看,产权制度的建立和保护的市场激励作用是十分明显的。美国、欧盟、日本等发达国家和地区产权制度建设较早,非常完善,已经形成了一套鼓励科研创新和科研投资的制度体系。而发展中国家对产权制度的建设较为落后,其制度体系还不够完善,正逐步与世界接轨。Sherwood RM(2000)[①]对弱知识产权制度体系、贸易促进型知识产权制度体系以及鼓励投资型知识产权制度体系的效果进行了比较分析,结果详见表7-2。

表7-2 三种知识产权保护体系的效果比较

弱知识产权制度体系	贸易促进型知识产权制度体系	鼓励投资型知识产权制度体系
创新是稀少、偶然的	创新在某些领域存在	创新是可持续的
产权技术极少	产权技术有一些	产权技术很多

---

① Sherwood RM. The TRIPS Agreement: benefits and costs for developing countries [J]. Int J Technology Management, 19, (1/2): 59

续表

弱知识产权制度体系	贸易促进型知识产权制度体系	鼓励投资型知识产权制度体系
技术发展仅局限于销售、扩散和组装	部分盗版技术由进口取代	以技术为基础的高新技术公司正在涌现
员工技能发展十分有限	员工技能有一定发展	员工技能发展较先进
农业科学知识陈旧	农业科学知识有部分先进	农业科学知识先进
基本没有私人技术投资	私人投资于落后技术领域	私人投资于高技术领域
盗版产品价格低廉	该类盗版产品价格很高	该类盗版产品价格稍高
风险资本小	有一些风险资本	最佳风险资本
大学院校仅仅从事理论研究,没有技术转移	大学院校有一些技术转移	大学院校有更多技术转移
文化进步被削弱	文化进步很好激发	文化进步完全激发

2. 农业科技创新产权制度激励机制

对于我国农业科技创新而言,目前,农业科研领域产权制度激励主要包括专利制度、植物新品种保护制度、成果登记制度、品种审定制度等,其主要目的都是为了对农业科技创新者的所有权进行确权和保护,达到激励农业科技创新主体创新动力的作用。

专利制度是随着市场经济的发展而产生的,其目的是有效保护技术发明创造者的专利权,即给予技术发明者在一定期限内对其发明的新技术、新产品、新设计享有独占权,把其技术创造作为一种财产权给予法律保护,以期鼓励技术人员搞发明创造的积极性,促进学技术的迅速发展。随着我国市场经济的不断发展,专利制度也不断完善起来,1985 年 4 月 1 日,我国正式实施专利法,建立了专利制度。根据世界知识产权组织的相关统计[1],全球科技创新成果主要是以专利的形式表现出来,比例达到 90% – 95%。一般来说,专利已经成为衡量一个国家和地区技术创新能力和水平的重要指标。

农业专利,顾名思义是指产生于种植业、畜牧业和水产业等农业产业的专利,包括与其直接相关的产前、产中、产后服务的专利[2]。用农业技术专利作为衡量农业技术创新能力的指标,具有其独特的优势。自 1985 年我国实施"专利法"以来,农业部先后制定了《植物新品种保护条例实施细则》《农业植物新品种权代理规定》《农业植物新品权侵权案件处理规定》等规章制度,极大促进了我国农业领域的科技创新。据黄裕荣(2014)的统计数据,2000 年,我国农业领域技术专利申

① 负强,陈颖健. 从专利的角度看我国高校技术创新现状和问题[J]. 科技管理研究,2010,(15):143 –147

② 黄裕荣,侯元元,苗润莲. 我国农业技术发明专利分析[J]. 安徽农业科学,2014,42,(18):60 – 63

请约为 3 000 件,2007 年申请量超过 1 万件,到 2012 年,年申请总量超过两万件。实践证明,正是由于对专利申请和保护的重视,大大促进了我国农业科技成果创新,激励了大量农业科研人员从事农业科技创新工作。

以四川省农业科学院为例,2010 年以来,全院专利申请量累计 116 件,授权量 68 件;植物新品种保护申请量累计 138 件,授权量 46 件。随着农业知识产权申请量和拥有量的显著增加,该院一大批自主知识产权成果得到实施和产业转化,在促进全院农业科技创新推进四川农业和农村经济发展,切实增加农民收入等方面发挥着日益重要的作用。

三、我国农业科技创新市场激励机制缺陷

(一)创新主体缺乏市场意识

在我国,农业科技创新主体市场意识比较薄弱,特别是农业科研院所,作为我国最重要的农业科技创新主体,由于绝大多数农业科研院所、研究机构都是政府事业单位,科研人员收入主要来源于财政工资,科研项目主要由政府相关部门立项审批,导致科研人员和科研单位不能充分感受市场竞争。同时,在这种情况下,科研院所的生存和发展主要依赖于政府,科学技术创新的目的并不是为了满足市场需求,很大程度上是为了完成政府制定的科研任务,达到获得政府支持的目的。

尽管,随着我国科研体制的不断完善,产学研合作机制的不断推进,使得我国农业科研单位与农业产业化企业的合作不断深入,一定程度上解决了我国农业科研成果转化率低,市场推广价值不高的问题。但是总体而言,我国农业科研单位来自市场、生产中的科研任务少、成果转化率低的形势没有得到根本性改变,市场的规律和机制对科研单位的科学技术创新无法产生大的激励作用。因此,造成了科研成果和产品的“三品”(展品、样品、礼品)的现象和“成果导向”、科研“贵族化”的倾向仍然存在①。

(二)农业科技知识产权保护力度不够

从发达国家的经验来看,健全的知识产权保护体系是促进农业科技创新的必要条件。随着知识经济的发展和经济全球化进程的加快,知识产权已成为我国农业发展的重要资源和核心竞争力,成为促进我国农业科学技术转化运用以及构建现代农业的重要支撑和掌握农业发展主动权的关键。党和政府历来高度重视和鼓励农业科技创新,并不断提高现代农业科学技术在农业和农村经济发展中的贡献率,充分利用自主知识产权维护农业竞争优势,推动我国农业发展。但就我国目前总体情况来看,我国农业科研单位要走向市场还存在诸多制约因素,主要表现如下。

---

① 解宗方. 影响农业技术创新的因素分析[J]. 科技与管理,2000,(03):55－57

1.农业知识产权管理体制机制不够完善

我国已建立起包括法规体系、评估制度、监管机制、交易制度及激励机制等在内的农业知识产权运行机制,但由于现行法律法规政出多门、内容分散、操作性不强,因此保护力度较弱,与现代农业和农村经济发展需要不相协调。在现有的法律框架性下,由于《植物新品种保护条例》的约束力低于《专利法》《商标法》《反不正当竞争法》等法律,大众对植物新品种权保护的重视程度还不够,加上受到品种权申请周期长、成本高,而侵权成本低、作案手段隐蔽、绝大多数企业缺乏研发创新能力等一系列因素的影响,导致国内假冒、侵权、技术违约现象屡见不鲜,或用非法手段获取产权所有人材料和技术谋取不法利益,损害产权所有人名誉及其利益。

2.农业科技成果公益特性的制约

由于农业是基础产业,加之农业科技成果的推广应用多是政府行为,在一定程度上限制了农业科技成果的保护力度。特别是2011年4月,国务院新出台的8号文件——《关于加快推进现代农作物种业发展的意见》中明确指出,科研事业单位将以基础性公益研究为主,并逐步淡出商业化育种。在现阶段,我国农业科研力量主要存在科研事业单位,企业科研能力不足的情况下,如何发挥发挥我国农业科研单位自身基础的、高端的技术优势,加强科研单位和农业企业之间的合作,即保证基础性的公益研究,又能实现与市场的对接,通过市场竞争反馈确保科研人员的收益,充分调动其科技创新的积极性,成为了新的要求和挑战。

(三)支持创新主体的金融市场不完善

首先,作为农业科技创新的重要主体,我国的农业产业化龙头企业和专合组织总体规模偏小、研发能力较弱,盈利能力不足,市场风险大,市场竞争力不强,导致其获得银行贷款的能力不强,企业进行科技创新的资金诉求难以完成,制约了创新能力的提高。

其次,我国的证券市场还不成熟,目前,主板市场仍是资本市场的主要组成部分。由于主板市场的门槛高,达到要求标准的主要是大型的成熟的工业企业,并且具有现实的资本规模和稳定的盈利能力。而农业企业一般很难达到要求,除少数国有大型农业集团外,其他企业很难在主板市场有所发展。2009年,创业板市场的建立,为我国中小企业,特别是创新性企业带来了机遇,但是就创业板运行三年的情况来看,创业板市场还不成熟,存在很多问题,对于农业产业化龙头企业的创新激励作用有限。

(四)农业科技创新成果交易的市场制度不完善

一是农业科技成果的鉴定是由政府以及相关部门组织专家鉴定,鉴定的过程重点是对成果的技术先进性、创新性进行评价,缺乏对其市场推广以及市场价值的科学客观的评价。因此,在农业科技成果交易中,无法更加科学的对科技成果进行定价,导致在交易中没有定价依据和标准的情况,出现随意定价,扰乱市场,甚至滋生腐败的现象出现。

二是由于缺乏全国的统一的主管和监管部门,技术产权交易市场规则都是地方相关部门制定,没有形成全国统一的交易规则,这样在一定程度限制了技术产权的交易①。

三、完善农业科技创新市场激励机制的建议

农业科技创新的市场激励机制要充分结合农业科技的特点,特别是农业科技的准公共品属性,有区别有针对性地进行设计。对于政府公益性科研机构,市场激励的重点是通过对科技创新成果的市场接受程度和转化程度的评定和评估来引导和鼓励其科技创新的方向和内容;对于企业、专合组织等创新主体而言,市场激励的重点是保持公平的竞争环境,保护其创新所得。

(一)加强农业科技知识产权保护

首先,进一步完善我国农业科技知识产权制度。建立完善的知识产权保护制度是激励农业创新主体的基本保障。一方面完善现有专利、商标、版权、植物新品种权等传统知识产权保护制度,提高知识产权保护的法律效力,扩大知识产权的保护范围,深化和细化知识产权的保护内容;另一方面要拓宽农业科技创新成果的知识产权保护范围,将品种权保护纳入更高的保护层次,并有针对性地将生物技术、智能化农业信息技术、基因技术等农业前沿技术纳入专门的知识产权保护。

其次,提高农业知识产权的执法力度和效率。其首要任务是要将农业知识产权保护措施切实落实到位,重拳打击侵权假冒行为,对违法案件要做到有案必究,加大其违法成本,切实履行法律权威,增强民众对知识产权的敬畏程度。同时,应建立和完善电话、网络等举报投诉平台,畅通投诉举报渠道,加强社会监督。

(二)完善农业科技创新市场交易机制

鉴于农业的基础性和农业科技创新的准公共产品特性,在构建农业科技创新交易机制时,应区别对待不同的创新产品和创新主体。

对于农业科研单位、农业大学等创新主体,目前承担了我国农业科技的基础创新研究和共性技术研发,其科研人员收入和科研经费主要来源于国家财政。作为公益性科研机构,其成果市场价值远远高于消费者(农业生产者)的购买能力,实际操作过程中大多数成果都是免费或者大大低于实际价值提供给消费者(农户),此时市场激励是失效的。因此,构建以农业公益性科研单位为创新主体的科技创新市场交易,应由政府统一指导,协同推进科技创新成果交易及转化,既要通过市场反应科技创新的真正价值,又要保障消费者的购买能力。我们认为,一方面要构建完善农业科技创新效益评价体系,客观准确的评价其经济价值,让其成

① 秦利芹. 我国企业自主创新的外部激励机制研究[D]. 郑州:郑州大学,2009

为激励科研创新主体和科研创新人才的依据,同时也是国家投入科技创新的依据之一;另一方面,要建立科技成果转化补偿机制,对于农户、合作社等消费者,政府应研究制定补偿办法,使之能够承担对农业科技创新的费用。

对于以企业、民间科研机构等创新主体,应严格按照市场经济规律进行,重点应创造良好市场交易环境,鼓励企业加大科技投入,加强农业科技创新,完善建立以市场为导向的农业技术创新、成果转化、技术转移机制,让农业创新主体真正得到其相应的报酬。

第三节　农业科技创新政府激励机制

一、政府激励的必要性

政府激励的必要性是市场失灵。纵观国内外市场经济实践,基本可以得出一致的结论,市场是最有效率的资源配置方式,但它也存在着功能上的局限和缺陷,即市场失灵。就本书研究农业科技创新而言,政府激励的必要性主要表现如下。

(一)农业科技创新的外部性

农业科技创新的外部性极大,主要是由农业科技创新的公共品特性决定的。一方面,农业科技具有非排他性,除了部分育种技术、农化产品研发等少量可以物化的农业科技外,其他的农业科技创新,特别是诸如农业育种技术、农业栽培技术等领域的创新,具有很强的通用性,不同的农户在一定的区域内都可以使用,一旦一个农业科技创新成果转化以后,就会在一定区域扩散,也就削弱了创新主体或者成果购买者的优势,这样会自然地降低创新主体或者成果购买者的创新积极性;另一方面,农业作为基础产业,政府和社会的目标又需要尽快推动科技成果的转化,也只有创新成果的扩散才可以促进整个社会科技水平提高和经济的发展。二者之间的矛盾,不可能通过市场本身来解决,市场并不能自我构造有利于自主创新的市场结构,也不能能动地创造有利于自主创新的外部环境,包括解决创新的风险和动力方面都存在局限,据资料统计,纯基础研究的成功率一般为3%,应用基础研究的成功率15%。[①]

(二)市场的信息不对称

我国农业生产领域中,由于传统的小农经济和大市场的矛盾一直未能得到有效解决,信息不对称现象十分常见,特别是农业科技创新信息不对称现象非常严重。其中,最主要表现是农业科技创新成果的推广者和使用者和农业科技创新者

---

① 邱昌颖.福建省农业技术创新动力机制研究[D].福建:福建农林大学,2005

之间的信息不对称,造成科研和生产的脱节。其次,由于信息渠道不畅,一些不法分子趁机利用虚假信息欺骗农民,甚至存在假化肥、假种子、假农药等坑害农民的现象。再次,参与农业科技创新的相关机构的信息不对称,例如项目的融资过程中创新主体与金融机构之间的信息不对称,这样造成创新项目的融资困难。要摆脱这种困境,仅仅依靠市场的力量是无法解决的,迫切需要政府发挥宏观调控的主导作用。

二、我国农业科技创新政府激励机制的内涵和现状

(一)农业科技创新政府激励机制的内涵

由于农业科技的公共品属性,决定了政府在农业科技创新过程中的重要角色,并成为推动农业科技创新的核心力量和关键因素之一。所谓农业科技创新政府激励机制,就是指在市场经济条件下,政府通过一系列法律法规、政策措施来实现推动农业科技创新的目标。政府可以利用的调控手段主要包括法律、法规、财政、税收、金融等政策。

(二)我国农业科技创新政府激励机制现状

1. 知识产权保护现状

知识产权激励既是市场激励的最主要方式,也是政府激励的重要形式。政府通过建立健全知识产权保护法律体系,加大对知识产权领域的执法力度,达到激励科技创新的目的。目前,我国农业领域知识产权主要包括植物新品种权、农业专利权、农业商标权、农业科技著作和农业科学成果及公共技术产权等。

近年来,我国制定了《专利法》《植物新品种保护条例》《商标法》以及《著作权法》等一系列知识产权法律法规,大大促进了我国农业领域知识产权保护,极大地推动了农业领域的科研创新。

据中国农业科学院农业知识产权研究中心2014年发布的《中国农业知识产权创造指数报告》[①],2013年,我国农业知识产权创造指数达到1.2829,比上年增加28.29%;申请量指数达到1.2835,申请知识产权保护的创新成果比上年增加了28.35%;授权量指数达到1.3644,表明将农业创新成果转化为知识财富的获权能力增强。

2. 农业科技创新奖励现状

国家以及地方政府实施科技奖励,对在科学技术创新活动中做出重大贡献的科研人员、科技成果进行的表彰奖励,是党和政府"尊重知识、尊重人才"政策的具体体现,是实施科教兴国战略的重要措施,同时,也是激励科技人员投身科技创新事业的重要举措。目前,国内的农业科技创新奖励主要分为以下几个方面。

---

① 农业知识产权研究中心网站。http://www.ccipa.org/html/zxgk/zxdt/20140505/4489.html

一是国家三大奖项。据统计①，"十一五"期间，国家三大奖项累计授奖1 342项，其中农业科技成果获得三大奖项共计149项（未包括林业和水产），占授奖通用项目总数的111%。

表7－3　2006－2010年我国农业科技成果获国家科技奖励情况

年份	自然科学奖	技术发明奖	科技进步奖	总计	备注
2006	1	4	26	31	
2007	1	3	19	23	
2008	0	3	25	28	
2009	0	2	31	33	
2010	0	1	33	34	
合计	2	13	134	149	

数据来源：国家科技奖励办公室网站。

二是农业部农业科技奖励。典型代表为神农中华农业科技奖和全国农牧渔业丰收奖等科技奖项。神农中华农业科技奖的前身是农业部科技进步奖，是经国家农业部、科技部批准设立的面向全国农业行业的唯一综合性科学技术奖，主要奖励为我国农业科学技术进步和创新做出突出贡献的集体和个人。全国农牧渔业丰收奖（以下简称"丰收奖"）是农业部设立的农业技术推广奖，用于奖励在农业技术推广活动中做出突出贡献的集体和个人，分设农业技术推广成果奖、农业技术推广贡献奖、农业技术推广合作奖。2006年，农业部还设立了中华农业英才奖，用于奖励在农业科研中有卓越贡献的杰出科学家。该类奖励的实施对于调动农业战线的广大农业科研人员的积极性和创造性，推动农业科技创新有着积极作用。

三是省级农业科技奖励。在国家科技奖励的指导下，各级地方政府也高度重视科技奖励的激励作用，尤其是省级政府为推动地方科技创新，出台了一系列政策措施。以四川省为例，2000年6月6日四川省人民政府发布的《四川省科学技术奖励办法》，2014年又重新做了修改，于2014年3月1日正式实施新的《四川省科学技术奖励办法》和《四川省科学技术奖励办法实施细则》，该办法确定由四川省人民政府设立四川省科学技术奖，包括科学技术杰出贡献奖和科学技术进步奖。据四川省科技统计中心数据，2009－2014年，四川省科技进步奖励项目数量增稳定增长状态。2014年度四川省科学技术进步奖获奖项目271项，其中：特等奖空缺、一等奖33项、二等奖74项、三等奖164项。获奖项目中，农林牧业类为51项，占总数的18.82%，比2013年（42项）提高1.82个百分点。

① 石学彬.我国农业科技奖励制度的现状与建议.农业科技管理[J],2012,(02):22－24

表7-4 2009-2014四川省科技进步奖励项目数

年份	合计(项)	四川省科技进步奖励			
		特等	一等	二等	三等
2009	242		32	56	154
2010	241		29	53	159
2011	238		28	52	158
2012	252		31	54	167
2013	247	1	35	58	153
2014	271		33	74	164

数据来源:四川省科技统计简报、四川省人民政府网站①。

表7-5 四川省科学技术奖授予的范围一览表

奖励类别	授予范围	备注
四川省科学技术杰出贡献奖	主要授予在科学技术前沿领域和科学技术发展等方面有创造性、重大研究成果,对推动四川省科学技术进步做出突出、特殊贡献的人员;在科学技术创新、加速科学技术成果转化和促进高新技术产业化方面做出重大贡献,产生重大经济效益、生态效益和社会效益的直接实施者	
四川省科学技术进步奖	主要授予在基础研究和应用基础研究中阐明自然现象、特征和规律,有重大科学发现的;运用科学技术在产品、工艺、材料及其系统等方面有重大技术发明的;在加速科学技术成果转化,推广应用先进科学技术成果,完成重大科学技术工程、计划、项目等方面,取得显著经济效益、生态效益和社会效益,做出突出贡献的;在社会公益项目中,长期从事科学技术基础性工作和社会公益性科学技术事业,经过时间检验,创造显著社会效益的	

四是社会奖励。是指非利用国家财政性资金在国内设定经常性的科技奖励。目前,我国社会力量进行的科技奖励主要以行业协会和学会为主,占社会设奖总数的50%以上。奖励类型以专项奖为主,基本涵盖了各个学科领域。例如,袁隆平农业科技奖、大北农科技奖已成为农业领域专项奖的典型代表。

3.财政激励现状

所谓财政激励,主要是指通过政府资助、政府购买、税收优惠、政府兴办公共研究开发部门、合作性创新等手段和方式对农业科技创新的激励和扶持。

一是政府采购激励。即政府为提供公共服务或满足其他政府职能而进行的

---

① 四川省人民政府网站,http://www.sc.gov.cn/10462/10883/11066/2015/4/1/10331385.shtml

一种消费和采购活动。从美国、欧盟等发达国家和地区的国际经验来看,通过适当的政府采购制度和政策安排,扩大对新技术和新产品需求,有利于促进科技创新。运用政府采购政策鼓励本国科技创新,已经成为世界上许多发达国家的共识。目前,发达国家政府采购制度非常完善,在政府采购法律体系、管理体制、机构设置等方面都有突出的特点,在运用政府采购促进科技创新方面取得了突出的成就。例如,欧盟国家政府采购政策对本国高新技术产品的倾斜力度都非常大,出台了许多政策法令限制高新技术产品进口比例,鼓励采购本国本地区高新技术产品。意大利明文规定对于 20 万美元以上的采购项目要优先购买欧盟国家的产品①;德国、挪威等国规定,500 欧元以上的工程或者 20 万欧元以上的货物和服务采购,都必须在欧盟范围内进行采购②;而法国则要求国内航空、铁路、通信等部门优先购买本国产品。在国内,政府采购作为一项重要的创新驱动政策已达成共识,越来越受到社会各界的重视。1999 年,《中共中央、国务院关于加强技术创新发展高科技实现产业化的决定》(中发〔1999〕14 号)中提出:"要通过预算控制、招投标等形式,引导和鼓励政府部门、企事业单位择优购买国内高新技术及其设备和产品。"表明政府利用政府采购,鼓励科技创新的政策基础。2003 年 1 月 1日,我国正式实施《政府采购法》。2004 年,我国财政部要求各地区、各部门在国货认定办法出台之前,尽可能在同等条件下采购有国内知识产权或者在国内生产、组装的产品,工程和服务的政府采购合同要优先授予本国供应商。2006 年,国务院下发了关于实施《国家中长期科学和技术发展规划纲要(2006 – 2020 年)》若干配套政策,其中明确了充分运用政府采购政策支持科技创新这一重要问题。2007 年,财政部印发了《科技创新产品政府采购预算管理办法》《科技创新产品政府采购评审办法》与《科技创新产品政府采购合同管理办法》③。

财政投入激励:财政的投资是我国农业科技创新资金的主要来源。一般来说,国家财政用于科技方面的支出,分为两种形式:一种是直接拨款,即国家财政预算内安排的科研经费支出,直接财政科技投入的投入对象主要是科研机构、高等院校等非营利性单位;另一种是间接投入,即通过制定税收、金融等优惠政策去激励创新,一般投入对象为赢利性科技型企业和相关机构。目前,我国财政对科技事业的拨款主要包括科技三项费用、科学事业费用、科研基建费和其他科研经费等。农业科技创新离不开财政投入。

税收政策激励:税收政策是我国财政收入最主要的形式,对社会经济发展的影响十分巨大。利用税收政策激励科技型企业的科技创新已经成为各国所通用

---

① 吴叶君.加快我国高新技术产业发展的政府采购政策研究[J].中国软科学,1998,(10):48 – 52

② 任胜钢,李丽.发达国家政府采购促进高新技术产业发展的政策比较及启示[J].中国科技论坛,2008,(3):135 – 139

③ 董为民.政府采购与科技创新[J].经济研究参考,2010,(06):60 – 67

的重要手段之一。用好税收政策,对于激励企业及相关机构(非政府部门)扩大研发经费、促进研发成果产业化、提高产品的科技含量有着重要意义。一般来说,税收政策包括税收减免、税收抵免、税率优惠、加速折旧、退税以及技术准备金制度等。

表7-6　我国支持科技创新的税收优惠部分政策

序号	相关政策文件	具体优惠措施
1	《中华人民共和国企业所得税法实施条例》	企业开发新技术、新产品、新工艺发生的研究开发费用,未形成无形资产计入当期损益的,在按照规定据实扣除的基础上,按照研究开发费用的50%加计扣除;形成无形资产的,按照无形资产成本的150%摊销。居民企业在一个纳税年度内技术转让所得不超过500万元的部分,免征企业所得税;超过500万元的部分,减半征收企业所得税
2	《财政部、国家税务总局关于股权转让有关营业税问题的通知》(财税〔2002〕191号)	企业发生的股权转让不征收营业税
3	《财政部、国家税务总局关于国家大学科技园税收政策的通知》(财税〔2013〕118号)	自2013年1月1日-2015年12月31日,对符合条件的科技园自用以及无偿或通过出租等方式提供给孵化企业使用的房产、土地,免征房产税和城镇土地使用税;对其向孵化企业出租场地、房屋以及提供孵化服务的收入,免征营业税。"营改增"后的营业税优惠政策处理问题由"营改增"试点过渡政策另行规定
4	《财政部、国家税务总局关于科技企业孵化器税收政策的通知》(财税〔2013〕117号)	自2013年1月1日-2015年12月31日,对符合条件的孵化器自用以及无偿或通过出租等方式提供给孵化企业使用的房产、土地,免征房产税和城镇土地使用税;对其向孵化企业出租场地、房屋以及提供孵化服务的收入,免征营业税。"营改增"后的营业税优惠政策处理问题由"营改增"试点过渡政策另行规定
5	《中华人民共和国企业所得税法》	经省级科技主管部门认定的高新技术企业,减按15%的税率征收企业所得税
6	《财政部、国家税务总局关于教育税收政策的通知》(财税〔2004〕39号)	对高校、科研部门转让职务科技成果以股份或出资比例等股权形式给予科技人员个人奖励,暂不征收个人所得税
7	《中央人才工作协调小组关于实施海外高层次人才引进计划的意见》(中办发〔2008〕25号)	引进海外高层次人才回国(来华)时取得中央财政给予引进人才每人人民币100万元的一次性补助(视同国家奖金),免征个人所得税

资料来源于财政部、国家税务总局等网站。

三、我国农业科技创新政府激励机制缺陷

政府作为一种非市场的力量，在农业科技创新中起着关键的作用。我国政府十分重视农业科技创新的激励，改革开放以来，陆续出台了许多有关农业科技创新的法律制度和配套措施，成就显著，对国际先进农业技术的引进、消化吸收和再创新能力逐渐增强[①]。但是，随着我国经济社会的快速发展，对农业科技创新的要求不断深入，我国现有的农业科技政府激励机制已不完全适应科技创新的要求，有关的法律制度和法规亟待完善，人才合理流动难、农业科技成果转化融资困难等问题亟待解决。

1. 农业科技创新投资管理体制机制不完善

在我国现行科研体制下，农业科研单位是农业科技创新的主要组织，其大多数为国家事业单位，主要依赖各级政府的财政拨款生存，无论是从事基础性、公益性科研，还是从事应用性、非基础性科研，均由国家财政支持。因此，长期以来，我国农业科研单位的科技创新方向，目标等方面受到政府公共目标影响甚大，从而导致科研人员农业科技创新考虑政府需要，考虑成果的各级领导重视程度等方面较多，而考虑农业科技创新与农民技术需求和企业实际需求较少。例如，在粮食作物生产上，政府公共目标主要是提高单产，增加总量供给，使得科研投入大量投入到促进作物高产上，而往往对粮食作物品质、口感的研究不足。

从制度经济学的角度看，政府追求的目标是政治稳定、社会稳定，最终达到长治久安，但同时最大的问题就是出现权力集中和权力寻租。由于目前的科研审批和投入制度对于既得利益有利，存在"路径依赖"，对于既得利益者而言，就有保持原有制度刚性的激励，而缺乏制度创新的动力。在这种制度背景下，科研项目和成果的审批就可能出现腐败，项目的获取可能不是建立在项目自身好坏的基础上，而是在于关系。使得部分科研单位为了争取课题、成果、经费，不得不贿赂管理者，导致许多科研人员将大部分精力花在政府公关上，而不是潜心进行科研。

（二）农业科技创新相关制度和政策不完善

总的来讲，改革开放以后，为促进技术创新和农业科技创新，我国政府出台了许多政策、法律和法规，在工业现代化和农业现代化进程中起到了重要作用。但是我国农业科技创新无论在法律法规、还是在财税政策以及金融等激励政策上与日本、美国以及欧洲等国家相比还存在较大差距，还有较大改善空间。主要表现为：

从政府采购和招投标政策来看，2000年《中华人民共和国招投标法》正式实施以来，为保障"公开、公平、公正"的市场竞争秩序起到了积极作用，但其配套政

---

① 　陈丽萍.农业自主创新激励机制存在的问题及对策研究[J].商业经济,2012,(12):12 - 13

策不够完善,特别是如何防范串标,虚假招标等违法行为的措施和整治力度不够,使得招投标非法现象屡禁不止。因为创新有较高成本和风险,但是好的产品和技术不一定中标,一定程度上制约了企业的创新行为。农业一直以来都是弱质产业,从事农业科技创新的企业更需要国家政府采购的扶持和激励,但是由于存在政府采购政策漏洞,寻租和腐败时而发生,加之政府政策变化较快以及配套政策不足,使得农业企业从事农业科技创新的信心不足,风险承担能力不足,不利于其科技创新。

从税收政策来看,税收是政府宏观调控的主要手段之一,采用税收激励机制是政府激励农业创新主体,特别是企业主体的重要手段。为拖动科技创新,国务院出台了《实施〈国家中长期科技发展规划纲要〉(2006 - 2010 年)的若干配套政策》,其中包括 8 条税收政策,加大了对企业的税收激励作用。但是对于建成长效的制度性税收激励机制,我国现行税收制度还存在着一系列的问题。例如,我国"生产型增值税"制度制约企业自主创新发展。另外,缺乏风险投资的专门税收政策,使得风险投资的风险更高,制约了风险资金进入农业科技创新领域。再者,我国目前对于创新的优惠政策,主要针对新成果实现的收入进行减税免税,对于成果研发等前期活动扶持力度不够,这对于正在进行或有潜在创新需求的企业没有起到有效的激励作用。

从投融资政策来看,资金能力是企业自主创新能力的主要制约因素之一,改革开放以来,为激励企业技术创新、推动社会科技进步,国家出台了一系列金融支持政策。但就农业科技创新而言,目前我国金融支持政策存在几个方面的问题。一是现行的信用担保制度还存在一定问题,比如担保方式、担保比例、损失理赔等担保运行的关键内容还不完善,对于农业科技创新主体的支持力度不够。二是政府对于农业科技创新主体的贷款优惠政策较少,对创新主体的激励作用不够。三是支持农业政策性保险推广力度不够,推广范围较少。

(三)政府农业科技投入强度不够

科学研究与试验发展(research and development,R&D) 是衡量一个国家或地区科研水平的重要指标,包括基础研究、应用研究、试验发展三类活动,体现了科技创新活动的核心内容[①]。从研发机构(科研机构、大专院校、企业) 来看,R&D 是用际支出来反映科技投入水平的一种方式,具有良好的国际可比性。

据全国 R&D 资源清查资料汇编数据[②],2000 年,我国 R&D 经费总支出为 896 亿元,其中农业 R&D 经费 26.96 亿元,占 R&D 总经费的 3.0%;2009 年,全国 R&D 总经费 5802 亿元,农业 R&D 经费 116.45 亿元,占 R&D 总经费的 2.0%。2000 - 2009 年十年间,我国农业 R&D 经费增长了 4 倍,投资强度也从 0.18 上升

---

① 袁学国.中国农业科技投入分析[J]. 中国农业科技导报,2012,14,(03):11 - 15
② 国家统计局.全国 R&D 资源清查科技机构资料汇编[M].北京:中国统计出版社,2000

到了 0.37①。这表明,国家对农业科技的重视程度越来越高。但是,对其进行对比分析发展,我国农业 R&D 投入还有很大不足,差距明显。一方面,我国农业 R&D 经费总量增长速度落后于 R&D 经费增长速度,农业 R&D 经费支出占 R&D 经费总支出的比例未升反降;另一方面与美国、日本、德国、加拿大等发达国家农业 R&D 经费投资强度相比差距巨大;这对农业科技创新形成了极大的制约。

同时,我国农业企业科研经费投入很弱,2009 年农业企业 R&D 投资仅占农业 R&D 投入的 11.6%,其根源在于我国大部分农业企业主规模小,大部分不具有研发能力或者研发能力弱。尽管近年来国家多次提出要建立以企业为主导的研发体制,但是目前来看,效果并不明显。

从国际上看,尽管我国农业科技研发投入一直保持了较高的农业研发投资增长率,但总体而言,中国农业科技投入与其他发达国家相比是严重不足的。2000 年,全球农业 R&D 投资强度接近 1.4%,发达国家超过 5%,发展中国家超过 0.5%。而我国农业 R&D 投资强度仅是 0.18%,2009 年达到 0.37%,仍然远远低于发达国家 2000 年的水平,甚至低于发展中国家 2000 年的水平。

(四)农业科技投入结构不合理

从不同的研究领域来看,科研经费的投入分配差距也较大。长期以来,我国农业科技投入主要集中在粮食领域,对于经济作物投入较少,造成我国以水稻为代表的粮食作物育种水平领先全球,而以蔬菜、大豆等经济作物科研水平远远低于发达国家,面临十分危险的境地。

从产业链条来看,对产前和产中前两个环节投入较多,对产后的投入较少;从研究性质来看,经费主要用于试验研究投入,而基础研究和应用研究较少;从投资主体来看,我国农业科研投入主要为国家财政投入,企业对农业研发的投入严重不足,与发达国家科研投资主要为企业投入有很大区别。

四、完善农业科技创新政府激励机制的建议

(一)创新机制和体制,激发机制和体制的激励作用

要从根本上激励农业科技创新,离不开相应的管理体制创新。就目前运行的效果而言,我国在农业科技创新方面的管理体制、机制还存在较大问题,不利于激励创新。我们认为,应从以下几个方面进行完善:

一是创新我国农业科研管理体制。改革我国现有的科研立项机制。首先是打破现有行政管理体制对科研课题和项目立项的绝对主导,建立由市场和社会需求为主导的新型科研立项机制。在科研项目竞争立项评估中,应将企业、农民、消费者代表纳入评估主体之一,改变单一的行业专家评审格局。其次,推进农业部

---

① 袁学国. 中国农业科技投入分析[J]. 中国农业科技导报,2012,14,(03):11-15

门大部制改革,改变目前农业科技管理部门多、各自为政及重复设置的局面。再次,创新科研立项、科研管理的公平竞争环境,除了使体制内的科研院所竞争国家课题、国家项目的机会均等,还要创造企业内部科研机构、民间科研机构与体制内科研机构平等的竞争环境。最后,要改变现有的科研项目验收制度,要鼓励创新过程,鼓励创新者不怕失败,对一些科研项目,只要创新过程符合科学规律,即使没有达到预期效果,不能武断的剥夺其科研项目申报资格,应给与鼓励,在全社会营造积极进行创新活动,但不怕创新失败的氛围。

二是创新我国农业科技创新投资体制。由于农业科技创新的外部性和公益性,使其社会效益远远大于经济效益。因此,我们认为农业科技的投资主体只能是政府,应继续维持政府财政拨款的主渠道地位。并积极引导农业企业进行农业科技创新活动,政府通过银行信贷、税收优惠、农业补贴等措施进行鼓励,培养一批科研实力雄厚,在国内外有一定竞争力的农业大公司、大集团。

三是完善农业科技推广机制。要完善现有的农业技术推广体系,构建与农业一线生产者紧密结合,与市场高度融合的推广体系,从根本上促进农业科技创新的转化率和效益,从而倒逼农业科技创新机制体制改革,提高农业科技创新者的积极性。

(二)完善相关制度和政策

政策激励,应突出对农业科技创新的导向和激励作用,构建合理高效的政策体系,形成激励创新的政策和法律环境。

一是完善财政政策,增强财政政策的激励作用。要构建有利于促进农业科技创新的长效财政税收制度,除了加大财政支持力度以外,更重要的是提高财税支持的针对性和比较效益,要重视发挥税收政策的杠杆调节与激励作用。要借鉴国际通行的标准和经验,适度加大对企业研发投入成本的减免和税收优惠,积极推进生产型增值税转为消费型增值税,推动企业形成自主创新的内在动力机制,鼓励企业加快技术改造和设备更新换代。要准确把握国内技术空白和市场需求,适时调整进口关税和进口增值税减免政策,不断提高政策的针对性和有效性,鼓励国内企业引进关键技术、进口用于研发、检测的设备①。

二是完善政府采购和招标制度。政府采购通过提供稳定可靠的公共消费市场,可以减少科技创新过程中市场方面的不确定性风险。优先采购国内企业研发和生产的农机具、农业生产资料、优质农产品以及加工品,推动农业生产企业进行技术研发和产品更新。

三是创新金融政策。如何解决金融机构贷款风险意识和农业科技创新固有风险之间的矛盾,是研究金融政策的关键。我们认为可以从以下方面入手:一要

---

① 袁海尧. 财政政策对于企业自主创新的导向作用. http://business.sohu.com

制定政策性银行支持农业科技创新的具体政策细则和商业银行支持农业科技创新的指导意见,要防止银行在涉农贷款上打擦边球;二要鼓励真正有创新意愿的农业企业勇于融资,真正把贷款用到科技创新上,防止走形式,将款项挪为他用。三要加强政府对科技贷款的扶持力度,改变目前平台公司的投资结构,增加性平台公司对农业科技创新的投入。同时创新政府性担保公司的担保方式,增强对农业科技贷款的担保力度。

(三)加大对农业科技的投入力度

针对目前我国农业科技创新投入不足的现状,既要总体做到"保证财政农业科技投入增幅明显高于财政经常性收入增幅,逐步提高农业研发投入占农业增加值的比重,建立投入稳定增长的长效机制"①,更应该制定年度目标,采取措施真正落实这一政策。同时,将优化投入结构作为重点,如"增加蔬菜、水果等经济和农产品精深加工的投入力度。既要保障粮食安全,又要提升我国农业其他产业的科技水平和国际市场竞争力,一方面避免某些产业被国外控制的局面,另一方面尽可能增加农业附加值,提高农业效益。

第四节　农业科研单位内部激励机制

农业科研单位是目前我国最重要的农业科技创新主体,预计在未来很长时间都将是我国农业科技基础研究和创新的主体。因此构建农业科研单位内部的激励机制对于推动农业科技创新十分重要。

一、农业科研单位内部激励现状—以四川省农业科学院为例

(一)目标激励制度

目标作为一种激励,可以激发人的需要,目标越明确,动机越强烈,其行为的内在动力也就越大。目标激励的作用在于使广大农业科技工作者看到自身的价值和责任,培养职工的共同志向,激发实现共同目标的最大积极性和创造性,从而充分调动工作积极性②。目前,我国农业科研单位主要包括各级农科院、农科所、农业大学等,大多数为国家事业单位,属于财政拨款单位,科技人员在一定程度上缺乏目标,存在人浮于事的情况。甚至有些单位将行政目标作为主要目标,而缺乏科技创新目标。因此,科研单位应在事业单位分类改革的大背景下,结合单位实际制定目标,特别是制度科技创新目标,建立创新目标责任制,将创新目标作为单位各项目标的重中之重,将创新目标管理作为年度考核的重要依据。

---

① 2012 年中央一号文件:《关于加快推进农业科技创新持续增强农产品供给保障能力的若干意见》
② 陈啸云.农业科研单位激励机制探析[J].云南科技管理,2005,(04):31-33

以四川省农业科学院为例,2012 年,为加大农业科技创新力度,实施农业科技创新战略,四川省农业科学院制定了《关于进一步提升科技创新能力加快建设全国一流农业科技强院的意见》,为该院"十二五"农业科技创新确定了创新方向、重点以及重点工程。详见专栏7-1。

专栏7-1:四川省农业科学院确定的创新目标和重点

(一)科技创新方向。坚持"着眼长远发展,面向产业需求"原则,紧紧围绕省委、省政府发展现代农业战略部署,努力践行"求实创新,兴农利民"院训,把保供给促增收作为首要任务,把生态文明建设放在突出地位,以提高土地产出率、资源利用率、劳动生产率为主要目标,以增产增效并重、良种良法配套、农机农艺结合、生产生态协调为基本要求,加快构建"高产、优质、高效、生态、安全"现代农业技术体系,着力推进农业技术集成化、劳动过程机械化和生产经营信息化,着力发展绿色农业、循环农业和低碳农业。

(二)科技创新重点。面向社会、市场和产业发展需求,着眼于提高自主创新能力,着眼于提高学术水平和技术水平,突出科技创新重点,大力推进科技创新工程。重点推进种质资源创新和突破性新品种培育工程、公益性研究深化工程、高新领域拓展工程和基础研究提升工程,着力解决区域农业及农村经济发展重大共性和基础性科学技术问题,突破现代农业产业发展关键技术。

(三)继续实施优势学科提升专项。强化优势学科建设,突出创新重点,深化研究内容,进一步提升自主创新能力。重点支持种质资源创新和有利基因发掘、突破性高产优质专用新品种选育、标准化种养殖技术、有害生物治理、耕地质量提升、节水农业和农产品质量安全等优势研究领域。

(四)设立新兴学科培育专项。紧紧围绕产业与社会发展需求和生态文明建设需要,进一步拓宽研究领域,加快新兴学科发展。在继续支持农产品加工、烟草和饲草等新兴学科的基础上,重点支持特色经济作物、能源作物、生态农业、耕地污染治理和农村经济等研究领域形成新的优势和特色。

(五)设立高新技术专项。加快农业生物技术、信息技术和遥感技术等高新技术研究与应用,推动现代农业发展。重点支持以重要性状功能基因克隆、转基因技术、分子辅助育种技术等为核心的农业生物技术研究应用,以智能化农业、数字农业和农业物联网技术为核心的农业信息技术研究应用,以卫星/无人机农情监测监控技术、影像信息提取技术、土地水利资源评估等为核心的农业遥感技术研究应用。

(六)设立基础研究专项。强化基础研究和应用基础研究,提升基础研究水平,增强原始创新能力。一是设立重点实验室运行专项,重点支持部、省重点实验室和科学观测站开展基础研究和应用基础研究;二是设立国家基金补助专项,重点支持国家自然科学基金和国家社科基金立项项目和受理项目;三是设立信息库建设专项,完善中文数据库,新增外文数据库,为及时了解国际研究动态,准确把握现代农业科技发展趋势提供保障。

（七）设立成果培育专项。充分调动科技人员积极性,提高科技成果增量和质量,培育重大科技成果。重点支持科技成果申报与水平提升,对完成省级以上成果鉴定、登记和报奖的科技成果给予专项补助资金。

　　摘自中共四川省农业科学院委员会　四川省农业科学院《关于进一步提升科技创新能力加快建设全国一流农业科技强院的意见》

（二）人才激励制度

科技创新工作最重要的是人,必须将科技人员的激励作为重点。首先是创造环境、建立吸引人才的激励制度,将国内优秀农业科技人才吸引到农业科研单位工作,特别是优秀大学毕业生到农业科研单位工作,制定详细人才引进政策,尽可能地提供工作所需的条件和生活待遇。使农业科技人员感受到工作的自豪感、归宿感、成就感。其次是创造条件和机会,建立科技人员的培训激励制度,科技人员的再学习和再培训。一方面可以激发科技人员的创新欲望,另一方面也可以提高他们的创新能力。因此,对于农业科研单位而言,应该制定切实可行的人才培养计划,通过各种培训形式,提高他们的专业知识和认识水平,增强农业科技创新能力。

以四川省农业科学院为例,从"十二五"起开始全面实施人才强院战略,并制定了加快高端人才引进、加强青年人才培养、强化学术水平提升、加强创新团队建设等相关政策和措施。详见专栏7－2。为保障人才强院战略的实施,该院制定和完善了《四川省农业科学院优秀科技人才奖励办法》,设立了突出贡献奖、成果奖、论文奖等具体奖项。详见专栏7－3、专栏7－3。

専栏7－2:四川省农业科学院人才强院的相关政策和措施

（一）加快高端人才引进。大力引进对提升我院学术水平和技术水平急需的高层次人才,特别是在生物技术、农产品加工等研究领域具有国际影响和带动作用的海外高层次人才;通过聘用制或年薪制,招聘高水平外籍科学家到我院进行客座研究。对引进和聘用的高端人才给予项目启动经费,提供较为优厚的科研和生活保障等条件。

（二）加强青年人才培养。通过项目带动、联合攻关和科研协作、高访、研修和跟班学习等方式,建立多层次、多渠道青年拔尖人才培养机制,充分发挥领衔专家"传、帮、带"作用,加快培养和造就一批优秀青年科技人才。设立青年基金,重点支持40岁以下优秀青年科技人才开展自主创新研究。

（三）强化学术水平提升。鼓励开展高水平、前沿性研究,发表高水平论文,大力提升学术水平。设立优秀论文基金,重点支持当年SCI收录和中文核心期刊单篇论文影响因子较高且本单位和个人都署名第一的科技人员开展更深入的研究。

（四）加强创新团队建设。以学科建设和重大项目为主线,以领军人物为核心,合理配置项目、人才、资金、平台等资源,组建规模适当、结构合理的创新团队。积极争取国家、部省科技创新团队建设项目,积极举荐优秀科技人才,主动宣传突出创新人才和优秀创新团队。

摘自中共四川省农业科学院委员会 四川省农业科学院《关于进一步提升科技创新能力加快建设全国一流农业科技强院的意见》

专栏7-3:四川省农业科学院优秀科技人才奖励办法

（一）突出贡献奖

1. 奖励对象为科技人员个人,每年奖励人数原则上不超过2人(可空缺),每人奖励10万元(人民币,下同)。

2. 突出贡献奖候选人应具有较高的政治素质,勇于探索、开拓创新的敬业精神,严谨求实、团结协作的学术品德,当年获得下列业绩之一:

（1）院或院属单位排名第一,获得国家自然科学奖、国家技术发明奖、国家科技进步奖、省科技进步特等奖之一的第一完成人。

（2）院或院属单位署名第一,在影响因子大于10(含10)的SCI收录期刊上发表论文的第一作者。

（二）成果奖

1. 奖励对象为获得国家、省、部级政府部门授予的科技成果奖的研究团队,由团队成员共同申请。团队成员指获成果一级证书的本院科技人员。

2. 奖励范围为院或院属单位排名第一获得的国家奖、省科技成果奖、农业部丰收奖和中华农业科技奖;院或院属单位作为参加单位获得的成果,只奖励单位获一级证书的国家奖、单位排名第二的省特等奖和一等奖。

3. 奖金以颁发奖励的政府部门发放的奖金数额为基数,乘以不同奖励系数,再按成果完成人员中本院科技人员数占成果一级证书总人数比例和单位排名情况进行核算。各级成果奖励系数为:国家一等奖系数为5,国家二等奖和省特等奖系数为3,省一等奖系数为2.5,省二等奖系数为1.5,省三等奖系数为1。

4. 院或院属单位排名第一获得的国家奖、省科技成果奖,奖金计算公式为:政府发放的奖金数额×该级成果奖励系数×本院获一级证书人数/成果一级证书总人数。

5.院或院属单位排名第一获得的农业部丰收奖和中华农业科技奖,按同等级四川省科技成果奖给予奖励,但该成果的主要内容已获得省科技成果奖并已享受院优秀科技人才奖励的,奖金按第十条计算后再乘以系数0.3。

6. 院或院属单位排名第二至第五获得的国家奖,奖金按第十条计算后再乘以系数0.5;院或院属单位排名第五以后获得的国家奖,奖金按第十条计算后再乘以系数0.3。

7.院或院属单位排名第二获得的省科技成果特等奖和一等奖,奖金按第十条计算后再乘以系数0.3。

8.院或院属单位获得的川外省级政府科技成果奖,奖金按同类同等级四川省科技成果奖计算,但该成果的主要内容已获得四川省科技成果奖并已享受院优秀科技人才奖励的,奖金再乘以系数0.3。

（三）论文奖

1.奖励对象为院或院属单位署名第一的高水平论文、学术专著、生产建议和重要报告的作者团队,由团队成员共同申请。团队成员指论文、学术专著等公开发表(出版)时正式署名作者中的本院科技人员。

2.奖励范围为我院科技人员为第一作者或通讯作者,院或院属单位署名第一,公开发表的SCI收录期刊论文、影响因子0.5以上(含0.5)的中文核心期刊论文、认定的学术专著、领导批示的生产建议和重要报告等。合作发表的论文只奖励我院科技人员为第一作者或通讯作者,院或院属单位署名第二,影响因子3.0以上(含3.0)的SCI收录期刊论文。

3.SCI收录期刊论文奖励办法为:院或院属单位署名第一,影响因子5.0以上(含5.0)的,奖金按"影响因子×5 000"元计算;影响因子3.0以上(含3.0)的,奖金按"影响因子×4 000"元计算;影响因子1.0以上(含1.0)的,奖金按"影响因子×3 000"元计算;影响因子1.0以下的,奖金按"影响因子×2 000"元计算。院或院属单位署名第二,影响因子3.0以上(含3.0)的,奖金按单位署名第一的论文计算后再乘以系数0.3。

4.核心期刊论文奖励办法为:一类核心期刊,奖金按"影响因子×1 000"元计算;二类核心期刊,奖金按"影响因子×500"元计算。

5.本院科技人员为第一作者撰写的经院学术委员会专家认定为学术类专著的,奖金按"专著字数(万字)×1 000"元计算。

6.本院科技人员为第一作者且有本单位署名提出的生产建议或撰写的重要报告,被党中央、国务院领导肯定性批示的,奖金按每篇10 000元计算;被省委、省政府和国家部委领导肯定性批示的,奖金按每篇2 000元计算。

摘自《四川省农业科学院优秀科技人才奖励办法》

(三)体制机制创新激励

一直以来,由于受人事制度、行政化等因素影响,我国农业科研单位创新体制机制存在较大弊病,一直制约着我国农业科技发展。要提升国家农业科技能力、就必须要不断探索创新体制机制,最大化激发科研单位和科技人员的活力。党中央、国务院高度重视科研机制体制的创新,十八大以来,出台了大量政策。2015年5月,国务院印发《关于进一步做好新形势下就业创业工作的意见》,该文提出,对于高校、科研院所等事业单位专业技术人员离岗创业的,经原单位同意,可在3年内保留人事关系,与原单位其他在岗人员同等享有参加职称评聘、岗位等级晋升和社会保险等方面的权利。原单位应当根据专业技术人员创业的实际情况,与其签订或变更聘用合同,明确权利义务。同时,还提出完善科技人员创业股权激励政策,放宽股权奖励、股权出售的企业设立年限和盈利水平限制等优惠政策。这对于破解体制束缚,激励体制内科研人员加大创新创业力度有着重要的意义。为调动全省科技人员的创新积极性,四川省委办公厅、省政府办公厅出台《激励科技人员创新创业专项改革方案》,从科技人员创新创业、科技创新奖励制度、科技创新评价体系等三个方面,安排了7项具体改革任务,提出探索建立事业导向、利益驱动并重的人才激励新机制。

四川省农业科学院作为四川省《激励科技人员创新创业专项改革方案》试点单位,为充分调动科技人员在川从事研发、转化、创业的积极性和主动性,制定了《四川省农业科学院激励科技人员创新创业专项改革试点工作实施方案(试行)》,明确了允许科技人员兼职取酬、鼓励科技人员离岗转化科技成果、创办领办科技型企业、建立重转化、重业绩的人才评价激励机制、明确科技成果转化收益分配政策等4项具体办法。详见专栏7-4。

专栏7-4:四川省农业科学院激励科技人员创新创业4项具体措施

(一)允许科技人员兼职取酬

1. 兼职取酬的条件和范围。允许科技人员在完成岗位任务的前提下,经所在单位批准,在川兼职从事技术研发、产品开发、技术咨询、技术服务、技术承包、技术培训等成果转化活动,以及在川创办、领办、联办科技型企业,并取得相应合法股权或薪资。

2. 完成岗位任务的标准。科技人员完成的岗位任务,是以年初与单位签订的岗位责任书和与上级科研管理部门签订的科研项目任务书及年终考核结果为依据。

3. 兼职取酬的管理。科技人员受企业或各级政府、部门邀请,从事长期或固定兼职进行成果转化活动,应与所在单位签订协议,并明确其兼职内容及相应的责权利;兼职取酬的批准程序为科技人员由所在单位批准,担任所、处级及

以上领导职务的科技人员由院党政联席会议批准;兼职科技人员要利用和保护好本单位的知识产权;所有涉及单位的品种、产品等物化知识产权转让都应严格按规范程序公开公平有偿转让;兼职中获得的知识产权,按有关法律法规或事前约定享有相应的权益,同等条件下兼职科技人员拥有优先受让权和被许可权;所、处级及以上领导干部受单位委派,在本单位投资或管理的企业中代表单位从事管理工作,不属于兼职取酬范围。

(二)鼓励科技人员离岗转化科技成果、创办领办科技型企业

1. 离岗的时限。科技人员经所在单位批准,3年内保留人事关系离岗在川转化科技成果或创办、领办、联办科技型企业。离岗期限从批准离岗之日起算。

2. 离岗的合同管理。离岗科技人员提出申请并与所在单位订立(变更)聘用合同,明确离岗期间双方在工资福利和收益分配等方面的权利和义务,对批准离岗的人员实行实名制管理,离岗人员名单报人事处备案。

3. 离岗期间的人事管理。科技人员离岗期间,保留原聘岗位等级,工龄连续计算,薪级工资按规定正常晋升,并可依法与新的用人单位签订相应期限的劳动合同,年度考核和聘期考核由原单位和新的用人单位共同组织实施,原单位组织开展岗位竞聘的,应通知符合条件的离岗科技人员回单位参加竞聘上岗;原单位和新的用人单位都应当为离岗科技人员参加工伤保险,期间发生的职业伤害经认定为工伤的,按规定享受工伤保险待遇;离岗科技人员应遵守国家法律法规和单位规章制度,对违法违纪的离岗科技人员,按《事业单位工作人员处分暂行规定》等进行处理。

4. 离岗期满的管理。离岗科技人员在离岗3年期满前1个月,应当书面向原单位提出本人意愿,回单位上班的,在聘期考核合格的基础上,可继续聘用原聘岗位,也可聘用到其他岗位;符合岗位等级晋升或转岗条件的,可按有关规定晋升岗位等级或转岗;对不愿回单位上班,本人提出辞聘的,原单位应予支持,并按有关规定和聘用合同约定及时办理辞聘手续,本人未提出辞聘的,单位可按有关规定与其解除聘用合同。

(三)建立重转化、重业绩的人才评价激励机制

将转化推广业绩作为岗位考核管理和职称评审中的重要内容之一。科技成果转化推广业绩和获得国内外授权的知识产权证书可作为科技人员申报职称的重要依据;在川创办领办科技型企业取得突出成效,或在技术转移、科技成果转化中贡献突出的,或作为中国专利金奖、优秀奖以及省专利奖特等奖的主要发明人、设计人,可以申报相应专业技术职称。

(四)明确科技成果转化收益分配政策

1. 科技成果转化的处置权限。单项科技成果转让在300万元以下的,经所(中心)批准方可实施;单项科技成果转让在300万元及以上的,经院批准方可实施。

2. 科技成果转化的范围。科技成果主要包括获奖成果、新品种、新产品、新技术、新方法、专利和标准,以及技术服务、技术咨询、技术培训、技术承包、技术检测等。

3. 科技成果转化的方式。鼓励单位和科技人员采取以职务科技成果入股、转让、授权、许可等方式与企业合作,或采取现金方式入股企业,或采取技术咨询、技术培训、技术检测等方式为企业和地方经济发展提供科技服务来促进科技成果转化;以专利权作价入股的,最高可占公司注册资本的70%。

4. 科技成果转化收益分配。科技人员职务科技成果转化的收益,按至少70%的比例划归成果完成人及其团队所有;原则上50%用于奖励成果完成人,20%用于成果完成团队的发展,20%用于奖励其他科技人员和管理服务人员,剩余10%由成果完成单位用于事业发展。

5. 鼓励在科技成果作价入股的企业、国有控股的院所企业、高新技术企业实施企业股权(股权奖励、股权出售、股票期权)激励以及分红激励。

6. 全面落实《四川省专利保护条例》一奖两酬规定,奖励和报酬可以采取定额方式或者其他方式一次性给付,标准应当不低于国家有关规定。职务发明由单位自行实施转化的,在专利有效期内,每年应从实施该发明专利或者实用新型专利的营业利润中提取不低于5%作为报酬支付给发明人或者设计人;转让、许可他人实施专利或者以专利出资入股的,给予发明人或者设计人的报酬应不低于转让费、许可费中或者出资比例的20%。

7. 单位职务知识产权获得授权后的1年之内未能实施转化,科技成果完成人在不变更职务知识产权权属的前提下,可与本单位协商经批准后在川进行转化,并享有协议约定的权益(原则上科技成果完成人可按照不低于65%的比例享受转化后的收益)。

8. 上述按规定划归成果完成人及其团队的科技成果转化收益,不纳入单位绩效工资总额管理。

摘自中共四川省农业科学院委员会 四川省农业科学院关于印发《院激励科技人员创新创业专项改革试点工作实施方案(试行)》的通知

二、农业科研单位内部激励存在的问题

(一)农业科技人才观念较为落后

近年来,随着国家对人才工作和农业科研工作的不断重视,农业科研单位在人才管理工作上取得可较好的成绩,汇聚了大量科技人才。但是,就人才观念而言,由于受"重物、轻人"、"重管理人才、轻理工人才"、"重行政、轻市场"等陈旧思想影响,制约了我国农业科技人才的开发。比如,科研单位在人才录用和晋升的过程中往往被"唯学历、唯职称、唯资历"等狭隘的人才观念所禁锢,而不完全从

实践出发,全面的评价科技人才的价值。

(二)科研考核评价体系不完善

科学、合理的科研考核评价机制对于既可以调动科研人员的积极性和创造性,也可以促进科研单位各项事业良性发展。对于科研单位而言,没有统一的考评体系,单位不同、行业不同考评内容、重点都会各有不同。就农业科研单位而言,目前科研考核评价主要存在以下问题:

一是考核周期较短。国内科研单位对科研人员进行考核一般是一年考核一次、有些甚至半年或者一个季度就考核一次。考核的结果直接与科技人员职称、职务、奖励等利益挂钩。然而,由于作物的生长规律,农业科研活动一般周期长、见效慢,因此,频繁的考核会使农业科研领域周期较长的基础研究深受影响,严重地挫伤其积极性和创造性,进而诱发科研人员的短期行为,不利于农业科技创新的可持续发展。

二是考核的唯结果论。目前,科研考核中"轻过程,重结果"的问题仍然存在,一说起考核就是论文、科研项目、成果的数字化统计,导致科研人员为了满足考核,盲目追求论文、成果数量,甚至忽视学术道德,从而导致论文买卖、学术造假、学术腐败等急功近利的现象时有发生。

三是评价方法简单量化。长期以来,科研单位所采用的科研业绩量化评价指标和计量公式都统一用于单位各部门、各个科研人员,不区分类型、层次和学科领域。一个农业科研单位的科研类型和研究方向也是多种多样的。以四川省农业科学院为例,该院设有作物所、土肥所、植保所、生核所、遥感所、信息所、测试中心、园艺所、茶叶所、水稻所、经作所、蚕业所、水产所、加工所等 14 个研究所(中心)和服务中心 1 个服务机构;设有粮食和经济作物育种、种植制度、资源环境、生物技术、信息技术、家蚕、水产等 50 多个学科和专业。每个学科和专业都有其自身特点,不同专业产生的科研成果无论是内容、形式,还是 对社会的贡献度,都有很大差别。如果用统一的科研考评体系来对 15 个下属单位、50 多个学科和专业的科研人员进行考核,难免会出现偏颇。

(三)激励政策不够完善

目前,国内农业科研单位为激励科研人员创新,都出台了大量的激励政策和措施。但是,许多农业科研单位在制定激励政策的时候往往忽视科技人员的差异化需求,手段较为单一,甚至有些激励政策"一刀切",难以达到全面激励的效果,甚至还会产生反作用。同时,许多农业科研单位只注重对农业专业技术人员的激励,而忽视了单位工勤技能人员和行政人员的激励,不利于单位的稳定和谐,也不利用农业科研事业的可持续发展。

另外,当前我国许多科研单位在改革工作中仍然浮于表面,农业科研单位也不例外,很多时候未能够真正重视人才的力量。有些农业科研单位要求农业科研人员要不断创新,不断贡献,却不给予他们应有的报酬和奖励,抑制了农业科研人员的工作积极性与主动性。而还有部分农业科研单位,一味加重物质奖励比重,而无视高级农业科研人才在自我价值与自我成就方面的心理需求,从而无法真正有效地实现对农业科研人员的有效激励。

三、完善农业科研单位内部激励的对策

(一)建立物质激励和精神激励相结合的激励制度

一是加大物质激励力度,调动农业科技人员的积极性。目前,我国农业科研机构科研人员普遍收入不高,物质需求仍然是其主要需求之一,因此,加大物质激励仍然是较为直接有效的激励方式之一。在法律法规允许的条件下,农业科研单位应尽可能加大对农业科研人员的科研贡献进行奖励,使其收入水平与其科研贡献相适应。例如,对于其成果在实际生产中转化做出贡献的科研人员,可以按产生的经济效益适当比例进行提成。此外,对做出重大贡献的科研人员实行重奖或年薪制,最大限度地满足农业科技人员物质上的需求。

二是要注重精神激励。在加大物质激励力度的同时,应强化农业科研单位内部精神激励,使农业科研人员为农业科研工作的荣誉感和成就感而奋斗,达到持续长效的激励效果。

(二)加强农业科研单位体制机制创新

在国家科研体制改革和农业科研体制改革的背景和要求下,农业科研单位要不断强化内部改革,要不断创新体制机制,建立符合农业科研规律,符合国家需、符合时代发展潮流的科研管理机制。一方面改革优化现有用人制度,完善科研人员"公开竞聘"和"公平退出"机制,设置竞争流动的创新岗位,构建与绩效挂钩的激励机制和能进能出、能上能下、竞争淘汰的选人用人机制。在创新岗位的设置方面,强调创新岗位的设置要科学、合理,要严格创新岗位进入条件,确保进入创新岗位人员的政治素质、业务素质和职业道德素质。在创新岗位聘用人员的管理方面,按照统一标准、统一考核、统一绩效的管理原则,人员受聘时不分编制内外,不受原职称、职务限制,主要看能否适应创新任务需要。对科研人员实行评聘分离,淡化资格评审、注重岗位所需的素质和能力,实行"任职(称)资格为参考,真才实学是依据"的聘用办法。同时,打破职务终身制和用人单位所有制,严格考核评价,实行合理流动和动态管理,为人才的不断成长、发挥优势及增强竞争活力创造条件。

(三)建立和完善科研创新团队激励制度

科研创新团队是以科学技术研究与开发为内容,以科研创新为目的,由专业技能互补、致力于共同的科研目标及拥有团队精神的科研人员组成的创新群

体①。目前,农业科研创新团队已经成为我国农业科技创新的骨干力量,因此,建设农业科研创新团队的激励制度对于优化和整合创新人才、发挥整体力量,推动农业科技创新有着重要意义。

一是建立农业科技创新领军型人才和学科带头人负责制的科研创新激励制度。学科带头人是学科创新团队中的灵魂人物,把握着整个团队的方向、命脉,一个优秀的带头人,不仅能带动一个团队的发展,而且对整个科研工作的发展也起着至关重要的作用②。不仅要在物质上充分考虑领军型人才和学术带头人的付出和贡献,还要充分赋予他们合理资源配置权利和话语权。

二是建立激发团队成员潜力的激励制度。团队成员的集体智慧是团队创新的无价之宝,要完善制度和措施激发不同知识层次、不同能力的团队成员在不同的岗位上尽可能地发挥其潜力,形成团队的规模最大效益。

三是要建立竞争激励制度。科研创新团队既要保持相对稳定,也不是一成不变的,也要保持一定的流动性。要完善科研团队聘用制度,建立合理的人员流动、竞争机制。

(四)创新文化建设

创新文化是科研单位创新工作的灵魂。要建立高效的科技创新激励制度,一个关键就是要营造一种以科技报国为核心、遵循科学精神,积极向上的文化,形成鼓励创新、勇于创新、不怕失败的环境和氛围。

一是要培养农业科技人员的创新精神。在科技人员中推崇"勇于创新、允许失败"的科技创新理念。要奖励敢于去冒风险进行科技创新的人,即便没有成功,也要保证期待遇。要摒弃那些不犯错误,没有失败,但是不积极创新的科技人员。特别是要促使单位科研骨干改变观念,丢掉面子思想,不要把科技创新失败当成是一种耻辱,要容忍失败、享受失败。

二是培养科研创新团队的创新精神。培养创新团队的关键是提高团队的高凝聚力,团队成员之间的理念、观点、做事方法和原则等都不同程度地存在着差异,这些差异和异议处理得当,团队的凝聚力就能够增强,反之,则影响团队的内部团结合作,从而影响团队目标的实现③。既要强调集体价值观,又要鼓励个性发展,营造轻松、自由、民主的学术文化氛围。

---

① 国家外国专家局党委.改革开放以来引智工作的发展历程和基本经验[J].国际人才交流,2009,(10):15 – 18
② 吴林妃.农业科研单位科研创新团队的建设与管理研究[J].农业科技管理,2012,(04):79 – 85
③ 周彬.论科研团队的冲突管理与有效沟通[J].中国科技论坛,2004,(03):119 – 122

第五节　农业企业创新激励机制

根据我国科技发展战略,企业必将成为我国技术创新主体。但我国农业企业多为中小企业,由于规模、行业特点、政策环境等问题,其技术创新先天不足。尽管影响其创新的因素有很多,但是企业内部的创新动力不足是最重要的因素之一。

一、确立创新目标,树立企业科技创新意识

企业由于自身的逐利性,以自身利益最大化为目标,往往为了追求短期利益,而放弃或忽略了长期的投入,特别是放弃了对科技创新的投入。同时,由于农业生产的不确定性和高风险性,经营者普遍对农业科技创新存在恐惧心理,不敢进行创新,即使进行创新,也只是倾向于技术的局部改进,对根本性的技术创新谨小慎微。因此,作为一个农业企业,必须建立长期的创新目标,将创新作为企业长期战略目标之一,避免企业创新目标的短期性和不确定性。

要在企业科技人员中大力弘扬创新精神,改变过去企业科技人员创新流于形式的状态,要让创新精神融入科技人员的血液中去。

二、建立创新考核机制,激发企业科技人员创新动力

目前我国农业企业,特别是中小企业大多没有将农业科技创新的相关指标纳入公司绩效考核体系中,即使有所考虑,其重视程度也十分不够。而企业的科技人员也大多从事科技应用,技术管理等工作,没有真正从事科技创新工作。因此,对于农业科技型企业而言,必须建立健全支持创新的硬考核机制,加大创新指标的权重,让企业创新人员得到销售人员、管理人员同等的待遇。提高其创新成果的奖励数量,让企业创新者分享创新成果的利润。

科技人员是提高企业创新能力的关键因素。要把创造良好环境和条件,培养和凝聚各类科技人才特别是优秀拔尖人才,充分调动广大科技人员的积极性和创造性,作为科技工作的首要任务。在实际工作中,要落实企业科技人员各项待遇,使科技人员的工资水平与其创造的价值紧密联系。在企业技术创新过程中,对有重大贡献的技术人员,不但要给予较大额度的现金奖励,而且要给予恰当的精神激励。要密切联系科技人员,了解他们的心理动态,帮助他们解决工作、生活中遇到的问题,使技术人员安心工作,解决他们的后顾之忧,充分发挥人才的潜能,改善人才的成长环境。要创造更多外出学习、交流的机会,进入学校学习或到国外技术先进的企业调研,更新知识,开阔视野,启发灵感,提高技术人员的水平与能力,培养拔尖技术人才。

三、创新合作方式，加强企业与科研单位的合作

在我国，大部分农业企业，即便是农业高新技术企业，其农业科技创新能力都较弱，因此，在进行创新活动的过程中，除了不断加大自己科研实力的投入外，还应充分利用国家关于推进产学研合作的相关政策，加强与国内外农业大学、农业科研院所的对接。鉴于目前我国产学研合作存在的诸多问题，我们认为企业应从以下几个方面创新合作方式和利益联结机制。

一是多途径筹集资金，加大对产学研的投入。农业企业大多经济实力不强，没有足够的资金投入到产学研上。据笔者对四川省 20 家龙头企业的调研显示，18 家企业都有不同程度的产学研合作，但是其投入的经费（包括知识产权使用费、研发费用、培训费用等）仅占其营业收入的 1%－3%，投入力度非常低。而科研单位面向企业的横向课题经费比重则更小。投入的不足使得产学研的合作流于形式，实质内容较少。因此，我们建议企业逐步加大对产学研合作的投入，积极利用政策争取国家扶持资金，争取金融机构的政策性科技贷款。

二是创新产学研合作机制，激发企业和科研院所联合创新的动力。要按照市场经济原则，创新利益分配机制，使企业和科研院所实现利益均沾、风险共担，真正成为技术创新的联合体。企业要切实通过建设技术研发中心、工程中心、科研中试基地、成果孵化基地等平台，吸引科研院所高级人才到企业开展科研活动，将企业的创新平台当成他们自己的创新平台，才能从根本上调动他们的积极性。

第六节　农民合作组织创新激励机制

农民合作组织是我国重要的农业经营主体。党的十八大报告提出培育新型经营主体、构建新型农业经营体系，将大力发展农民合作组织作为重要内容之一，但从目前我国农民合作组织来看，其科技创新能力还十分微小，很多合作社还谈不上有科技创新能力，但是随着相关法律的不断完善，我国农民合作组织的不断发展壮大，农民合作组织必将在农业生产经营中扮演越来越重要的角色，在农业科技创新领域也必将承担重要任务，特别是在应用型农业科技创新和农业科技应用创新领域将成为重要力量。因此，探索农民合作组织创新激励机制，激发其科技创新动力，对于应用型农业科技创新和现代农业发展意义重大。要构建农民合作组织创新激励机制，除了得到国家和社会的大力鼓励和支持外，建立健全内部制度也是必备措施。我们认为应该从以下几个方面构建。

一、鼓励农民在生产中的原创精神

改革开放 30 年来的经验表明，农民群众首创精神是我国农业农村经济发展、

机制创新、政策创新的法宝之一。农民合作组织的基本单元是农民,在合作社的经营生产中一定要充分尊重农民的原创,鼓励农民在生产中进行创新,最大限度激发他们的能量。

二、创新合作组织内部激励制度

近年来我国农民合作组织发展迅速,各项法律法规不断健全,合作组织内部机制和管理制度不断完善。但是,与国外发达国家横向比较来看,我国农民合作社目前并不具备较为完善的激励制度,尤其是在科技创新激励方面十分欠缺。比如:缺乏对科技人员的吸引力,缺乏科技创新的投入支持等等。我们认为,农民专合组织应在我国《合作社法》的框架下,从以下几个方面进行内部制度创新。

第一,要完善合作社经营制度和组织结构。鼓励一些大型合作社设立科技创新及转化部门,建立健全规章制度,规范内部运行机制,建立合理的利益分配机制,为拓展科技职能创造条件。一方面鼓励合作社成员进行创新,另一方面调动科技人员参与合作社的积极性。

第二,创新合作社内部管理机制。主动对接农业科研单位和大中专院校,引入"科研机构 + 专家大院 + 合作社"、"科技人员 + 合作社"等合作模式,促进农业科技资源与农民专业合作社的对接。

第三,加强合作社科技创新人才队伍建设。对合作社骨干科技人员开展有针对性的培训,促进科技人员的专职化和素质优化;利用举办技术培训班、外聘专家讲课、外出参观学习等途径,在合作社成员中培养科技能手,提高合作社成员的科技素质和对新技术的认知与接受能力。

第八章　农业科技创新的评价机制

第一节　我国农业科技创新评价发展历程

　　农业科技创新是我国科技创新活动的一个重要分支,农业科技创新评价活动是伴随着科技创新评价活动发展起来的。20 世纪 20 年代,我国科学研究发展开始起步,而相应的科研评价也相应开展。民国时期,当时的"中央研究院"联合各名牌大学的教授组成了一个评议会,对当时的学术成果和科技创新项目进行评价,作为奖励和基金分配的依据①。

　　新中国成立以后,国内科研活动开始逐渐活跃起来,但是由于受计划经济模式的影响,我国科技创新活动和评价主要参考苏联模式,完全靠行政决策科研项目和经费的分配,而不是依靠科学的评审程序,实施民主管理和公平竞争,择优自选择。

　　改革开放后,科技创新越来越受国家重视,科技创新评价的重要性不断被社会各界认识。构建符合我国基本国情的农业科技创新机制,尽可能发挥科技创新评价对于科技创新活动的促进作用,已达成社会共识。1996 年,国家科委组织了"国家科委改革科技成果评价方式研讨会",对科技成果的评价进行了研讨,建议组建统一的科技评估机构对计划外科技项目进行评价,登记,参与评奖②。1997年,正式成立国家科技评估中心,其功能是评价国家重大科技计划的实施效果,评估其在经济社会中的影响以及评价科研机构的科技创新能力和运行机制的绩效。各省、市科技管理部门也相仿成立了类似的科技创新评估机构。2000 年,国家科技部出台了《科技评估管理暂行办法》,明确规定了科技评估的类型、范围、组织

---

① 璐羽.科技政策词汇[M].北京:中国标准出版社,2001,80－81
② 国家科委.国家科委探索科技成果评价方式不再由成果管理部门鉴定 由技术评估机构进行评价[J].航天工业管理,1996,(10):46

管理、评估机构、人员、评估程序以及法律责任①。2001年,科技部印发了《科技评估规范》为我国科技评估活动提供了技术参考,成为我国科研评价理论和经验的总结。2003年,由科技部、教育部、中国科学院等5家单位联合下发的《关于改进科学技术评价工作的决定》(国科发基字〔2003〕142号)提出了改进科技评价工作的七条措施。

从国内科技创新评价的发展历程来看,我国科技创新评价的发展主要体现在两个方面:一是评价活动的领域不断扩展,科技创新评价涵盖了科技活动的全过程。二是评价制度不断完善,比如评价机构的完善,评价专家库的建立,法律保障制度的制定等。

第二节 农业科技创新评价机制的内涵

一、农业科技创新评价机制的内涵

农业科技创新评价是指遵循一定的原则、程序和标准,运用科学的方法对对业科技创新活动的科学性、可行性和效益进行评判的活动②。正确评价农业科技创新是农业科技创新管理工作的基础和前提,因此,构建科学合理的农业科技创新评价机制是农业科技创新管理工作的关键。科技创新评价机制是为了客观、科学的评价科技创新活动以及创新者的一个评价系统。具体来说,农业科技评价机制至少包括以下几个方面的融合。

(一)农业科技创新评价的目标

农业科技创新评价是为农业科技创新服务的,其宗旨是为了更好的促进农业科技创新。因此,农业科技创新目标是其评价机制的基础,应贯穿于整个农业科技评价活动。

(二)农业科技创新评价的对象

广义上,农业科技创新评价的对象应包括农业科技计划、农业科技机构、农业技术领域发展、农业科技项目、农业新技术选择、农业技术产品开发、农业技术成果转移、农业科技人员、农业科技成果、农业技术交易、农业技术投资等③。狭义上讲,农业科技创新评价对象主要包括两大类:一是对农业科技创新活动和创新成果的评价;二是对从事农业科技创新的机构和人的评价。

---

① 科技部.科技评估管理暂行办法[J].科技与法律,2001,(1):14—17
② 边全乐.农业科技评价及其问题与建议[J].中国农学通报,2009,25,(11):277-283
③ 蒋景楠.我国科技成果评价与管理创新建议[J].科技管理研究,2008,(03):284-286

（三）农业科技创新评价的标准和方法

2001 年,为规范国内科技评价活动,科技部制定了《科技评估规范》。根据该规范,要求在科技创新评价过程中要设定明确的评价标准,才能科学、客观的做出评价结论。同时,农业科技评价标准也是随着评价对象和具体评价活动的变化而变化,一般是受政策、创新、目标、绩效、效率、影响等影响。根据不同评价活动的特点,具体标准取舍和侧重不同[①]。

农业科技创新的评价方法也是农业科技创新评价机制的重要组成部分。建立一套科学、合理的评价方法是农业科技创新评价的基础。目前,我国农业科技创新评价的方法主要包括定性分析法(专家法、德尔菲法等)、定量分析法(层次分析等计量模型)以及定性定量分析相结合的方法。再具体实践中,不同地区、不同机构采取的评价方法不同,但是大多数采用以定性分析为基础,定量分析为手段的分析方法。在定量分析的过程中,建立一套客观、科学、合理等评价指标体系尤为重要。

（四）农业科技创新评价的过程

一般来讲,农业科技创新评价的过程应包括前期评价、过程性评价以及后期评价。每个阶段的特点、功能、目的不同,其评价程序、标准及方法不同。

（五）农业科技创新评价的结果和反馈

农业科技创新评价的结果根据评价的对象不同。一是对农业科研机构的评价结果,主要包括各种农业科研结构农业科技创新能力的评价;二是对农业科技活动成果的评价,主要包括农业科技奖励、农业成果鉴定、农业发明专利等形式;三是对农业科技创新人才的评价和考核。

（六）农业科技创新评价机构

建立客观、公正、权威的农业科技创新的评价机构是农业科技创新的前提条件。评价结构既要独立、公正的第三方,同时也要懂专业和行业规律,才能客观、科学的得出评价结论。

二、农业科技创新评价机制和激励机制的关系

激励机制的本质是如何最大化发挥各要素功能,实现激励对象运行目标的机制。而评价机制则是如何采用科学的方法,来评价工作绩效和激励的效果的有机组合。因此,农业科技创新评价机制是保障农业科技创新激励机制更加有效运行的方式和方法。

---

① 　边全乐.农业科技评价及其问题与建议[J].中国农学通报,2009,25,(11):277 – 283

第三节　我国农业科技创新评价机制现状

农业科技创新是科技创新的一个重要分支,既有科技创新的普遍性特点,也有自身独有的特点。因此,我们探讨农业科技创新评价机制,既要分析科技创新评价的普遍性做法,也要分析农业科技创新的特点。一般来讲,农业科技创新评价的对象不同,其目的、评价标准、评价方法、评价程序以及评价机构也不同,因此,本书主要从农业科技创新评价对象的角度出发,探讨国内农业科技创新的评价现状。

一、农业科技创新成果的评价机制

(一)科技成果鉴定

当前,科技成果鉴定是科技行政管理部门评价科技成果的方法之一。国家、省、市等各级科技管理机关都将成果鉴定视为科技管理工作的重要组成部分。

从评价的主体上看,按照《科学技术成果鉴定办法》[1],根据奠定工作的需要,科技成果鉴定的主体主要包括各省、自治区、直辖市科委以及其授权的有关业务厅、局和计划单列市、副省级城市、地级市科委。组织鉴定单位同意组织鉴定后,可以直接主持该项科技成果的鉴定,也可以根据科技成果的具体情况和工作的需要,委托有关单位对该项科技成果主持鉴定。

从评价程序上看,1987 年和 1994 年,国家科委先后两度出台《科学技术成果鉴定办法》[2],对科技成果鉴定的鉴定范围、鉴定组织、鉴定程序、鉴定管理等做了明确的规定。其鉴定程序主要包括四个步骤:一是科技成果鉴定申请。科技成果完成单位或个人根据各自需要,根据任务来源或隶属关系,向其主管机关申请鉴定,并规定需要提供查新结论报告、计划任务书等材料。二是科技成果鉴定受理。规定鉴定单位需在申请之日起三十天内,明确是否受理鉴定申请。三是组织专家鉴定。明确专家来源于各级科技主管单位以及有关部门的科技成果鉴定评审专家库中遴选。四是科技成果鉴定审核。规定有鉴定单位对专家鉴定结论进行审核,并签署具体意见,经鉴定通过的科技成果,由组织鉴定单位颁发《科学技术成果鉴定证书》。

从评价的标准和方法看,农业科技成果鉴定和其他行业科技成果鉴定类似,目前没有统一的标准。在方法上,根据不同的科技成果类型采用不同的鉴定形

---

[1] 中华人民共和国科学技术委员会. 科学技术成果鉴定办法, 1994 年 10 月 26 日国家科委令第 19 号

[2] 中华人民共和国科学技术委员会. 科学技术成果鉴定办法, 1994 年 10 月 26 日国家科委令第 19 号

式,不同的鉴定形式方式方法不同。例如,有些成果通过检测鉴定的形式鉴定,主要通过农业行业专业检测机构检验、测试等方式对其进行评价;有些成果需要进行现场考察、测试,并经过详细讨论答辩才能做出评价的科技成果,一般采用会议鉴定形式,由同行专家对科技成果做出评价;有些成果不需要现场考察、测试和答辩,可采用函审鉴定形式由同行专家通过书面审查有关技术资料,对科技成果做出评价。除了检测鉴定是依据国家有关部门认定的换页技术检测机构根据检验指标认定外,会议鉴定以及审鉴定大多根据评议专业的定性认识来判断成果的先进性。

(二)国家科技奖励

《中华人民共和国科学技术进步法》[①]第八章"科学技术奖励"中明确规定:"国家建立科学技术奖励制度,对于在科学技术进步活动中做出重要贡献的公民、组织,给予奖励"。为奖励农业领域中科技创新成果,更好地发挥科技奖励在促进农业科技创新、推动行业科技进步中的激励和导向作用,国家农业部、科技部等相关部委设立了行业科技奖励。比较典型的代表是神农中华农业科技奖,该奖项是面向全国农业行业的综合性科学技术奖,是原农业部科技进步奖的继承和延伸,获奖成果在一定程度上代表着农业行业的科技发展水平。科技奖励既是对科技人员的一种激励,也是对科技人员科技创新能力的一种评价和认可。一个在国家科技奖励领域获得奖励的团队和个人,其科技创新能力一般都代表行业科技创新能力的最高水平。如何做到科技奖励的公开、公平、公正,将科技奖励荣誉颁给科学界普遍认可的科学家和科研团队,构建科学合理的评价机制是十分重要的。

从评价主体看,国家科技奖励包括初审和终审,初审主要由行业主管部门或归口单位组织进行,终审由相应的国家科技奖励委员会组织开展。为保障国家科技奖励的顺利实施,国家成立国家科技奖励评审机构——国家科学技术奖励委员会,下设国家最高科学技术奖、国家自然科学奖、国家技术发明奖、国家科技进步奖和国际科技合作奖等五个国家科学技术奖评审委员会。分别负责各国家科学技术奖的评审工作,向奖励委员会提出获奖人选、奖励种类及等级的建议。根据奖励的基本热点,和评审工作需要,国家自然科学奖评审委员会下设若干学科评审组,负责对各学科国家自然科学奖进行初步评价;国家技术发明奖、国家科技进步奖评审委员会下设若干专业评审组,负责对各专业国家科学技术奖推荐人选及项目进行初评。国家自然科学奖评审委员会、国家技术发明奖、国家科技进步奖评审委员会下设的学科、专业评审组的委员实行资格聘任制,其资格由科学技术部认定。学科、专业评审组的具体人选由国家奖励办根据当年国家科学技术奖推

---

① 中华人民共和国科学技术进步法. 中华人民共和国主席令第八十二号

荐的具体情况,从认定资格的专家、学者中聘请,报国家科学技术奖评审委员会备案。

从评价程序看,国家科技奖励主要包括8个步骤:一是推荐受理,由国家奖励办负责受理具备资格的单位和个人。二是形式审查,由国家奖励办负责对各个推荐材料进行形式审查。对不符合规定的推荐材料,由奖励办通知推荐单位和推荐人在规定的时间内补正,逾期不补正或者经补正仍不符合要求的,不提交评审并退回推荐材料①。三是初评,形式审查合格的材料,可以参加初评。四是公布初评结果,国家自然科学奖、国家技术发明奖和国家科技进步奖实行异议制度,接受社会监督,以保证科技奖励的科学性和公正性。五是正式评审,初评结果公示以后,如果没有异议或异议已在规定的时间内解决的,由国家科学技术奖各评审委员会分别组织正式评审,通过投票表决的方式产生各奖项评审结果。此外,国际科技合作奖候选人还须征得我国有关驻外使、领馆或者派出机构的意见。六是审定,由国家科学技术奖励委员会对国家科学技术奖各评审委员会结果进行审定。其中,对国家最高科学技术奖评审委员会的评审结果,需要通过记名投票方式进行审定。七是审核和批准,国家科学技术奖励委员会选出的获奖人选、项目及等级的决议要提交国家科学技术部进行审核,审核结果报国务院批准。八是授奖。国务院批准以后,需报请国家主席签署并颁发证书和奖金。其中,国家自然科技奖、国家技术发明奖、国家科学技术进步奖三大奖项由国务院颁发证书和奖金,国际科技合作奖由国务院颁发证书。

从评价的标准和方法看,目前,国家科技奖励的评估主要参照《关于改进科学技术评价工作的决定》《科学技术评价方法》《科技评估规范》等文件、规范和标准,依据科技奖励类型由国家科学技术奖各评审委员会制定相关标准,分别进行评审。其评审方法根据评审的性质可以分为定性方法、定量方法以及定性定量相结合的方法,定性方法主要为同行评议,定量方法包括层次分析法、文献计量法等。根据评审方式,可分为通信评审、会议评审、网络评审等②。

(三)专利保护

实施专利保护的目的在于促进科技进步,保护创新和鼓励创新。1984年,六届全国人大常委会第四次会议正式通过我国第一部专利法—《中华人民共和国专利法》,该法于1985年4月1日正式实施,保护发明、实用新型、外观设计三种创新成果。而后,根据我国社会经济和科技创新的需要,我国专利分别于1992年、2000年和2009年进行了三次修改。经过近30年的努力,我国已形成一个比较完善的专利法律保护体系,专利申请与审批量大幅度增长,专利也逐渐成为评价科

---

① 刘芳. 科技领军人才成长因素研究——以国家最高科学技术奖获得者为例[D].武汉:武汉科技大学,2011

② 张杨. 国家科技奖励的评审机制研究[J].评价与管理,2007,(03):76-79

技成果的重要标准。我国对专利的审查采用实质性审查,即不仅要审查专利申请书的形式,而且要对发明时候具备新颖性、先进性和实用性等条件进行实质性的审查,只有具备上述专利条件的发明,才授予专利权。其审查新颖性、先进性和实用性的过程就是一个评价过程。

从评价主体看,按照《中华人民共和国专利法》,我国专利评价的由国务院专利行政部门统一受理和审查专利申请,依法授予专利权。省、自治区、直辖市人民政府管理专利工作的部门负责本行政区域内的专利管理工作①。

从评价程序看,发明专利申请的审批程序主要包括受理、初审、公布、实审及授权五个阶段;实用新型或者外观设计专利申请在审批中不进行早期公布和实质审查,只有受理、初审和授权三个阶段。

从评价的标准和方法看,我国发明专利授权主要是依据该发明新颖性为主要标准,新颖性是指该发明或者实用新型不属于现有技术;也没有任何单位或者个人就同样的发明或者实用新型在申请日以前向国务院专利行政部门提出过申请,并记载在申请日以后公布的专利申请文件或者公告的专利文件中。

(四)植物新品种保护

植物新品种保护即"植物育种者权利",是知识产权保护的一种形式,也是专利保护的一个分支。1930 年,全球第一个植物专利法在美国诞生,将无性繁殖的植物品种(块茎植物除外)纳入了专利保护范畴。此后,在法国、德国、比利时、荷兰、捷克斯洛伐克等西方国家得到了极大的发展。为促进我国农业科技的进步,提高育种家的积极性,1997 年 3 月 20 日国务院正式发布了《中华人民共和国植物新品种保护条例》,并由相关部门分别制定了实施细则,成立了农业、林业植物新品种保护办公室。该制度的建立与实施对于推动农业育种创新,促进创新资源的优化配置,调动育种人员的积极性起了重要作用。

从评价主体看,农业部和国家林业局是我国植物新品种权的审批机关。

从评价程序看,植物新品种权保护的程序主要包括品种权的申请和受理、品种权的审查与批准等。其中审查又包括初步审查和实质审查。

从评价的标准和方法看,授予植物新品种权必须要满足 6 个基本条件,即应属于保护目录的种或属、有适当的命名、具有新颖性、特异性、一致性以及稳定性。植物新品种所有权人在申请品种权时,应向审批机关(农业部、国家林业局)提交符合要求的书面申请文件,其中包括请求书、说明书、技术问卷、照片及其简要说明等 4 部分。品种权的申请形式有两种即品种权人自己申请和代理公司代理申请。审批机关以书面审查为主,田间测试为辅,对符合授权条件的新品种将授予品种权。

---

① 中华人民共和国专利法.中华人民共和国主席令第八号

二、农业科技创新机构的评价机制

我国农业科技创新的主体主要为农业科研院所和农业高等院校,因此在探讨农业科技创新机构评价机制仅探讨农业科研院所和农业高等院校两类机构的评价和考核情况。

国外对科研机构的评价已进行多年,评估方法也较成熟,如美国从上层组织直到基层实验室,都是按照"分散自主"的原则,以经费数量为重点,对4M 指标(即人力 manpower、设备 machine、材料 material、经费 money)进行评价。1992 年,我国农业部开始组织对我国农业科研机构的科研开发实力、优势和状况,进行量化评价和动态分析,此后农业部对我国农业科研机构综合实力进行评价成为评估国内农业科研机构科技创新能力的主要权威形式,为全面评价农业科研结构的科技创新能力,主要选取科技条件评估指标体系、人力资源评估指标体系、科技创新评估指标体系、科技服务评估指标体系等四大类评估指标体系进行评估。

(一)全国农业科研机构科研综合能力评估

从全国范围看,对全国农业科研机构科研综合能力进行评估比较全面是农业部开展的全国农业科研机构科研综合能力评估工作,自 1991 起已经开展了几轮全国性的评估工作,目前已经成为国内农业科研机构创新能力评估的主要形式。

从评价主体来看,全国农业科研机构科研综合能力评估机构为国家农业部科教司。目的是全面调查了解全国农业科研机构中科研人员的数量和结构,深入分析全国农业科研机构的科研基础和条件,准确反映全国农业科研机构的科技创新、成果转化、科技服务活动及成果产出情况,科学评估全国农业科研机构的个体和区域整体创新能力、服务农业能力,系统总结宣传各地在农业科技创新和管理中的经验和做法[1]。

从评价标准和方法看,全国农业科研机构科研综合能力评估是依据设定的评价指标体系,根据各科研机构的得分情况来进行评估。一般来说,评价指标体系主要包括科技人员基本情况、经费收入支出情况、科技平台与仪器设备情况、文献信息机构基础条件、科技项目情况、科技产出情况、科技服务活动等方面,涉及数十个指标。例如,农业部确定的"十五"农业科研机构研究能力综合评估指标体系由潜力和实绩 2 个一级指标,科技队伍、研究条件、科技活动、成果、人才、效益等 6 个二级指标以及 22 个三级指标构成[2]。

---

① 农业部办公厅关于开展全国农业科研机构科研综合能力评估工作的通知. 农业部网站. http://www. moa. gov. cn/govpublic/KJJYS/201107/t20110705_2044828. htm

② 蔡彦虹,蔡槐玲. 多指标综合评价法在农业科研机构综合能力评估中的实践与应用[J]. 农业科技管理,2015,(06):8 – 9

表 8-1　"十一五"全国农业科研机构评估指标体系

一级指标	二级指标	三级指标
潜力	科技队伍	科技活动人员数/人
		高级专业技术人员比例/%
		硕士学位及以上人员比例/%
	研究条件	年人均财政补助/千元/年·人
		人均实验仪器设备金额/千元/年·人
		科研基础条件/分
		年人均科研项目经费/千元/年·人
		课题平均投入强度/%
	科技活动	课题活动人员比例/%
		承担研究课题指数/分/人
		国内外学术交流/分
实绩	成果	人均鉴定成果/分/人
		人均获奖成果/分/人
		人均论文/分/人
		获准知识产权/分
		获准专有证书/分
	人才培养	重大贡献人数/人
		培养研究生数/分
		学术带头人数/分
	效益	单位投入社会经济效益/千元
		科技培训和下乡服务/分
		年人均技术性收入/千元/年·人

（二）农业科研单位内部科研绩效评价—以四川省农业科学院为例

一般来说,各个农业科研院所针对内部各部门以及科技人员都有一个考核,其考核过程同时也是一个评估过程。

从评价的主体来看,主要为科研院所科技管理部门。农业科研单位内部各部门科研考核指标由各科研院所自主制定,大多是参照《科技评估规范》等国家相关规范和上级标准执行。

从评估方法来看,主要是采用定性和定量相结合的方法,包括层次分析法、关联矩阵法、模糊评价法、德菲尔法以及综合评价法等。评价内容主要包括科研绩效评价、科研状态评价以及科研综合评价。从农业科研机构的可持续发展角度，主要对其研究思路、发展潜力以及正在承担的任务来评价；从农业科研机构现有绩效角度，主要选择农业科研机构科技创新成果、论文等产出情况，突出对研究成果的学术水平和创新贡献的评价；从科技成果转化的角度，主要对其科技推广能力和科技服务能力进行评价。

以四川省农业科学院为例，为加强该院科研管理工作，客观、公正地评价管理人员和科技人员的工作业绩，调动其工作积极性和创造性，鼓励其出成果、出人才、出效益，促进科研事业持续、快速、健康发展，2011 年分别制定了《四川省农业科学院管理岗位考核暂行办法》《四川省农业科学院专业技术岗位考核暂行办法》。其中《四川省农业科学院专业技术岗位考核暂行办法》考核对象为四川省农业科学院在编在岗的专业技术人员，考核标准和指标主要包括绩效产出、论著、论文、科研任务、人才队伍建设等。详见专栏 8－1。

专栏 8－1：四川省农业科学院专业技术岗位考核指标体系

一、绩效产出得分

$W = \sum (M \times Ri)$

M——该绩效产出的得分，见表一；

Ri——加权系数：一级证书为准，加权系数参照表二。

表一、绩效产出分值表

1. 成果获奖得分

等级	国家自然科学、发明、科技进步、科普奖	省(部)科技进步奖	省(部)推广奖
一	80	40	30
二	60	30	20
三		20	10

2. 专利获授权得分

国际专利		国内专利	
发明专利	实用新型和外观设计专利	发明专利(品种权保护)	实用新型和外观设计专利
20	10	15	8

3. 品种审(认)定得分

	国家审定	国家认定、鉴定	省审定	省认定、鉴定
10	8	8	6	
6	4	4	3	

4.成果鉴定(省级及以上)得分

达到国际先进水平	达到国内先进水平	通过鉴定
9	6	3

5.标准制定(颁布实施)得分

国家标准	行业标准	地方标准	企业标准
10	6	2	1

6.获批示或采纳的决策、建议、咨询等得分

中央部委批示	省领导批示	厅局院采纳
6	3	1

7.社会经济效益得分

成果转让收益	示范推广	
0.2分/万元	1分/10万亩	1分/10万株

8.主持学术会议得分

国际学术会	国内学术会	省学术会
6	3	2

9.科研潜力得分

很大	大	一般
6	4	2

注:

(1)同一项科研成果以最高获奖级别计分,不重复计算分数;

(2)建议、决策、咨询需要提供相关证明原件;

(3)科研潜力由四川省农业科学院学术委员会认定;

(4)学术会议指主持承办的学术会议;

(5)国家自然科学奖和发明奖在原基本分上另外加5分;

(6)成果转让按实际到位经费计算,并提供相关财务证明;

(7)社会经济效益需由所在单位提供相关证明或依据。

表二:科研任务名次加权系数($R_i, i = 1, 2, 3 \cdots\cdots$)

R1	R2	R3	R4	R5	R6 - 9	$R_i \geqq 10$
1.0	0.6	0.5	0.4	0.3	0.2	0.1

注:(1)合同中明确为第二主持的,名次加权系数按0.8计。

(2)如第一主持人已退休或不在岗,主持人职能由本单位其他人承担的,该同志经单位确认可视同第一主持人。

二、论著、论文量化得分

$$X = \sum (N \times Ri)$$

N——著(译)作、论文的级别分;

Ri——加权系数。论文第一作者和通讯作者的加权系数为1,其他人员的加权系数参照表二执行。

表三、论著、论文分值表

1. 已出版著(译)作得分

	10万字内 分/万字	超过10万字 部分 分/万字	主编(主译) 非执笔部分 分/万字	副主编或主审 非执笔部分 分/万字
国家级出版社 专(编)著	0.2	0.14	0.04	0.02
地方级出版社 专(编)著	0.16	0.12	0.030.01	
国家级出版社的 中译外(外译中)	0.12	0.09	0.02	
地方级出版社的 中译外(外译中)	0.09	0.07	0.01	

2. 已发表论文得分

SCI、EI收录论文、国际学术会议特邀报告论文	A级2.0	国内一级刊物发表论文、国家级产业开发项目的可行性研究报告及项目设计与实施方案	B级1.0
国内二级刊物论文,国际非SCI学术刊物论文,国际学术论文等,全文正式发表的国内一级学会特邀报告论文	C级0.8	国内其他正式刊物发表论文,全文正式发表的省级一级学会特邀报告论文,省级产业化开发项目的可行性研究报告及项目设计与实施方案	D级0.6
其他大会交流论文,院、所产业化开发项目的可行性研究报告及项目设计与实施方案	E级0.4	科普刊物等	F级0.1

注:

(1)SCI、EI收录论文分为基础分,该篇论文的实际得分为基础分加影响因子得分之和;

(2)国内一级刊物主要是指国内一级学会核心刊物；国内二级刊物主要是指被国家有关部门认定的核心刊物,其论文分为基础分,实际得分为基础分加影响因子得分之和；

(3)著作的编委按实际所编章节的字数计分；

(4)论文、论著应附上:刊名、缩写、刊名全称、ISSN 号、论文题目、出版社名称、ISBN 号、书名；

(5)国内出版的英文期刊与同名(或实质同名)的中文期刊同等对待,作者、篇名、内容相同的论文不能重复计算；

(6)产业化开发项目的可行性研究报告及项目设计与实施方案指已被立项并组织实施的报告和设计方案。其他可行性研究报告,规划报告与方案等可参照此内容。

三、科研任务得分

$Y = \sum(P \times Ri)$

P——科研任务得分；

Ri——加权系数。合同书上明确为第一主持人的加权系数为1,其余排名顺序参照表二。

表四、科研任务分值表

国家级项目	省级及以下项目(包括横向合作)
0.2 分/万元	0.1 分/万元

注:此项计分均按实际到位经费为准,并提供相关财务证明。

四、人才队伍建设得分(Z)

任职(管理、聘任)期内对应分值

1. 国家级学会副理事长——5

2. 国家级学会常务理事、副秘书长——4

3. 国家级学会专业委员会主任——3

4. 国家级学会理事、专业委员会副主任——2

5. 省级学会理事长——3

6. 省级学会副理事长、秘书长——2

7. 国家级有突出贡献中青年专家——5

8. 国家级千百万人才工程第一、二层次人选——5

9. 享受国务院政府特殊津贴专家——4

10. 省学术技术带头人——4

11. 省级有突出贡献的优秀专家——3

12. 部级产业技术体系岗位专家——4

13. 部级产业技术体系试验站站长——2

14. 省级产业技术体系首席专家——2

15. 省学术技术带头人后备人选——1

16. 带 1 名以上博士——2

17. 带 1 名以上硕士——1

18. 课题或项目主持人带 1 名以上 35 岁以下科研人员——1

五、业绩总分

业绩总分 = W + X + Y + Z

六、岗位基础分

考虑到对每个职工以往工作成绩的认可,以及履行现有岗位职责的情况,分别设置初级、中级、副高级、正高级职称的基础分如下:

表五、岗位基础分值表

职称等级	初级	中级	副高级	正高级
基础分	20	40	60	80

七、扣分项目

1. 履行岗位职责较差,岗位目标工作任务完成较差的,扣 1 - 10 分;

2. 凡无正当理由,办事拖拉造成工作延误,或对岗位职责要求的工作不熟悉造成工作失误的,扣 1 - 10 分;

3. 违反本单位各项规章制度,不遵守本单位工作纪律的,扣 1 - 10 分;

4. 工作中弄虚作假,不遵守科研职业道德、不讲诚信,经查实属实的,扣 1 - 10 分。

八、个人总分的计算

个人总分 = 业绩总分 + 岗位基础分 - 扣分

九、考核结果认定

优秀:各单位根据年度或任期届满考核时个人总分情况确定一个合适的分值,其分值以上人员为优秀等次;

合格:年度或任期届满考核时个人总分等于或大于岗位基础分为合格等次;

基本合格:年度或任期届满考核时个人总分低于岗位基础分 10 分以内为基本合格;

不合格:年度或任期届满考核时个人总分低于岗位基础分 10 分以上,或任期内有 2 次年度考核为基本合格者确定为不合格。

资料来源:《四川省农业科学院专业技术岗位考核暂行办法》

三、农业科技创新人才评价

农业科技创新人才作为掌握农业技术和推动农业科技发展的主体,是推动农业科技转化为生产力的关键因素。因此,如何评价农业科技创新人才,关乎农业科研工作积极性,更关乎农业科技的竞争力。农业科技创新人才评价制度完善与否,直接影响到农业科技创新的动力,农业科研活动的水平、质量以及活动的规模,从而影响到一个地区以及国家农业科技发展水平。一个科学、合理的农业科技创新人才评价机制,有利于创造宽松的创新环境,激励农业科技人才勇于研究,激发广大科技人才的科研热情和科研创造力。

目前,国内对农业科技创新的人才评价主要包括以下几个方面。

一是是农业技术领域的职称评定。职称评审作为人才评价基础,也是最主要手段,是专业技术人员进入社会接受挑选的资质凭证。因此,职称制度的核心是人才评价。目前,农业科研领域的职称主要包括农业研究系列和农技系列的评价。

二是国家农业高层次人才的评价。主要包括农业领域院士、全国农业科研杰出人才、创新人才、国务院特殊津贴专家等。

三是省部级农业高层次人才的评价。主要包括省级农业领域的有突出贡献专家、学术和技术带头人等。

四是农业企业、专合组织等市场经营主体对农业科技人才的评价。主要是对其技术岗位能力的实质性评价。

(一)农业专业技术职称评定

从评价的主体看,农业专业技术职称主要由当地政府主导的职改办等机构进行评定。

从评价程序看,农业专业技术职称的认定程序都有国家相关部门规定,一般采取个人申报、单位推荐,逐级评审、公布核发的程序。

从评价标准看,农业专业技术职称认定都有较为规范的评价标准,对每个层次的技术职称都有明确的要求。例如,《自然科学研究人员职务试行条例》职改字〔1986〕第25号对晋升助理研究员、副研究员、研究员的科技人员条件都有明确的规定,各地实际操作上更有明细的规定,评价的具体指标一般包括发表的论文、著作、获奖成果、承担的课题以及学术报告等,另外,学历证明、外语合格证明、计算机合格证明、个人其他荣誉等也是重要的指标。

专栏 8-2:自然科学研究人员任职条件

一、助理研究员

1. 获得博士学位者,可聘任为助理研究员。

2. 担任研究实习员职务四年以上,或获得硕士学位后担任研究实习员职务二年以上,并具备下列条件者,可聘任为助理研究员(获得硕士学位人员按照川职改〔1991〕8 号文件执行)。

对本学科、本专业具有扎实的基础知识和专业知识,基本了解本门学科国内外现状和发展趋势,能独立地掌握本门学科必要的实验技术,能独立地设计研究方案进行研究工作;

取得过具有科学意义或实用价值的研究成果,或在推广科研成果中有明显成绩,或在野外科学工作中获得有意义的科学积累,或在上述之一工作中起主要作用,能指导初级研究人员进行工作;

能熟悉地阅读外文专业书刊(对从事不同类型研究工作的人员,外文要求可有所不同)。

二、副研究员

担任助理研究员职务五年以上,或获得博士学位后担任助理研究员职务三年以上,并具备下列条件者,可聘任为副研究员:

1. 具有本学科较系统的坚实的基础知识和专业知识,能运用这些知识创造性地进行研究工作,解决科研工作中较复杂又有较重要意义的理论问题或技术问题;

2. 了解本学科国内外现状和发展趋势,能掌握本研究领域的研究方向,选定有较大学术意义和应用价值的研究课题,提出有效的研究途径,制定可行的研究方案;

3. 取得过具有较高实用价值或较大社会效益、经济效益的科研成果,提出反映这些成果的具有较高研究水平的研究报告,或取得系统的又有较大学术或实践意义的科学积累,或发表过有较高学术价值的科学论文,或在上述之一成就中起关键作用;

4. 具有指导和组织课题组进行研究工作的能力;

5. 具有指导和培养中级科技人员、研究生工作和学习的能力。

三、研究员

担任副研究员职务五年以上,并具备下列条件者,可聘任为研究员:

1. 能分析本学科国内外发展趋势,根据国家需要和学科发展提出本学科研究方向,选定具有重要学术意义或开创性的研究课题,或开拓一个新的研究领域;

> 2.能创造性地解决重大的、关键的科学技术问题,并取得具有国际水平的科研成果,或具有较高的学术价值或具有重要的经济和社会效益的成果;
>
> 3.是本学科的学术带头人,能够指导国家重大科研项目或攻关项目;
>
> 4.培养出较高水平的硕士研究生和科技人员,具有培养博士研究生的能力。
>
> 摘自《自然科学研究人员职务试行条例》职改字〔1986〕第 25 号

从具体评价方法看,科技人才的评价方法可以大致分为同行评议、文献计量分析、经济分析法、综合评价方法和人才、测评方法[①]。目前,对于职称的认定仍以同行评议法和文献计量法为主。

(二)国家农业高层次人才的评价

1. 中国工程院院士的评定

中国工程院院士是国家设立的工程科学技术方面的最高学术称号,农业专业领域的工程院院士是农业科技领域的最高荣誉。截至 2014 年,共有中国工程院院士 802 名,其中农业学部 74 人[②]。

从评价主体来看,中国工程院院士每两年增选一次,主要采取提名推荐的方式进行,对候选人的评审和初选由各学部组织院士进行。

从评价的标准和指标来看,《中国工程院章程》第二章第四条指出,在工程科学技术方面做出重大的、创造性的成就和贡献,热爱祖国,学风正派,品行端正,具有中国国籍的高级工程师、研究员、教授或具有同等职称的专家(含居住在香港、澳门特别行政区和台湾省以及侨居他国的中国籍专家),可被提名并当选为院士。其评价主要采取同行评议的方法进行,由所属学部的全体院士投票确定。

从的评价程序来看,主要包括以下步骤。一是中国工程院院士提名,包括由本院院士直接提名院士候选人和中国工程院委托有关学术团体,按规定程序推荐并经过遴选,提名候选人良种途径。二是对院士候选人进行评审和初选,主要由中国工程院各学部组织院士进行,按照差额、无记名投票的方式进行初选。三是确定最终候选人,根据各学部初选的名单,经主席团审议并确定后,提交全体应投标院士投票,采用等额选举方式,获得半数以上有效赞成票的候选人当选。四是公布,终选结果经主席团审议批准,书面向全体院士通报并正式公布。

2. 国务院特殊津贴专家的评定

国务院特殊津贴专家是党中央、国务院为鼓励创新人才,对于高层次专业技术人才和高技能人才的一种奖励制度。

---

① 李思宏,罗瑾琏,张波.科技人才评价维度与方法进展[J].科学管理研究,2007, 25 ,(2)

② 中国工程院官方网站。http://www.cae.cn/cae/html/main/index.html

　　从评价主体来看,国务院特殊津贴专家的评估主体主要是各级人事管理部门认定批准,由国务院授权人力资源和社会保障部颁发政府特殊津贴证书。

　　从评价的标准来看,国务院特殊津贴专家的选拔标准主要从科研职业道德、专业技术职称、科研成果贡献、社会贡献等方面进行。

专栏 8-3:国务院特殊津贴专家选拔标准

　　一、政治标准:热爱祖国,遵纪守法,有良好的职业道德,模范履行岗位职责。

　　二、资历标准:必须具有高级专业技术职务。

　　三、必须具备下列条件之一:

　　1.中国科学院院士或中国工程院院士。

　　2.长期工作在工农业生产和科技推广第一线,有重大技术突破,推动了行业技术进步和地区经济发展;或在科研成果转化和技术推广中业绩突出,产生了显著的经济效益和社会效益,为行业技术进步和地区经济发展做出了重大贡献,并得到业内人士的认可。

　　3.在自然科学研究中,学术造诣高深,学术成就卓著,对学科建设、人才培养、事业发展做出突出贡献,是学科领域带头人;或取得较多的科研成果,得到国内外同行专家公认,达到国际国内领先或先进水平。

　　4.在技术研究与开发中有重大发明创造、重大技术革新或解决了关键性的技术难题,并取得了显著的经济效益和社会效益。

　　5.在社会科学研究中,成绩卓著,对社会发展和学科建设做出突出贡献,是学科领域的学术带头人。

　　6.在信息、金融、财会、外贸、法律和现代管理等领域,为解决国民经济和社会发展的重大问题提供基础性、前瞻性、战略性的科学理论依据,具有特殊贡献的人员。

　　7.长期工作在教育、教学工作第一线,对学科建设、人才培养、事业发展发挥了重大作用,所创新的教育理论或教学方法,经省(部)级以上的教育行政部门鉴定并普遍推广,成效显著并为同行所公认。

　　8.长期工作在防病、治病等卫生工作第一线,医术高超,多次成功地治愈疑难、危重病症;或在较大范围多次有效地预防、控制、消除疾病,社会影响大,业绩为同行所公认。

　　9.在文化艺术、新闻出版领域,成绩卓著、享有盛名,是本领域的带头人。

　　10.在教练执训工作中成绩卓著,为发展国家和地区体育事业做出重大贡献的职业体育教练员。

　　摘自:《关于开展 2014 年享受政府特殊津贴人员选拔工作的通知》(人社部函〔2014〕28 号)

---

3. 全国农业科研杰出人才的评定

全国农业科研杰出人才是农业部面对各省（区、市）农业科学院、高等院校、农业部重点实验室依托单位、农业部直属单位选拔中青年农业科研杰出人才的一项活动。

从评价主体来看，全国农业科研杰出人才由农业部科技教育司、人事劳动司组建的评选工作委员会来评价。

从评价的标准来看，全国农业科研杰出人才的标准主要包括科研道德、技术职称等级、学术成就、科研协作、成果奖励等方面。评价指标主要以定性指标为主。

专栏 8-4：全国农业科研杰出人才的申报条件

一、科学道德高尚，学风严谨，为人正派；

二、具有正高级专业技术职称，并聘在专业技术三级以上岗位，年龄在 50 岁以下的中青年农业科研杰出人才；

三、学术造诣高深，在科学研究方面取得国内外同行公认的重要成就；具有良好的发展潜力，对学科建设具有创新性构想和战略性思维，具有带领本学科在其前沿领域赶超或保持国际先进水平的能力；

四、具有较强的团结协作、拼搏奉献精神和相应的组织管理能力，善于培养青年人才，注重学术梯队建设，能带领团队协同攻关。

五、一般应获得过省部级以上科技成果奖励。

六、在具备上述条件的前提下，向农业部重点实验室优秀科研人才、引进的优秀急需紧缺人才倾斜。

摘自：《农业部关于开展农业科研杰出人才申报工作的通知》

从评价程序来看，主要包括申报推荐、形式审查、初审工作、评选工作、公示公布等 5 个步骤。

（三）省级学术和技术带头人的评定——以四川省为例

省级学术和技术带头人是省级层面设立的最高学术称号。以四川省为例，四川省学术和技术带头人的认定一般是一年一次，认定数量为每个学科、专业 1-2 人。

从评价主体来看，《四川省学术和技术带头人管理办法》（川人发〔2008〕10 号）明确指出："省学术技术带头人管理工作在省委、省政府的领导下，由省委组织部、省发展改革委、省教育厅、省科技厅、省财政厅、省人事厅、省科协、省社科联等部门共同负责，省人事厅具体组织实施。"

从评价的标准来看，主要包括职业道德、创新精神、学术造诣、科研组织和管理能力、专业技术职务等方面，评价指标以定性指标为主。

专栏 8 - 5：省级学术和技术带头人的认定条件

一、热爱祖国，遵纪守法，积极为发展中国特色社会主义和四川经济社会事业做贡献；

二、有良好的职业道德、强烈的事业心、严谨的治学态度和求实创新、拼搏奉献的精神；

三、有深厚的学术造诣和丰富的工作经验，熟悉本学科、专业的发展动态，能够预见和把握其发展趋势；

四、有较强的研究、开发才能与组织、管理能力，能开辟本学科、专业新的发展方向，能带领本学科、专业保持和赶超国内外先进水平，善于提出重大课题和思路，善于发现人才、培养人才和使用人才；

五、年龄一般不超过 60 周岁，身体健康，能坚持正常业务工作；

六、具有教授、研究员等正高级专业技术职务（称）（含享受教授、研究员待遇的高级工程师，具有特级教师称号的特别优秀的中小学教师），一般应具有中国国籍；

七、已取得国内外同行公认的重要成就，学术和技术水平处于国内外先进水平或居省内领先地位。。

摘自：《四川省学术和技术带头人管理办法》川人发〔2008〕10 号

从评价程序来看，四川省学术技术带头人采取推荐制，主要包括推荐、资格审查和形式审查、评选、公示、批准等程序。

第四节　我国农业科技创新评价机制存在的问题

一、评价主体存在的问题

（一）评价主体行政化导向过重

长期以来，我国的科技创新评价活动主要由政府来主导，政府始终是评价活动的实质主体，包括科技创新评价的发起、组织、实施等各个环节。然而，随着社会主义市场经济的不断完善，原有的以政府为主导的科技评价机制已经显出种种弊端。在我国，农业科技创新的主体主要是农业科研单位和高等院校，其绝大多数都是国家事业单位，管理体制一直沿袭的行政管理体制。因此，对农业科技创新的主体结构和科技人员的评价必然会受到诸多行政约束。

（二）评价主体评价责任转移严重

在我国，社会对农业科技创新的机构和人才的评价主要是依据其对农业科技进步的贡献,而大多数情况下,社会无法独立考察一个科研机构或者科技人才的科技创新贡献。因此,要评价一个农业科研单位或者科技人才一般是与科研机构获得的科技奖励,科技人员的职称密切相关的,此时社会作为评价主体把对科研单位和科技人才的评价权转移给了国家农业科技主管部门和科研单位。

另外,农业科研单位对科技人才的职称认定、科技奖励又主要依据学术论文、科研项目的多少来评定。学术论文是否发表其决定权掌握在学术期刊上,科研项目的立项权、评审权都掌握在政府手里。此时,科研单位相当于把评价权转移到了学术期刊和政府部门。

再者,掌握科研项目立项、评审权的政府以及相关部门,评价科研项目又主要依托行业专家把关,又将科研项目的立项、评审等决策权转移到专家手中。

这种责任的转移,使责任主体不明确,无法准确追究责任。同时,这种责任链条任何一个环节出现问题,都为造成评价的失败。

(三)评价机构较为单一,独立性不够

目前,我国的农业科技创新评价主要由各级科技管理部门、行业主管部门以及隶属于科技主管部门的事业单位来组织,从某种程度上讲,科技创新成果鉴定、组织以及监督都是各级科技主管部门,缺乏真正的独立的第三方评价机构。尽管具体评审过程中,主要依靠外部专家进行评估,但专家的意见有时可能会受到主管部门的影响。另一方面,部分专家既是科研项目参与者,又是评审者,造成主观性强,偏见多。总之,在一些利益的驱使下,行政干预的情况难免发生,兼之缺乏有效的监督机制,评审的独立性经常遭受质疑。

二、评价的程序存在的问题

长期以来,缺乏监督是科技创新评价的一个重要问题。首先,科技创新管理机构和监督机构没有完全分离,无法完全保证评审的公平性,例如农业科技查新单位和其他查新单位一样,取得查新资质后所有查新报告的出具只需要本单位程序性的一个公章和签字而已,不需要承担什么风险和责任,没有第三方的监管;再者,科技创新成果评审的公示制度还未能完全建立起来,特别是科技创新成果评审过程的明示制度还未建立起来,评审程序是否合法,是否公平科学,也是缺乏监督的。

三、评价标准和方法存在的问题

一是在评价过程中,对事前、事中评估系统不足。由于过去长期的计划经济思维影响,国内的科技评价制度一般是集中在时候评审,即事后验收,而事前评价和过程评价往往被忽略,造成科技创新工作只重最后结果,不重视实现过程的生态环境。

二是农业科技创新评价体系和方法还不完善。评价指标、评价分类、指标权重的科学性、合理性还有待提高。从目前各级科技奖励评审工作实践来看,所用的评价指标多为一级评价指标,而且其指标多数笼统、模糊的概念作为指标,有些指标甚至难于理解,使评审者难以进行科学客观的评价,只能根据直觉进行直观判断。例如:国家科技进步奖的评价指标大多属于定性指标,专家对其成果的评价很多时候靠专家的经验来判断,如表8-2,国家科学技术进步奖技术开发类项目评价指标包括技术创新程度、技术经济指标的先进程度、技术创新对提高市场竞争能力的作用、已获经济效益、推动科技进步的作用共5大类指标都是定性指标,如何准确把握指标的内涵给出准确的分数都是比较困难的。

表8-2　国家科学技术进步奖技术开发类项目评价指标表

定量评价指标	指标含义	5分	4分	3分	2分	1分	0分
技术创新程度	指项目在技术开发中解决关键技术难题并取得技术突破,掌握核心技术并进行集成创新的程度,自主创新技术在总体技术中的比重	有重大突破或实质性创新	有明显突破或创新	有一定创新			基本没有创新
技术经济指标的先进程度	指与国内外最先进技术相比其总体技术水平、主要技术(性能、性状、工艺参数等)、经济(投入产出比、性能价格比、成本、规模等)、环境、生态等指标所处的位置	达到同类技术领先水平		达到同类技术先进水平	接近同类技术先进水平		未达到国内最好水平
技术创新对提高市场竞争能力的作用	指自主研发的关键技术在市场竞争中发挥作用的情况,如:适应市场需求,形成竞争实力,替代进口产品或突破技术壁垒进入国际市场等。已经取得自主知识产权或形成先进技术标准的项目可酌情加分	市场需求度高,具有国际市场竞争优势		市场需求度较高,具有国内市场竞争优势	有一定市场需求与竞争能力		缺少市场需求,不具备竞争能力
已获经济效益	指直接经济效益和间接经济效益,包括主要完成单位已经通过技术转让、增收节支、提高效益、降低成本获得的新增利润、税收的金额及他人由于:该项技术而产生的经济收益	经济效益重大		经济效益较大	经济效益一般		未获得经济效益

续表

定量评价指标	指标含义	5分	4分	3分	2分	1分	0分
推动科技进步的作用	指项目技术水平提高的幅度，对实现高新技术产业化，解决行业、区域发展的重点、难点和关键问题，推动产业结构调整和优化升级，提高企业和相关行业竞争能力，实现行业技术跨越和技术进步的作用	实现技术的跨越式发展，显著促进行业科技进步		技术水平明显提高，推动行业科技进步作用明显	技术水平有所提高，对行业作用一般		技术水平基本没有提高

资料来源于国家科学技术奖励办公室。

在指标选择上，目前评价广泛应用文献计量方法，其评价指标主要包括发表的论文数量、期刊影响因子、学术专著的数量，完全的量化尽管比较直观，但同时也带来了重刊物级别、轻论文档次，重表面文章、轻深度思考，重短期效应、轻长远功效等问题[1]。在评价指标权重选择上，主观化影响比较严重，使评价结果的科学性、客观性不足。

三是专家评议制还存在一定缺陷。现有的农业科技评价活动中或多或少存在打招呼、拉关系、找熟人等现象，特别是在一些农业成果鉴定、地方科技奖励等评价活动中，影响了评价工作的客观性与公正性。一方面，我国许多评审专家库入选专家一般采用个人申报和单位推荐相结合的方式，以单位推荐为主，缺少专家民主选举程序；另一方面，省、市等地方评审专家库大多以当地专家为主，很少选用其他地区的专家，地方性较强，交流性、开放性不足。

第五节　构建我国农业科技创新评价机制的思考

一、完善中国特色的农业科技评价体系

在充分尊重农业科技规律、基本国情的基础上，构建多元化的覆盖宏观、中观及微观三个层次的农业科技评价体系。

一是完善制度化的农业科技创新评价保障体系。应从农业科技创新评价立法、评价制度建设、评价监督制度、社会公众参与等方面进行完善，保障农业科技创新评价工作。

二是完善农业科技创新评价多元化组织体系。构建由政府、农业科研单位、农业企业、公众等多元化团体组成的农业科技创新评价组织体系，根据不同的评

---

[1]　边全乐.农业科技评价及其问题与建议[J].中国农学通报.2009,25,(11):277-283

价对象,不同的目标需求,采取有针对性的评价标准和评价指标来进行农业科技创新评价活动。在农业科技评价多元化组织体系中,政府部门的主要功能应是组织研究和发布农业科技评价的方向、指南,引导建立农业科技评价的分类标准和指标体系,应将评估工作更多的交给社会、交给市场,要尽量避免行政干预。

三是完善农业科技创新评价微观层面的操作体系。通过理论和实践相结合的方法,完善农业科技创新评价机构的授权委托制度、评价规范、评价标准、评价流程、评价报告制度、评价方法等操作层面的制度。

二、提高评审机构的独立性

进一步转变政府职能,让政府逐渐从农业科技创新评价中退出,尽量减少微观干预,政府成为农业科技创新评价的引导者和服务者,创造公平、公正、宽松的科技评价环境应成为各级政府努力的目标。因此,建议大力培育独立的农业科技创新评价机构,特别是引入市场机制,建立第三方科技创新评价机构,除涉及国家秘密等特殊农业科技评估外,应向社会中介放开所有的农业科技评估,才能真正克服"领导意志"、"专家人情"、"自导自演"等弊病。

三、完善农业科技创新评价管理制度

政府及相关部门逐渐退出农业科技创新评估具体工作后,应将主要工作放在农业科技创新评价制度、法律法规、监督以及宏观引导上。首先是加强相关法律、制度以及标准的建设。笔者认为,应按照《关于改进科学技术评估工作的决定》和《科学技术评估办法》等国家相关文件和标准,围绕农业科技创新评价的特点,制定出一整套科学、高校、公平、公正的农业科技创新评价管理制度以及操作规范。例如:建立健全农业科技创新评估单位的监督监管制度,健全农业科技创新评价专家信誉制度建设,完善农业科技创新评价相关的申诉制度等。其次,为农业科研人员创造宽松的工作环境。优化农业科技创新评价类型、内容以及程序,减少不必要的评价,对科研人员制定合理、规范的晋升和分配制度。

四、加大农业科技创新评价指标体系和方法的研究力度

科学的评价方法和指标体系是农业科技创新评价的关键。应根据农业科技创新特点,选择适宜的评价方法,特别是处理好定量评价与定性评价方法的关系,在同行评议的基础上,尽量使用层次分析法、计量经济学等定量分析方法,尽可能做到客观,公正,减少同行评议产生主观臆断或寻租的可能性。

同时,农业科技创新评价的目的和对象不同,其评价方法和指标体系也应有所不同,评价方法和指标体系应具有针对性和适宜性。例如,对于农业科研项目立项评价,应将研究基础、科研团队、研究思路作为重要评价指标;对于农业科技创新理论的评价,应在同行评议的基础上,重点考察其科学价值、学术影响;对于

农业科技奖励的评价,应重点考察其社会贡献,对农业增产、农民增收、农村经济的贡献。

五、完善农业科技创新评审程序

(一)完善农业科技创新专家评议制度

农业科技创新评价离不开同行评议,要避免主观偏见,就必须尽可能完善专家评议制度,尽量减少单个专家在评价中的影响力。笔者建议,在农业科技创新评价中,一是要打破地域限制,广纳地区外的专家,甚至吸收海外评审专家,尽量减少行政干预和所谓"人情"干扰;二是改变单一的专家推荐制度,逐步建立专家自荐、专家推荐以及专家民主选举相结合的制度,并构建网上公示制度,接受社会监督;三是扩大评审专家数量,降低单个专家的影响力与偏执;四是进一步完善专家回避制度,细化回避方案,最大程度保障评审的公平、公正、公开;五是构建评价专家责任追究体系,对于在科技创新评审活动中违反评审行为准则和相关规定的,给予相应的处罚和处分。

(二)健全评价过程监督体系

目前,《关于改进科学技术评估工作的决定》《科学技术评估办法》《国家科学技术奖励条例实施细则》等都对科技创新评价的监督做了具体规定,但是在具体操作工程中,还需要从以下几个方面进行完善。一是建立评价专家诚信体系,对评价专家非诚信行为进行监督和处理;二是拓展监督举报渠道,应向社会充分公布评价机构及评价的相关信息,便于社会监督;三是完善专家公示制度,提高评价专家的责任感,各类农业科技评价专家库应向社会进行公示,当期科技奖励、成果鉴定等专家团队成员也应及时向社会公示。

六、改革和完善科技人才评价体系

建立符合农业科技创新的特点的人才评价体系,是激励农业科技创新人才勇于创新的关键。一是根据农业科技创新评价的目的、任务,构建相应的评价体系,避免指标简单量化;二是要结合生产实际,将评价中加大农业科技创新成果转化,即加大产学研结合因素的权重;三是要构建有利于鼓励农业科技原始创新、培养农业科研领军型人才的指标体系;四是建立以农业科研业绩和成果为导向的科技创新人才评价体系,尽量减少行政干预,为优秀的农业科技创新人才营造良好的生态环境;五是将科研道德更好的纳入评价体系,倡导诚信、实干的科研道德。

第九章　农业科技创新的产权保护机制①

第一节　农业知识产权概述

一、产权制度

制度是人类发明的约束,它构成了政治、经济和社会的相互作用。它们是由非正式的约束(认可、禁忌、习俗、传统和行为代码)和正式规则(宪法、法律、产权)构成的。制度通过提供一系列规则界定人们的选择空间,约束人们之间的相互关系,从而减少不确定性,降低交易成本,保护产权,促进生产性活动。制度提供的一系列规则主要由社会认可的非正式约束、国家规定的正式约束和实施机制所构成②。

制度作为规范人类行为的规则,对人类行为具有明显的规范、约束和激励效应,而技术进步作为人类行为的成果之一,它的产生、发展走向以及技术进步的效率并不是随意的,而是会受到社会制度安排的影响,制度安排通过影响人的行为选择、资源配置效率等而最终作用于技术进步③。在其他投入要素保持不变的条件下,制度演进所形成的更富有效率和激励作用的制度安排,可以引导创新要素合理流动,优化资源配置,提高要素的产出效率,实现内涵式的集约化增长。对农业科技创新具有决定性影响的制度主要有农业科技管理制度、农业科技政策和知识产权制度。

产权制度是制度集合中最基本,最重要的制度。产权不是指人与物之间的关系,而是指由物的存在及关于它们的使用所引起的人们之间相互认可的行为关系。产权安排确定了每个人相应于物时的行为规范,每个人都必须遵守他与其他人之间的关系,或承担不遵守这种关系的成本。因此,对共同体中通行的产权制

---

① 本章部分内容来源于课题组成员唐莎的硕士毕业论文《四川水稻知识产权保护研究》。

② 卢现祥. 新制度经济学[M]. 北京:中国发展出版社,2003:38

③ 邓海滨. 制度安排影响技术进步的经验研究[D]. 长沙:湖南大学,2010

度可以描述为,它是一系列用来确定每个人相对于稀缺资源使用时的地位的经济社会关系①。

二、知识产权

知识产权是发明创造者依法对自己的发明创造成果在法定时间内享有的独占、排他的市场垄断权利。作为一种基于合法取得的智力成果,知识产权是对自然人和法人合法权益的保护,对其拥有者,具有排他性和独占性。

知识产权制度起始于西方发达国家,其历史接近 400 – 1 623 年,英国颁布了《垄断法规》,这是世界上第一部专利法。知识产权制度为推进西方发到国家科技进步和整个工业革命都发挥了非常巨大的作用。

当前,伴随着知识经济和全球化的快速发展,作为 WTO 的三大支柱之一,知识产权成为国际贸易的重要规则。当前,我国正大力推进创新型国家的建设,知识产权制度对于我国转变经济发展,创新驱动助推经济社会转型发展具有非常重要的作用。

三、农业知识产权

农业知识产权是对在农业领域的智力活动创造的成果及经营管理活动中的标记、信誉依法享有的权利。农业领域的知识产权内涵非常丰富,其中最重要的是种业知识产权。农业知识产权应包括植物新品种权、农业专利权、农业成果权、农业商标权、农业著作权、农业商业秘密权和农业地理标志等。其中植物新品种权和地理标志是农业知识产权所独有的内容。植物新品种权指育种单位和个人取得了授权的植物品种,就拥有对其研究的植物品种的独占权利。在我国,种业知识产权的主要保护形式是植物新品种权和专利权。

四、我国农业知识产权制度建设

(一)概述

我国农业知识产权立法起步于 20 世纪 80 年代,相对发达国家起步较晚。1985 年 4 月开始实施《中华人民共和国专利法》以来,我国有了知识产权领域的专门法律制度。1999 年 4 月开始实施《植物新品种保护条例》,标志着我国对种业知识产权的保护有了系统法规。1999 年我国加入了 UPOV(世界植物新品种保护联盟),成为《UPOV 公约》的第 39 个成员国。

近年来,随着与国际种业的合作与激烈竞争,我们认识到了农业知识产权的重要性,农业知识产权的发展取得了长足进步,建立了基本的农业知识产权制度

---

① 　R. 科斯,A. 阿尔钦,D. 诺斯等. 财产权利与制度变迁—产权学派与新制度学派译文集[M]. 上海:三联书店,1994,204

框架;农业科研人员的知识产权保护意识也有了很大提高,知识产权的申请量也有了大幅的增长,这使得知识产权保护工作取得了很大的成效。中国涉农专利数量显著增加,培育的新品种数量激增。以四川省为例,60 年代以来,经过科技人员的不断努力,全省共培育水稻、小麦等作物新品种 1 300 多个,但与增加的农作物新品种数量比较,我们的农业知识产权建立还不够完善,还不能用知识产权很好地保护我们的农业企业和相关的科技开发者,特别是在农村,由于农民的知识产权意识薄弱,侵权现象非常普遍。截至 2010 年底,我国共受理与农业有关的发明专利 38 785 件,授权 12 572 件。农业部共受理来自国内外的品种权申请累计达 6 979 件,授权 3 147 件,品种权年申请量在国际植物新品种保护联盟(UPOV)成员中位居第四位。

(二)我国农业知识产权保护的相关法律

1.《中华人民共和国种子法》

2000 年《中华人民共和国种子法》开始实施,傅国志等(2000)对《种子法》进行了深入研究,其中对农业知识产权保护的保护做了以下规定:国家实行植物新品种保护制度,保护植物新品种权所有人的合法权益(见第三章十二条);主要农作物品种和主要林木品种在推广应用前应当通过国家级或省级审定(见第三章十五条);通过省级审定主要农作物品种和主要林木良种,可以在本行政区域内适宜的生态区域推广,只有通过国家级农作物品种审定的农作物品种才能在全国进行推广(见第十六条);未经审定通过农作物品种的,不得进行发布广告,不能经营和推广(见第十七条)。从以上规定可以看出,我国涉及农业知识产权保护的主要法律形式包括新品种审定和植物新品种权。

依据《中华人民共和国种子法》的相关规定,2001 年农业部发布了《主要农作物品种审定办法》,其中对审定品种的机构作出了规定,设立国家级和省级农作物品种审定委员会,其分别对国家级和省级农作物品种审定工作负责。其审定程序包括:提出申请、品种试验、初审、审定和公告。

2.《中华人民共和国植物新品种保护条例》和《中华人民共和国植物新品种保护条例实施细则》

这两个法例对农作物新品种审定与申请(授权)新品种权、农作物新品种权的归属、农作物新品种权的申请、农作物新品种的申请权和品种权可以依法转让进行了详细的规定。

3.《中华人民共和国专利法》

我国《专利法》于 1985 年开始实施,但与大多数国家一样,其规定了植物种子不得申请专利。

4.《中华人民共和国商标法》和《著作权法》

商标法与品种权其实无直接关系,但农作物生产企业也面临着产品的商标问题,种子产品投入市场,必须面对这个问题,我国也产生了一些商标权之争。

著作权主要涉及的是农作物领域内科技工作者的智力成果,特别是在科研单位,论文直接体现科技人员的学术水平,科技工作者最为重视这一知识产权。但其主要是研究类的论文,这类研究带来的经济利益不大,一般也没有侵权现象。

5.《地理标志产品的规定》

地理标志产品,对农作物来说是指产自特定的区域的,或来源于该区域中的地区,其产地的自然因素和人文因素会对生产的这种农作物的质量、声誉和相关的其他特性会产生特定影响,其农作物名称是被有关部门批准,用地理名称进行命名。一般地理标志都是由当地政府或由行业协会组织所有的。比如,汉源花椒、南江翡翠米、雷波脐橙、岳池黄龙贡米、岳池黄龙贡米、安岳柠檬等都是四川省地理标志的产品。

第二节　产权保护在农业科技创新中的作用

一、产权保护为农业科技创新提供制度保障

在一个缺乏制度保障的社会,人的行为缺乏明确的制度约束,从而使人与人之间的经济行为缺乏一个可靠的预期,经济秩序将陷于混乱之中。创新是一项高投入、高风险的经济活动。在创新过程中,创新主体必须投入大量的人力和物力,承担创新的风险。创新的一个重要目的,是获取未来的创新收益。未来的创新收益,一方面取决于创新成功的可能性,另一方面取决于未来创新收益实现的可能性。产权作为一种社会工具,其重要性就在于事实上它们能帮助一个人能形成他与其他人进行交易时的合理预期[①]。没有明晰的产权和可靠的产权保护,就会降低创新收益实现的可能性,人们就不能对未来的创新收益形成可靠的预期,无法明确投资的责权利。只有通过明确的产权保护,农业科技创新主体才能树立信心,才能形成农业科技创新投入产出的良性循环。

二、产权保护为农业科技创新主体提供激励

农业科技创新活动具有极大的正外部性。创新过程,既是创新主体通过创新活动满足自身需要的过程,也是一个为社会创造巨大正外部性的过程。由于农业科技创新的巨大正外部性,使创新的社会收益远远大于私人收益,而其成本却主要由私人承担。如果农业科技创新的外部收益不能内部化,将造成创新活动难以达到社会最优水平。产权的一个主要功能是引导人们实现将外部性内在化的激

---

①　R.科斯,A.阿尔钦,D.诺斯等.财产权利与制度变迁—产权学派与新制度学派译文集[M].上海:三联书店,1994,97

励,产权界定不清是产生"外部性"和"搭便车"的主要根源①。明确的产权保护机制,有利于将创新活动的外部收益内部化,提高私人投资的获利水平,从而为创新主体提供更大的激励水平,使创新投资向社会最优水平靠近。

三、产权保护促进农业科技成果的转化利用

农业科技成果的转化利用,需要有一个完善的农业科技成果交易市场,而明确的产权保护,是农业科技成果交易市场存在的前提。创新成果若要进入市场交易,就必须公开成果商品的相关信息。而一旦成果信息被公开,在缺乏产权保护的情况下,科技成果就会面临被无偿使用的风险;而如果成果信息不公开,需求方就不能了解信息,就难以达成交易。强有力的产权保护,有利于成果信息的公开,减少成果交易中的信息不对称,降低交易成本,促成交易的达成,从而促进科技成果的转化利用。

第三节　我国种业知识产权保护现状

一、种业知识产权的范围

种子是农业最基础的生产资料,同时也是农业科技成果最重要的载体。从知识产权角度来看,种业的产业过程中凝聚着大量的人类智力活动,无论是新品种选育、种子的生产繁殖、种子产品的市场推广活动中,知识产权作为一种核心资产正发挥着日益显著的作用。

农业知识产权的核心内容之一是种业知识产权。品种创新是种业核心竞争力的重要组成部分,在种子育种、生产、销售的产业链中,根据目前世界知识产权以及国际保护工业产权协会对其的相关定义,种业知识产权的范围除植物新品种权外,还应包括种子本身所相关的专利权、地理标志、商标权、商业秘密、著作权等。因此,种业知识产权的范围是多方面多层次的②。

(一)科研育种阶段

种子培育的开始就是科研育种,种子的科研育种必须经历计划培育、选定育种方向、相关亲本材料的选取、获得杂交种等,育种过程一直持续到新品种培育出来,整个育种时间比较长,有的可能长达好几年,这个过程中所涉及的知识产权主要包含如下内容。

1.商业秘密,指培育该品种的种质资源选取,各种育种材料以及涉及育种的

---

① 卢现祥.新制度经济学[M].北京:中国发展出版社,2003:158
② 张劲柏,侯仰坤,龚先友.种业知识产权保护研究[M].北京:中国农业科学技术出版社,2009:10

所有相关的技术方案和实验数据。

2.著作权,指育种者在科研育种阶段所发表的相关文献及专著。

3.专利权,育种者对其相关育种技术和涉及的亲本基因申请的相关专利。

(二)申请和获得植物新品种权的阶段

这一阶段从植物新品种培育出来到获得植物新品种权的过程,一方面,育种者已经申请了新品种权,但是新品种权还没有拿到,这期间的相关知识产权范围就是指对新品种权申请权的保护,以及对新品种权本身的保护。

(三)种子生产经营阶段

种子在投入生产及销售结算的知识产权除了对前两个阶段的相关知识产权需要保护,还需要对种子形成商品的商标、名称及相关商业秘密等采取相应的法律手段进行保护。这其中就会涉及各种知识产权的转让及相关的法律问题,比如合同的签订,这个阶段是我们出现问题最集中的阶段,因为育种者的最终利益需要在这个阶段得到体现。

二、种业知识产权特点[①]

知识产权是一种无形资产,其具有专有性、时间性、地域性和需要相关的法律特性。而种业知识产权除具有以上一般的特征外,还具有其独有的特征,如权利主体的难控制性、产权转移利益让度的难以预测性、产权价值标准的不确定性、侵权界限的模糊性及承担风险较大等。

(一)权利主体难控制

农业生产受到地域和不同季节的限制,具有分散的特点,而种业知识产权是建立在农业生产中,其权利主体会受到这种特点的影响,不能在所有领域内对种业知识产权进行很好的控制。比如我们要界定一个生产中涉及产品的相关地理标志、商业秘密、植物新品种权等是否侵权,没法集中起来对所产生的权利和相关义务人进行合理的界定。这就会造成我们在种业知识产权的实施过程中,对权利主体的控制有困难。

(二)产权价值标准的不确定性

由于种业的产权最终体现在农业生产中,而农业的生产的不确定性决定了不能一概地以一个相同的标准来衡量。不同的生产条件,不同的自然环境,就会对农业生产的过程和结果形成不同的结果,所以,就会导致对其产权价值标准不能有一个准确的衡量。因此,种业知识产权很难用一个确定的标准进行衡量。

(三)产权交易的风险性

首先,种业生产周期长,风险大,产权价值难以衡量。其次,种业知识产权开

---

① 张劲柏,侯仰坤,龚先友.种业知识产权保护研究[M].北京:中国农业科学技术出版社,2009,11 -
12

发的风险也难以估量。在实践中,知识产权受最终价值体现,是其被产权交易后才能得到体现。但知识产权也有不被使用和转让的风险,就算在转让的过程中其专利权等也不能明确确定其价值,就好像著作权的交易,我们很难用一个具体的量来衡量他到底有多大价值,只有等交易成功了,我们才能说其价值是多少。这就导致知识产权拥有者的利益相关的交易风险。

(四)侵权界限的模糊性

种业生产中的知识产权,受到自然环境、相关生产技术和生产周期等的影响较大,因此对侵权现象的界定不能像一般工业知识产权那样清楚。在实际生产中,种业知识产权经常会被侵权,但其界限比较模糊,取证等比较困难,我们不能很好地对其侵权进行界定。

(五)植物新品种权法律制度是种业中的特有制度

种业知识产权保护的法律制度指相关的植物新品种权保护制度,这种制度的突出特点表现为它是针对"植物新品种"这一具体的农业育种结果所设立的法律制度。从依法维护育种者、种子生产经营者的合法利益出发,在通过植物新品种权依法保护植物新品种本身以外,还应借助相应的知识产权法律制度来保护从育种到种子生产经营整个过程中的其他知识产权。

三、种业知识产权保护体系

对种业知识产权的保护体系总体上可以划分为育种阶段和种子生产经营两个阶段。

(一)科研育种阶段

1. 利用商业秘密保护

保护的内容主要涉及育种材料、实验数据、育种方案、合作协议以及各类技术材料。

2. 利用专利进行保护

主要保护育种方法;中间的产品和制造方法,包括所发现和改变的基因、基因片段、获得相关基因的方法;各种实验方法和工艺;制作这些新的实验试剂和工具的方法。

3. 利用植物新品种进行保护

主要对所培育出的目标性的植物新品种申请品种权;也可以对亲本申请品种权;还可以对育种过程中产生的一些非育种目标的新品种申请品种权。

4. 利用地理标志产品和地理标志进行保护

利用地理标志产品和地理标志进行保护要求所选育的亲本以及所培育出的植物新品种本身能够满足法律规定的地理标志产品和地理标志的条件。

(二)种子生产和经营阶段

种子生产和经营阶段涉及的知识产权保护体系包括了 4 个方面。

1. 植物新品种权保护

在生产和经营阶段都可以借助品种权比较好的保护植物新品种。

2. 商标权保护

可以在种子的包装袋上使用注册商标；也可以把已经获得地理标志保护的植物新品种所使用的地理标志本身再申请注册商标。

3. 商业秘密保护

商业秘密对于种子生产来说，是一种无形资产，如合作协议、营销策略、主要销售渠道和人员等。对水稻生产来说，也包括了杂交水稻所用的亲本；即将申请或已经申请但还未对外界公开的相关技术专利等，还有育种者掌握的研究过程中的栽培技术。

4. 著作权保护

生产和经营过程中所制定和形成的各类文字材料、数据、图片等都可以通过著作权来获得保护。

四、种业知识产权保护基本做法

为了对种业知识产权进行保护，也为了平衡育种者、农民及各个国家间的利益关系，国际上达成了相关的植物新品种保护的国际公约，包括 UPOV 公约、TRIPs 框架下的植物新品种保护、CBD（生物多样性公约）、ITPGRFA（粮食与农业遗传资源国际公约），而各个国家在对种业知识产权的保护中除了遵守相关国际公约，在其国内对种业知识产权的保护主要模式有专利法和植物保护专门法两种。各国都对生产植物新品种的方法给予了专利保护，也专门颁布了植物专门法对植物新品种本身进行保护，而美国等国家则同时使用植物专利和新品种专门法律两项政策对其进行保护。

（一）植物品种保护的国际公约

1. UPOV 公约

UPOV 的全称是国际植物新品种保护联盟，其总部在日内瓦。UPOV 的主要职责是对参与其联盟的各个成员国进行协调，对各个国家在保护植物新品种权中的相关法律的制定，相关技术准则的标准及促进各个国家的信息交流、等方面发挥着重大作用。加入 UPOV 的各个成员需要签订《国际植物新品种保护公约》，各个成员国要相互遵守。UPOV 是为了保证成员国之间在植物新品种保护方面的一致性，其中包括相关的政策、制定的法律、和相关的科学技术等。这也是保障成员国在其他国家的相关权益。

UPOV 公约文本经历了 3 次演变，分别于 20 世纪 70 年代经过了两次修改，一直到 1991 年的第三次修改才形成了现在的文本。1991 年的 UPOV 公约与 1978 年的 UPOV 公约文本比较主要的区别是：（1）品种的定义不一样，1978 年的文本对品种的定义是从生产的角度，1991 年的文本定义是从现代生物技术角度；（2）

依赖性派生品种的区别;1991 年的文本规定了依赖性派生品种需要得到原品种权人的许可,这就对原品种权人的知识产权进行了认可和保护;(3)对收获材料及加工品从 1978 年的不保护变成了保护;(4)保护年限的变化:大田作物和藤本木本的保护分别于 15 年以上和 20 年以上分别增加了 5 年;(5)对育种者的豁免权从无限制变成了有限制;(6)保护范围有了扩大,从 8 年后 24 个中暑变成了 5 年后的所有植物;(7)增加了临时性保护;(8)保护方式的改变,从专门方式或专利方式变成了两者皆可;(9)增加了有缔约国政府决定农民是否有特权。

2. TRIPs 框架下的植物新品种保护

1995 年 1 月 1 日,在 WTO 的背景下产生的 TRIPs 正式生效。TRIPs 的全称是:与贸易有关的知识产权协议。TRIPs 协议的主要特点有:(1)内容涉及面广,其涉及的知识产权内容基本上涵盖了我们所能想到的所有领域;(2)在保护知识产权的意义上讲,比许多国家现行的国际公约的保护水平要高,比如超过了《巴黎公约》《伯尔尼公约》等;(3)因为 WTO 的基础是商品贸易,TRIPs 是对商品贸易的延伸;(4)把履行协议保护知识产权与贸易制裁结合在一起。

3. 生物多样性公约(CBD)

CBD《生物多样性公约》是 1992 年在里约签订的,第二年正式生效,现在有188 个国家加入其中。公约的目标是按照公约有关条款从事保护生物多样性、持久使用其组成部分以及公平合理分享由利用遗传资源产生的惠益;实现手段包括遗传资源的适当取得及有关技术的适当转让,但需顾及对这些资源和技术的一切权利,以及提供适当资金。

(二)国外的种业知识产权保护

1. 美国

美国是对植物新品种权益保护的比较好的国家。现有的对植物新品种有关权益进行保护的相关法律有 3 部,即《植物专利法》《普通专利法》和《植物新品种权保护法》,实质上是利用专利权与品种权两种权利类型对植物新品种进行保护。3 种法律的保护范围和对象不同。《植物专利法》保护通过无性繁殖获得的植物品种,但其中不包括无性繁殖方式中的块茎繁殖。育种者按照《植物专利法》有关规定提出申请后,在获得批准时即获得植物专利权。而通过有性繁殖方式研究出的植物新品种则是由《植物新品种保护法》来保护,育种者按照这种方式提出申请,如果能够获得批准,就可以获得植物新品种权。《普通专利法》的保护对象不受限制,可以对无性繁殖和有性繁殖获得的植物品种都提供保护。

2. 欧盟

欧盟成员国大都是 UPOV 公约的成员国,在保护植物新品种问题上,一方面他们要遵守国际公约的规定,另一方面,他们还要执行欧盟制定的一些管理规定。但是总体来说,欧盟基本上都是只采取植物品种权方式进行保护。欧盟欧洲专利局明确规定,对"植物品种"不能授予专利,但对于以"微生物学的方法以及微生物学方法获得的产品"可以进行专利法的保护,这一规定为那些采用转基因及组织培养方式获得的育种成果提供了利用专利法保护的可能性,是对植物品种保护方式的一种特别补充。

3. 日本

日本是亚洲最早对植物新品种进行立法保护的国家。日本于 1947 年公布的《农业种子和种苗法》中就确立了通过对品种的注册登记来保护植物新品种的制度,这种制度与植物新品种权的概念不同,只保护那些优良品种,保护期限也只有3 至 10 年。而且,主要的粮食作物如水稻、小麦、大麦和大豆等也都被排除在保护的范围之外。1982 年,日本加入了 UPOV 公约 1978 年文本,1998 年又加入了公约 1991 年文本,同时,新修订的《农业种子和种苗法》开始生效。此外,日本还借助自己的《专利法》直接对植物新品种进行保护,也就是当前日本同时存在着两种法律制度分别对植物新品种进行保护。

4. 其他国家

印度于 1999 年颁布了《植物品种保护和农民权利法》(PPVFR),与 UPOV 公约规定有一定差距。因此,印度迄今仍不是 UPOV 成员国。PPVFR 明确提出对农民权利的保护,即使种子已经被授予育种者权利,农民也依然有权在当地销售任何他收获的种子,只要农民没有在他出售的种子上贴上育种者的商标或标记。而且对农民在不知情的情况下,侵犯育种者权利的情形给予了豁免。

在发展中国家中,南非植物新品种保护的法律体系较为完善,早在 1978 年便已经加入了 UPOV,与欧盟国家不一样,为了对本国的植物新品种权利进行保护,其制定和颁布了植物新品种权的法律法规,并在用法律法规进行保护的同时,还可以通过专利法对其进行保护。阿根廷则是较早实施植物新品种保护制度的发展中国家之一,在 1994 年就加入了 UPOV 公约 1978 年文本。孟加拉国是世界不发达国家之一,该国植物新品种选育工作主要由国有研究机构开展,私营的农业组织和机构很少从事育种活动,国内种子生产主要由小商人组织进行或者由农民自繁自用,因此,植物新品种保护的社会需求不突出。

发展中国家大都采用了选择性的保护方式,尽量不加入 UPOV,即使必须加入,也倾向于加入 UPOV 公约中保护力度较低的版本,如 1961/1972 年的文本,或者 1978 年的文本,而没有选择加入保护力度更大、保护范围更强的 1991 年的文本。

五、我国的种业知识产权保护

在我国,种业知识产权的主要保护形式的是植物新品种权和专利权。

(一)植物新品种权

根据农业部植物新品种保护办公室公布的最新统计数据,到 2012 年底,其共受理植物新品种权申请 9984 件,其中授权 4009 件。这个申请量自 2004 年开始就排在国际植物新品种联盟(UPOV)成员国第4位,有效品种权量位于其前10位。根据 UPOV 官网数据公报,2006—2010年期间,国内居民申请量为4557件,占总申请量的91%,授权量为2835件,占总授权量的94%;来自国外居民的申请量为464件,占9%;授权量为171,占6%。

从申请领域来看,国内品种权申请主要集中在大田作物上,如水稻、玉米、大豆、棉属和甘蓝型油菜。相对而言,蔬菜、果树、花卉等经济作物的申请量就不多,这与发达国家有较大的差距。

从国内申请人构成来看,与国外种子企业占主导地位不同,我国的种子企业与科研院所的科研实力和知识产权保护意识上还有较大差距,我国农业科研院所的申请量占了绝大部分,我国的大多数种子企业没有自主专利,这与我国科研院所拥有较强科研实力有关,其在我国农业科技创新中占有主导地位。我们也发现,近年种子企业的品种权申请量和授权量都有很大程度的提升,其增幅在10%以上,说明种子企业对其知识产权的保护意识正在不断加强。

表9-1 部分国家植物新品种权保护情况(2006—2010年)

序号	国家	申请		授权		序号	国家	申请		授权	
		数量(件)	国外居民申请比例(%)	数量(件)	国外居民授权比例(件)			数量(件)	国外居民申请比例(%)	数量(件)	国外居民授权比例(%)
1	日本	6 324	30.12	6 513	28.40	4	美国	2 348	10.79	1 612	10.13
2	中国	5 021	9.16	3 006	5.02	5	韩国	2 559	19.23	1 956	25.72
3	荷兰	3 039	26	1 725	23	6	德国	779	12	665	12

(二)种业专利技术

总的来说,我国的种业专利技术质量不高。国内的种业专利技术申请主要集中在育种技术领域,与国外相比,其专利申请主要集中在转基因技术。比如孟山都公司等大型企业在中国不断申请农业专利,目的是不断开拓中国种子市场,如果我们不想让国外企业垄断中国种业市场,我们就要提升种业专利技术的质量。才能在国际竞争中立于不败之地。

(三)我国种业知识产权海外布局

截至2010年底,中国向日本、欧盟、美国、越南、阿根廷等18个国家申请了品种权,在国外的品种权申请量为84件,授权24件。虽然我们对国外知识产权有了一定的重视,但是从目前的情况看,我国在海外申请品种权的数量太少,还不能对国外的种子知识产权形成一定的冲击。纵观国外的种子企业在我国的发展,先锋、孟山都、圣尼斯等用不到十年时间已在我国种子市场站稳了脚跟,这与他们在我国申请的种业知识产权有很大的关系。加强我们种业知识产权在国外的申请力度,是我们在海外种业站稳脚跟的必要条件,虽然在海外申请品种权的高昂费用让我们很多种子企业望而却步,但对种业知识产权的输出也迈出了坚实一步。

第四节　农业知识产权保护工作中存在的问题及挑战

一、侵权现象普遍,维权难度较大

农业知识产权的侵权主要是由农作物本身的特征决定的,农作物种子是农作物各项知识产权的载体,而农作物生产和使用者基本是农民,其对种子是否侵权没有概念,也不会关心其是否侵权,更无从判断其是否侵权。再加上农作物侵权案件的取证也不容易,而各地政府对本地企业的保护。这几方面都造成了农业知识产权的侵权现象普遍。

而对农作物侵权的维权,更是难上加难。我国法律规定品种侵权案件要有指定的省级以上法院审理,对种子企业或专利所有人来说,付出的时间成本和财力成本都比较高,并且,就算侵权案件获胜,我国现行法律并没有对品种权侵权的赔偿作出相关规定,使执法的时候不能做到有法可依,处罚依据不明确也导致了而知识科研单位或者育种完成任务也更倾向于通过协商解决问题,而协商的结果往往对侵权方有利。

二、新育成品种多为低水平重复的派生品种

育种科技创新的目的是培育优良品种,这也是确保种业快速发展的核心力量和决定因素。我国近年来的新育成品种从数量上来说,每年都有增长,但质量不高。我国目前的农作物育种由于品种遗传基础狭窄,对种质资源研究和利用水平不高,新育成的农作物品种多为低水平重复的派生品种。按照 UPOV1978 年文本对"研究免责"的定义和我国在《植物新品种保护条例》中第 10 条规定,"利用授权品种进行育种及其他科研活动,可以不经品种权人许可,不向其支付使用费,但是不得侵犯品种权人依照本条例享有的其他权利"。所以,现在有很多育种者把用已经授权的品种进行培育的派生品种也申请了品种权[①]。所以整体看我国近年来选育出的农作物品种间的遗传差异越来越小,说明我国农作物主要品种遗传基础比较狭窄,变异较小,其结果形成农作物品种种类较少,品种单一和遗传基础狭窄,这也导致我国现在的农作物育种上培育高产高抗的优秀农作物品种的难题。

---

① 刘丽军,宋敏. 中国杂交水稻知识产权保护的方式、现状及挑战[J]. 杂交水稻,2011,16,(2):1-6

三、农业知识产权产业开发效率低

目前,科研院所仍是农作物种业知识产权的创造主体,其取得的科研成果与农业生产的需求不能达到统一,使其科研成果脱离了生产实际需求,并不能完全满足种子企业和生产第一线的要求。直接以种质创新、原创性品种创新的成果太少,因而与市场对接不畅,知识产权产业化水平处于低效运转的状态。而大部分种子企业由于缺乏核心技术,自主创新能力严重不足,只能依赖科研院所转让知识产权。但是在转让过程中,企业往往凭借其强大的议价权压低产权转让费,严重影响了农业科技人员的科研积极性和研发动力,导致农业知识产权的生产转化率一直处于低位徘徊。

四、农业知识产权人才稀缺

复合型知识产权人才的缺失,也成为我国发展农业知识产权的阻碍。我们现在需要的是熟悉国际农业知识产权管理,熟悉农作物育种技术,懂外语、懂法律的专业型人才,这样的人才还应具备一定的知识产权操作实务才能很好地处理农作物新品种代理、合同纠纷、知识产权纠纷问题。

第五节 加强农业知识产权保护 促进农业科技创新

纵观全球经济的发展,知识经济不断加快,知识产权的作用不断显现,其成为了各国农业发展的核心竞争力。农业知识产权的保护对农业科研成果的和农业科研工作者的积极性起到了重要作用。怎么让农业科学技术得到有效利用,更好地保护好农业技术生产者的权利,使其积极性及创造性得到提升,这就需要我们利用知识产权来实现保护农业科技成果,并实现农业科技资源合理配置,才能对农业科技的发展起到积极的作用。

一、支持和鼓励农作物育种者申请国外知识产权

在激烈的国际种子市场竞争中掌握主动权,加速品种权走出国门,到他国申请品种权和农业技术专利已成为主要发达国家的重要海外战略。品种权申请量前 20 个 UPOV 成员国中,国民在国外申请量的平均比例达到四成以上,可见,大多数育种者瞄准的是国际市场。在国内与玉米、大豆、蔬菜等行业种子已经被跨国公司垄断的格局比较,我国的农作物科学技术还处于领先地位,抓住机遇,加大农作物产业投入,主动出击,阻止国外企业进军我国农作物产业,打造民主种业品牌。

二、挖掘种质资源,完善相关法规,提高原始创新水平

一方面,种质资源搜集和研究利用对提升我国农作物品种具有深远的意义,而其应属于公益性科研,我国政府应加大对种质资源搜集和研究利用的投入。另一方面,针对我国现在农作物育种存在育种水平不高,实质性派生品种多的问题,应在我国未加入 UPOV1991 年版本之前,修改相关的法律法规,对实质性派生品种的权利给予一些限制;同时也为加入 UPOV1991 年版本做一些技术储备,打下基础。

三、率先探索建立育种材料等遗传资源的权属登记制度

种质资源是农作物育种创新的基础,但是一旦不育系、恢复系等亲本繁殖材料流失或被他人抢先申请知识产权保护,原始育种人的利益就无法保障。我国农作物种质资源丰富,应建立育种材料等各种遗传资源权属登记制度,逐步完善遗传资源的来源信息披露制度,明确资源的所有者和合法使用者[①]。按照 2008 年修订的《专利法》要求,"凡是依赖遗传资源完成的发明创造,申请人应当在专利申请文件中说明该遗传资源的直接来源和原始来源"。今后在申请农作物育种方法专利时,就必须清楚交代父本、母本的来源,这样在程序上可以限制育种材料的盗用问题,保障资源提供者的权益[②]。

四、产学研紧密结合,促进农作物种业科研院所和企业协同发展

种业企业可以充分利用科研院所的科研能力,实现产学研紧密结合,对于提升农作物种业知识产权创造能力具有重要意义。科研院所和企业之间可以通过明晰产权归属制度、产权交易制度、利益分配制度来健全合作机制,实现双赢的目的。此外,鉴于市场竞争的日趋激烈和侵权现象的频发,亟需种子企业联合科研院所等相关权利人组成农业知识产权保护协会或联盟,维护自身的合法权益。加强双方的合作,依靠知识产权的保护作用,用科研院所的人才、技术和成果作为支撑,企业成为市场的主体,及时反馈市场的需求,才能让企业和科研院所实现技术、人才、信息等资源共享,形成利益共同体,开拓科企合作的新机制。

五、从源头抓起,全方位保护农业知识产权

对农作物品种权、专利技术等知识产权的保护,应从源头抓起。不管是育种过程中的技术和方法,还是最终的育种成果,甚至最后的加工技术,都应该申请相

---

① 刘丽军,宋敏.中国杂交水稻知识产权保护的方式、现状及挑战[J].杂交水稻,2011,16,(2):1-6
② 刘晓刚,赵颖文,李晓.四川省水稻种业知识产权保护现状及发展对策研究[J].中国稻米.2014,(01)

关专利和品种权对相关成果进行保护。并且在合作研究或成果转让的过程中,合作和转让的双方一定要签署合同,对知识产权的所有权和相关利益分配进行约定。

六、增强维权意识,依法查处违法侵权行为

知识产权纠纷属民事纠纷,在权利维护上来讲,一般是民不告、官不究。获得知识产权而不进行维权,几乎等于没有保护。因此,知识产权人应进一步增强维权意识。鉴于种子市场竞争的日趋激烈和侵权现象频发,亟需种子企业联合科研院所等相关权利人组成农业知识产权保护协会或联盟,维护自身的合法权益,发现违法侵权行为,要及时搜集证据,向有关主管部门举报,或直接向法院起诉。有关行政主管部门应加大对违法侵权行为的查处和打击力度,发现一起,查处一起,以保护原始创新,维护公平竞争的市场环境,促进我国现代农作物种业健康稳定发展。

参考文献

[1] 亚当·斯密. 国民财富的性质和原因的研究[M]. 大力,王亚南,译. 北京:商务印书馆,2004,5 - 16

[2] 亚当·斯密. 国富论[M]. 郭大力,王亚南,译. 北京:上海三联书店,2011,5 - 6

[3] 中共中央编译局. 马克思恩格斯选集(第4卷)[M]. 2011,280

[4] 中共中央编译局. 马克思恩格斯选集(第1卷)[M]. 2011,300

[5] 邓小平. 邓小平文选[M]. 北京:人民出版社,1993

[6] 卢现祥. 新制度经济学[M]. 北京:中国发展出版社,2003

[7] 埃里克·弗鲁伯顿,鲁道夫·芮切特. 新制度经济学——一个交易费用分析范式[M]. 上海:三联书店,2006

[8] 吕火明,李晓等,农业科技创新能力建设研究[M],北京:中国农业出版社,2011,12

[9] R. 科斯,A. 阿尔钦,D. 诺斯等. 财产权利与制度变迁—产权学派与新制度学派译文集[M]. 上海:三联书店,1994

[10] 中国社会科学院语言研究所词典编辑室. 新华字典[M]. 北京:商务印书馆,2004

[11] 马歇尔. 经济学原理[M]. 北京:商务印书馆,1990

[12] 约·熊彼得. 经济发展理论[M]. 北京:商务印书馆,2000,73 - 74

[13] Stoneman P. Technological diffusion and the computer revolution[M] Cambridge:Cambridge University Press,1976

[14] 诺斯. 制度变迁与美国经济增长[M]. 林毅夫,译. 剑桥:剑桥大学出版社,1971

[15] 吴敬学. 技术进步与农业科学经济增长[M]. 北京:中国农业科学技术出版社,2007

[16] 朱希刚,我国农业科技进步贡献率测定方法[M],北京:中国农业出版社,1997

[17] 张劲柏,侯仰坤,龚先友. 种业知识产权保护研究[M]. 北京:中国农业科学技术出版社,2009.

[18] Y. 巴泽尔. 产权的经济分析[M]. 上海:格致出版社,1997

[19] 柳卸林. 技术创新经济学[M]. 北京:中国经济出版社,1993

[20] 傅家骥. 技术创新学(M). 北京:清华大学出版社,1998

[21] 国家统计局. 全国 R&D 资源清查科技机构资料汇编[M]. 北京:中国统计出版社,2000

[22] 璐羽. 科技政策词汇[M]. 北京:中国标准出版社,2001,80–81

[23] 中国社会科学院农村发展研究所,国家统计局农村社会经济调查司. 中国农村经济形势分析与预测(2014–2015)[M]. 北京:社会科学文献出版社,2014,47

[24] Sherwood RM. The TRIPS Agreement:benefits and costs for developing countries [J]. Int J Technology Management,19(1/2):59

[25] Oehmke, James F and Xiaobin Yao. A Policy Preference Function for Government Interventiong in the U. S. Wheat Market[J], American Journal of Agricultural Economics, 1990,(72)

[26] Julian M. Alston,Philip G. Pardey and Johannes Roseboom. Financing Agricultural Research:International Investment Patterns and Policy Perspectives[J], World Development,Vol26,1998

[27] 叶仕满. 协同创新:高校提升创新能力的战略选择[J]. 中国高校科技,2012 (03):16–19

[28] 陈劲,阳银娟. 协同创新的驱动机理[J]. 技术经济,2012,(08):6–11

[29] 万宝瑞. 当前农业科技创新面临的问题与建议[J]. 湖南农业科学,2013, (10):1–5

[30] 信乃诠. 实施农业科技创新驱动发展战略[J]. 农业科技管理,2013,32(3): 1–4

[31] 张立冬,姜长云. 农业科技投入国内外研究动态述评[J]. 中国农村观察, 2007,(6)

[32] 刘旭,王秀东. 完善投入体制和机制推进农业科技自主创新能力建设[J]. 农业经济问题,2007,(3):24–30

[33] 胡瑞法,黄季焜等. 中国农业科研投资变化及其与国际比较[J]. 中国软科学,2007,(2):53–65

[34] 胡瑞法,黄季焜. 中国农业技术推广投资的现状及影响[J]. 农业技术推广, 2001,(3)

[35] 唐莎. 我国农作物种业知识产权发展的问题与对策[J]. 四川农业科技, 2015,01:10–12

[36] 刘晓刚,赵颖文等. 四川省水稻种业知识产权保护现状及发展对策研究[J]. 中国稻米,2014,(01)

[37] 舒长斌,刘俊豆等四川省植物品种权保护现状及发展战略思考[J]. 四川农业科技,2014,(08)

［38］陈燕娟,邓岩.知识产权与种子企业发展战略协同机制研究［J］.中国种业, 2011,（11）

［39］邵长勇,唐欣等.基于粮食安全视角下的中国种子产业发展战略［J］.中国种业,2010,（04）

［40］黄钢,刘平,徐世艳.加入 UPOV1991 年文本对中国种子产业的影响及对策［J］.农业科技管理,2005,（05）

［41］罗忠玲,凌远云,罗霞.UPOV 联盟植物新品种保护基本格局及对我国的影响［J］.中国软科学,2005,（04）

［42］吕波,郑少锋,唐力.植物新品种保护格局下中国玉米种子市场结构研究［J］.农业技术经济,2013,（10）

［43］祝宏辉,连旭.新疆兵团农业知识产权保护现状及问题分析进展［J］.中国农学通报,2013,（02）

［44］陈超,张明杨,章棋,谭涛.全球视角下植物新品种保护对我国种子出口贸易的影响分析［J］.南京农业大学学报（社会科学版）,2012,（04）

［45］陈超,张明杨,石成玉.江苏省水稻良种补贴对保护品种推广的影响［J］.华南农业大学学报（社会科学版）,2012,（04）

［46］张媛,支玲,许守任,郑勇奇.云南省花农花卉新品种种植意愿影响因素分析［J］.林业调查规划,2012,（04）

［47］祝宏辉,郭川.我国农业植物新品种权保护状况及问题分析［J］.中国种业,2012,（07）

［48］黄平,郑勇奇.国际植物新品种保护公约的变迁及日本和韩国经验借鉴［J］.世界林业研究,2012,（03）

［49］高洁,周衍平.Shapley 值在植物品种权价值链利益分配中的应用［J］.运筹与管理,2012,（02）

［50］祝宏辉.兵团植物新品种保护现状及存在问题分析［J］.新疆农垦经济,2012,（04）

［51］陈燕娟.经济全球化背景下我国种子企业知识产权管理策略研究［J］.种子科技,2010,（07）

［52］尹训宁.农业植物品种权申请已达 5099 件［J］.北京农业,2008,（26）

［53］陈会英,周衍平,刑岩.植物品种权保护与运用策略研究［J］.种子世界,2008,（07）

［54］李瑞云,张宝玺.加强植物新品种保护,促进育种创新与应用——中国农业科学院蔬菜花卉研究所实施品种权的实践［J］.中国农业信息,2008,（03）

［55］祁民,胡峰.TRIPs 框架下的生物剽窃和生物多样性保护［J］.求索,2007,（10）

［56］李道国.植物新品种保护下我国的品种权策略研究［J］.知识产权,2007,

（04）

［57］佟屏亚.基层农科所体制改革调查报告［J］.农业科技管理,2006,（04）

［58］付丽洁,潘蓉,胡伟.论中国农业植物品种的知识产权保护［J］.中国农学通报,2006,（07）

［59］胡瑞法,黄颉等.中国植物新品种保护制度的经济影响研究［J］.中国软科学,2006,（01）

［60］胡静娴,孙自如.有关植物新品种权的研究［J］.安徽农业大学学报（社会科学版）,2005,（05）

［61］黄颉,胡瑞法等.中国植物新品种保护申请及其决定因素［J］.中国农村经济,2005,（05）

［62］杨扬.农业植物品种权申请量逐年攀升原因浅析［J］.农业科技管理,2004,（06）

［63］刘娅,王玲.部分国家的政府农业科技投入政策分析［J］.安徽农业科学,2008,（36）:11549 - 11552

［64］张力.产学研协同创新的战略意义和政策走向［J］.教育研究,2011,（7）:18 - 21

［65］陈凤娣.论科技创新的运行机制［D］.福建师范大学.2008

［66］熊华怡.西部农业科技协同创新能力提升研究［D］,重庆工商大学,2014

［67］马波.武汉市农业科研专项资金投入问题的对策研究［D］.武汉:华中农业大学,2007

［68］宋慧婷.我国农业科技投入现状及对策研究［D］.济南:山东师范大学,2009

［69］刘辉.基于技术进步视角的中国农业发展 60 年［J］.湖南社会科学,2009,（5）:105 - 109

［70］唐莎.四川水稻知识产权保护研究［D］.成都:西南财经大学,2014

［71］陈超,李道国.品种权保护对农户增收的影响分析［J］.中国农村经济,2004,（09）

［72］孙炜琳,蒋和平.农业植物新品种保护的基本现状与对策措施［J］.知识产权,2004,（02）

［73］朱玉春.加强农业技术知识产权保护［J］.宏观经济研究,2004,（03）

［74］周宏,陈超.植物新品种保护制度对农业技术创新的影响［J］.南京农业大学学报（社会科学版）.2004,（01）

［75］梁红.中国植物品种知识产权保护研究［J］.中国种业,2003,（12）

［76］王志本."入世"后我国农业科技知识产权发展战略研究［J］.农业经济问题,2003,（04）

［77］刘丽军,宋敏.中国杂交水稻知识产权保护的方式、现状及挑战［J］.杂交水稻,2011,16（2）:1 - 6

[78] 邓海滨.制度安排影响技术进步的经验研究[D].长沙:湖南大学,2010

[79] 陈惠云.我国农业知识产权保护的现状、问题及对策[J].安徽农学通报,2008,14(23):21-22

[80] 陈春燕,唐莎,李晓.农作物育种科技查新的方法研究[J].安徽农业科学,2012,40(1):5881-5882,5924

[81] 何郁冰,产学研协同创新的理论模式[J],科学学研究,2012,(02):165-173

[82] 郑刚,梁欣如,全面协同:创新致胜之道——技术与非技术要素全面协同机制研究,科学学研究[J],2006,(24),268-273

[83] 柳洲,陈士俊.我国科技创新团队建设的问题与对策[J].科学管理研究,2006,(4):92-95

[84] 四位科技界知名人士建言——下决心深化科技体制改革[N].人民日报,2010,08.16

[85] 四川"十二五"育种攻关实现"三提升三推动"[J],技术与市场,2015,(04):1

[86] 张晨,赵志辉等.外国经验对上海农业科技协同创新的启示[J].上海农村经济,2014,(7):24-27

[87] 彭溢、吕慧杰等.黑龙江健全科技创新五大机制[N],科技日报.2014.02.13

[88] 欧晓明等.对农业技术商品定价问题的探讨[J].价格理论与实践,1993,(7):22-25

[89] 科技部.我国农业科技进步贡献率达55.2%,http://news.xinhuanet.com/politics/2014-01/09/c_118905129.htm

[90] 对农业科技创新体系参与主体职能定位的几点思考,http://www.agri.ac.cn/news/nykjck/2013522/n539881377.html

[91] 新常态下我国农业发展面临四大问题,http://sannong.cntv.cn/2015/01/07/ARTI1420596414089793.shtml

[92] 叶明.技术创新理论的由来与发展[J].软科学,1990,(3):7-10

[93] 马志清.浅析如何发展技术文化,培养职工高尚技术情操[J].管理观察,2009,(10):84-85

[94] 周寄中.技术标准、技术联盟和创新体系的关联分析[J].管理评论,2006,(03):30-34

[95] 高献江.河北省高校科技创新能力评价研究[D].石家庄:河北师范大学,2012

[96] 张宝文.我国农业科技创新能力与效率研究[D].杨凌:西北农林科技大学,2011

[97] 黄季焜等,农业科技投资体制和模式:现状和国际比较[J],管理世界,2000,(03):170-179

[98] 李延. 中国民航空中交通管理问题研究[D]. 北京:首都经济贸易大学,2003

[99] 张岚,机制设计理论下的农村金融政策博弈研究[D]. 北京:对外经济贸易大学,2009

[100] 刘梅,鲁德银,易法海. 对我国农业科技创新机制的探讨[J]. 科技进步与对策. 2003,(07):47-49

[101] 李院力. 关于建构我国农业科技创新机制的思考[J]. 农业科技管理,2004,(05):24-25

[102] 钱萱. 农业技术创新机制初探[J]. 黔西南民族师范高等专科学校学报,2002,(03):42-44

[103] 王征国. 河北省农业科技创新机制的理论探讨[J]. 河北农业大学学报(农林教育版),2007,(03):78-81

[104] 魏秀芬,郑世艳,邸娜. 天津现代农业科技创新基地绩效潜力的支撑机制分析[J]. 天津农业科学,2012,(03):

[105] 吴昌华,孙火喜等. 现代农业科研院所"五位一体"科技管理制度的探讨[J]. 农业科技管理,2011,(03):20-23

[106] 邱昌颖. 福建省农业技术创新动力机制研究[D]. 福建:福建农林大学,2005

张淑辉. 山西省农业科技创新的动力机制研究[D]. 北京:北京林业大学,2014

[107] 徐建华. 山东省推进农业科技创新的动力机制问题研究[J]. 山东农业工程学院学报,2014,(05):10-12

[108] 谢爱良. 农业科技创新集群形成动力机制—以山东省苍山县蔬菜产业为例[J]. 湖北农业科学,2011,50(15):3214-3217

[109] 赵小鸽. 四川省农业技术创新动力机制研究[D]. 四川:四川农业大学,2011

刘莉. 农业科技激励机制构成要素分析[J]. 中国科技奖励,2008,(09):10-12

[110] 石淑萍,滕雪莹等. 农业科研单位科研激励机制探索——辽宁省蚕业科学研究所科研奖励措施剖析[J]. 农业科技管理,2010,(08):59-61

[111] 陈啸云. 农业科研单位激励机制探析[J]. 云南科技管理,2005,(04):31-33

[112] 边全乐. 农业科技评价及其问题与建议[J]. 中国农学通报,2009,25(11):277-283

[113] 林明辉,桑朝炯. 农业科研院所合理科研绩效评价体系的初步构建[J],2012,(31):213-215

[114] 石学彬,鲁韦韦等. 我国农业科技奖励制度的现状与建议[J]. 农业科技管理,2012,(02):22-24

[115] 贠强,陈颖健.从专利的角度看我国高校技术创新现状和问题[J].科技管理研究,2010,(15):143 – 147

[116] 黄裕荣,候元元,苗润莲.我国农业技术发明专利分析[J].安徽农业科学,2014,42(18):60 – 63.

[117] 解宗方.影响农业技术创新的因素分析[J].科技与管理,2000,(03):55 – 57

[118] 秦利芹.我国企业自主创新的外部激励机制研究[D].郑州:郑州大学,2009

[119] 吴叶君.加快我国高新技术产业发展的政府采购政策研究[J].中国软科学,1998,(10):48 – 52

[120] 任胜钢,李丽.发达国家政府采购促进高新技术产业发展的政策比较及启示[J].中国科技论坛,2008,(3):135 – 139

[121] 董为民.政府采购与科技创新[J].经济研究参考,2010,(06):60 – 67

[122] 陈丽萍.农业自主创新激励机制存在的问题及对策研究[J].商业经济,2012,(12):12 – 13

[123] 袁学国.中国农业科技投入分析[J].中国农业科技导报,2012,14(03):11 – 15

[124] 袁海尧.财政政策对于企业自主创新的导向作用.http://business.sohu.com

[125] 中国国家外国专家局党委.改革开放以来引智工作的发展历程和基本经验[J].国际人才交流,2009(10):15 – 18

[126] 吴林妃.农业科研单位科研创新团队的建设与管理研究[J].农业科技管理,2012,(04):79 – 85

[127] 周彬.论科研团队的冲突管理与有效沟通[J].中国科技论坛,2004,(03):119 – 122

[128] 国家科委探索科技成果评价方式不再由成果管理部门鉴定 由技术评估机构进行评价[J].航天工业管理,1996,(10):46

[129] 科技部.科技评估管理暂行办法[J].科技与法律,2001,(1):14 – 17
蒋景楠.我国科技成果评价与管理创新建议[J].科技管理研究,2008,(03):284 – 286

[130] 中华人民共和国科学技术委员会.科学技术成果鉴定办法,1994 年 10 月 26 日国家科委令第 19 号

[131] 中华人民共和国科学技术进步法.中华人民共和国主席令第八十二号

[132] 刘芳.科技领军人才成长因素研究——以国家最高科学技术奖获得者为例[D].武汉:武汉科技大学,2011

[133] 张杨.国家科技奖励的评审机制研究[J].评价与管理,2007,(03):76 – 79

[134] 农业部办公厅关于开展全国农业科研机构科研综合能力评估工作的通知.农业部网站.http://www.moa.gov.cn/govpublic/KJJYS/201107/t20110705_2044828.htm

[135] 蔡彦虹,蔡槐玲.多指标综合评价法在农业科研机构综合能力评估中的实践与应用[J].农业科技管理,2015,(06):8-9

[136] 李思宏,罗瑾琏,张波.科技人才评价维度与方法进展[J].科学管理研究,2007,25(2)

[137] 吕火明,刘宗敏.完善农业科技创新机制的几点思考[J].四川农业科技,2014,12:5-6

[138] 蔡彦虹,李仕宝等.我国农业科技成果转化存在的问题及对策[J].农业科技管理,2014,33(6):8-10,84

[139] 谢元.我国农业科技创新面临问题与对策的研究[J].科技管理研究,2010,(9):8-10

[140] 徐宝明.创新立项管理机制提高资源配置效率——对科技立项机制创新的思考[J].云南科技管理,2003,(4):7-9

[141] 董文琦,张春锋,胡木强.农业科技创新的管理机制分析[J].农业科技管理,2015,34(1):19-21,55

[142] 邓国华,郭杰,张晓奇.科研项目立项评估机制研究[J].科研管理,2009,30(3):49-55

[143] 张琴,马桂莲.影响农业科技查新检索工作质量的因素分析[J].上海农业科技,2006,(6):4-6

[144] 李贺南.对科技查新工作中的问题及对策的探讨[J].现代情报,2008,28(1):137-138

[145] 张莉,王坚,孙昌玲.立项查新服务于科技计划立项及管理的优化对策[J].甘肃科技,2010,26(20):106-107

[146] 李玲.关于自主创新与科技查新工作的几点思考[J].科技情报开发与经济,2007,7(29):125-126

[147] 肖春生,张风林.关于科技查新在科技管理工作中的作用及发展趋势的探讨[J].科技信息(科学·教研),2008,(15):23-25